Sven-Ole Grossklaus

Windows 7 genau erklärt in Bildern

APOLLO

Impressum

ISBN: 978-3-8155-0593-9

Autor: Sven-Ole Grossklaus
Sprachlektorat: Brigitte Hamerski
Cover: Guido Krüsselsberg
Satz: Renate Felmet-Starke
Projektmanagerin: Simone Fischer

Gedruckt in Europa

Die Apollo Medien GmbH ist ein Unternehmen der VEMAG Verlags- und Medien AG, Köln.

Inhaltsverzeichnis

Inhaltsverzeichnis

Vorwort

Microsoft hat mit seinem neuesten Betriebssystem Windows 7 mal wieder ein Glanzstück auf dem Markt der Betriebssysteme platziert. Nicht ohne Grund ist Windows 7 eines der beliebtesten Betriebssysteme in der heutigen Zeit.

Das Arbeiten mit Windows 7 und seinen Zusatzanwendungen ist nicht nur sicherer als je zuvor, es macht auch einfach sehr viel Spaß. Nicht zuletzt ist der Spaß auch darin begründet, dass Windows 7 nicht nur mit ‚ernsten' Anwendungen wie zum Beispiel einem Mail-Programm, einer Textverarbeitung, einem Taschenrechner und einem Bildbetrachter sowie einer Bildbearbeitung aufwartet, sondern darüber hinaus noch den Spaß mit dem Arbeiten am PC nicht außer Acht lässt. Multimedia-Anwendungen wie der Media-Player sind genauso beliebt wie das Media-Center oder die mitgelieferten Spiele.

Schon beim ersten Start Ihres neuen PCs oder Notebooks werden Sie begeistert sein, wie schön und farbenfroh, aber zugleich übersichtlich und aufgeräumt sich die Oberfläche – der Arbeitsplatz – Ihnen darstellt. Die Areo-Oberfläche wartet mit einer Fülle genauso schöner wie interessanter Features auf, die beim täglichen Arbeiten so richtig Spaß machen. Schon beim ersten Klick auf das Startmenü sehen Sie, wie vielfältig und übersichtlich dieses gestaltet ist. Während der Arbeit mit dem Computer werden hier häufig genutzte Programme genauso aufgeführt wie die Dokumente, an denen Sie gerade arbeiten. Sie finden auf diese Weise schnell, was Sie bearbeiten möchten und brauchen, ohne unnötig nach etwas zu suchen.

Auch am Bedienkomfort hat Microsoft bei der neuesten Version vom Windows-Betriebssystem noch einmal deutlich zugelegt und das Arbeiten mit Windows 7 stark vereinfacht und übersichtlicher gestaltet. Schon nach kurzer Einarbeitung in das neue Betriebssystem mit seiner Fülle an Features werden Sie die einzelnen Komponenten und die Bedienung schätzen lernen.

Damit Sie sich in der Fülle der abgespeicherten Daten zurechtzufinden, hat Microsoft nun endlich eine gut funktionierende Suchfunktion eingebaut, die nicht nur die Dateinamen und Ordnerstrukturen durchsucht, sondern auch den Inhalt jeder Datei mit einbezieht. Dabei ist es gleichgültig, ob es sich um einen geschriebenen Brief, eine E-Mai, ein PDF Dokument oder ein sonstiges Dokument handelt. Selbst nach Bildern können Sie suchen, wenn Sie die Bilderverwaltung nutzen und die Bilder mit sogenannten Meta-Tags beschriften und bewerten. Ist es auf dem PC, wird es gefunden.

Sehr hilfreich sind auch die bereits seit Windows Vista integrierten Gadgets – das sind kleine Zusatzanwendungen, die man auf den Desktop platzieren kann und auf diese Weise nützliche Zusatzwerkzeuge zur Verfügung hat. Die Fülle vorhandener Zusatzanwendungen ist sehr groß und sicher für jeden etwas Interessantes dabei.

Gadgets gehen über Wetterinformationen, Aktienkurse, Online-Radios (Wie wäre es mal mit einem Buschfunk aus Timbuktu?), Kalender und Uhr und eine Menge mehr. Stöbern lohnt sich allemal, denn es gibt wohl an die 1000 Gadgets, von denen ein Großteil kostenlos ist.

Auch im Bereich Spiele hat Microsoft – wie bei jedem Betriebssystem – eine nette, kleine Sammlung beigefügt. Spiele können im Spiele-Explorer verwaltet werden und sind nun in eine Altersklassifizierung integriert. Über die Jugendschutz-Funktion können Eltern auf einfache Weise festlegen, welche Spiele für ihre Kinder geeignet sind und gespielt werden dürfen. Der Jugendschutz wartet darüber hinaus mit einer Reihe nützlicher Funktionen auf, mit denen Eltern für ihre Kinder gezielt und einfach den Zugriff auf den Rechner, auf die Spiele und auf alle installierten Programme regeln können.

Windows 7 ist aber nicht nur ein ausgereiftes Betriebssystem, sondern enthält im Lieferumfang eine sehr nützliche Sammlung von Programmen, die für das tägliche Arbeiten sehr hilfreich sind. Da ist ein E-Mail-Programm genauso vorhanden wie eine einfache Bildbearbeitung oder ein Video- und DVD-Bearbeitungsprogramm. Mit dem DVD-Maker, der mit wenigen Klicks bereits sehr ansehnliche Ergebnisse liefert, können Sie ansprechende DVDs erstellen. Auch ein einfaches Schreibprogramm ist enthalten.

Mit den neuen Windows Live Essentials hat Microsoft ebenfalls ein sehr nützliches und umfangreiches Paket an Softwaremodulen zusammengestellt und kostenlos in Windows 7 mit eingebaut. Chatten mit dem Live Messenger ist dort ebenso vorhanden wie die Live Fotogalerie oder Live Mail. Eine Anmeldung mit einer Windows Live ID vorausgesetzt, verschmelzen die Windows Live Essentials mit dem Internet, sodass Sie Daten und Bilder auf einfache Weise über das Internet zur Verfügung stellen und austauschen können.

Alles in allem ist Microsoft mit dem neuen Windows 7-Betriebssystem und den Zusatzanwendungen ein sehr schönes, rundes und vielfältiges Paket gelungen, welches sein Geld absolut wert ist. Dieses Buch mit seinen einfachen Schritt-für-Schritt-Erklärungen und den aussagekräftigen Abbildungen soll Ihnen dabei helfen, die Bereiche von Windows 7 kennen zu lernen und diese nützlich zum Einsatz zu bringen. Jeder Schritt ist klar bebildert, damit Sie auf dem Bildschirm jeden Punkt wiederfinden und so die Anleitung nachvollziehen können. Dieses Buch richtet sich gezielt an Einsteiger, die vorher noch keine Erfahrung mit Windows hatten und vermeidet es daher bei den einzelnen Punkten, allzusehr in technische Tiefen und Fachbegriffe vorzudringen. Für den täglichen Gebrauch ist dieses auch nicht erforderlich.

Mit einem Dankeschön an meine Frau und alle, die mit mir geduldig dieses Buch haben entstehen lassen, wünsche ich Ihnen nun viel Spaß und Freude beim Durcharbeiten der Kapitel und beim Entdecken all der Funktionen und Möglichkeiten von Windows 7.

Ole Grossklaus

1

Windows 7 kennen lernen

In diesem Kapitel lernen Sie:

- ☑ den Arbeitsplatz von Windows 7 kennen
- ☑ das Startmenü zu optimieren
- ☑ die Suchfunktion kennen
- ☑ den Arbeitsplatz für sich anzupassen
- ☑ ein schönes Hintergrundbild einzurichten
- ☑ Programme auf dem Arbeitsplatz zu verknüpfen
- ☑ die 3D-Optionen der Aero-Oberfläche zu nutzen
- ☑ Minianwendungen auf dem Desktop zu platzieren
- ☑ die Soundeinstellungen des PCs anzupassen
- ☑ einen Bildschirmschoner einzurichten

Ziel

Wenn Sie den PC das erste Mal einschalten, werden Sie den Arbeitsplatz zu sehen bekommen. Dieser wird auch Desktop genannt. In diesem Abschnitt erfahren Sie mehr über den Desktop.

1. Der Arbeitsplatz (engl. ***Desktop***) präsentiert sich nach dem Start so. Sie sehen einige wenige Symbole an der linken Seite, die ***Gadgets*** (Mini-Anwendungen) rechts und die Startleiste unten.

2. Die ***Startleiste*** ist das wohl am meisten gebrauchte Element, um auf dem Desktop und mit Programmen zu arbeiten. Hier finden Sie den Startknopf, die Schnellstartleiste, laufende Programme und eine Reihe von Symbolen sowie ein kleines Kästchen am rechten Rand.

3. Der ***Startknopf*** dient dazu, aus der Liste vorhandener Programme eines auszuwählen und zu starten. Wenn Sie auf den Startknopf klicken, öffnet sich das Programmmenü.

4 Rechts neben dem Startknopf befindet sich die ***Schnellstartleiste***. In dieser Leiste können Sie Programme hinterlegen, die Sie sehr häufig benötigen (z. B. das E-Mail-Programm). So haben Sie alle wichtigen Anwendungen sehr schnell im Zugriff.

5 Der größte Bereich der Startleiste ist der ***Programmbereich***. Hier werden alle laufenden Programme aufgeführt, sodass Sie diese schnell auswählen können.

6 Rechts in der Startleiste finden Sie mehrere kleine Symbole. Dieser Bereich wird auch ***System-Tray*** genannt. Laufende Programme zeigen hier oft ein kleines Symbol. Ganz am Rand befindet sich noch ein kleines Rechteck, mit dem Sie alle Programme minimieren können, um Zugriff auf den Desktop zu erlangen.

Gut zu wissen

Benötigen Sie Platz auf dem Desktop, können Sie die Taskleiste auch aus dem Bild verschwinden lassen. Dazu klicken Sie in einen freien Bereich der Taskleiste, wählen ***Eigenschaften*** und setzen vor ***Taskleiste automatisch ausblenden*** ein Häkchen. Wenn Sie die Option ***Taskleiste fixieren*** entfernen, können Sie die Leiste am oberen Rand auch anfassen und vergrößern.

Das Startmenü optimieren

Ziel

Über das Startmenü erreichen Sie alle Programme, Dokumente und Einstellungen. Daher ist es sinnvoll, das Startmenü so zu konfigurieren, dass Sie damit schnell und angenehm arbeiten können. Häufig genutzte Programme lassen sich z. B. hier anheften.

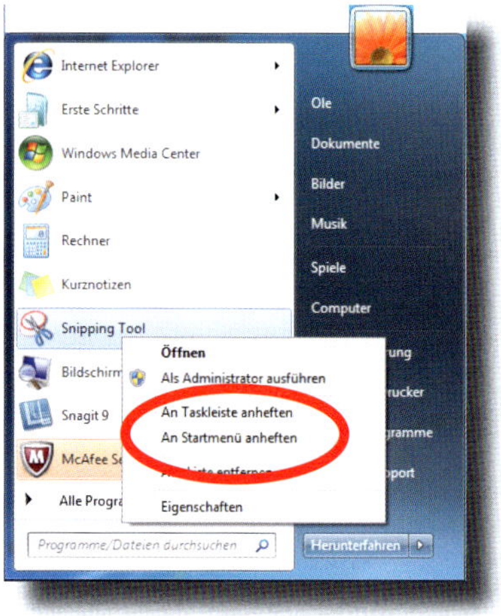

1 Klicken Sie auf den ***Startknopf*** am unteren linken Rand, öffnet sich das Startmenü. Im oberen linken Bereich enthält dieses Programme, die dort angeheftet sind, also immer verfügbar sind. Welche Programme dort angeheftet sind, entscheiden Sie über das Kontextmenü. Programme, die Sie anheften möchten, wählen Sie an, klicken mit rechts und wählen ***An Startmenü anheften***.

2 Um weitere Anpassungen vorzunehmen, klicken Sie mit der rechten Maustaste in einen freien Bereich der ***Taskleiste*** (z. B. rechts oben neben dem kleinen Bildchen). Wählen Sie ***Eigenschaften*** und im sich öffnenden Fenster den Reiter ***Startmenü*** und anschließend die Option ***Anpassen*** aus.

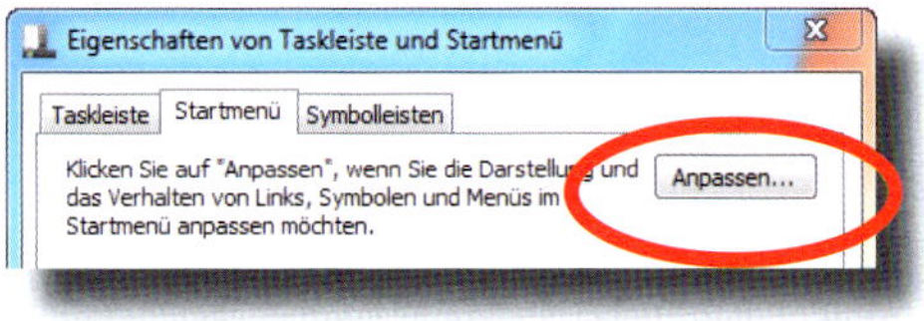

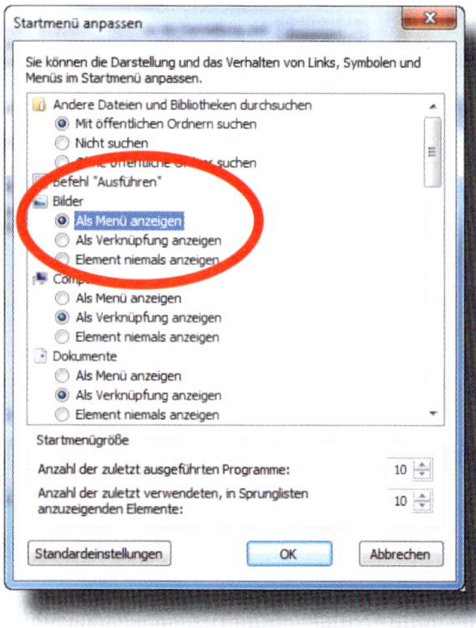

3 Im sich öffnenden Dialog können Sie eine Fülle weiterer Optionen für das Erscheinungsbild des Startmenüs vornehmen. Wählen Sie Optionen nach Ihrem Geschmack aus und bestätigen Sie abschließend mit ***OK***.

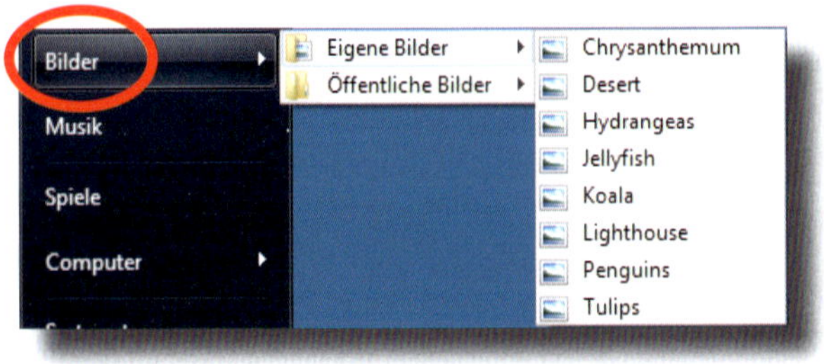

4 Sie können z. B. einstellen, welche Verzeichnisse Sie im rechten Bereich des Startmenüs sehen möchten und wie diese erscheinen sollen. Der Ordner ***Bilder*** wurde so eingestellt, dass er als Menü angezeigt wird.

5 Wenn Sie im Bereich ***Bilder*** die Option ***Als Menü anzeigen*** anwählen, wird der Bilderordner im Startmenü mit angezeigt.

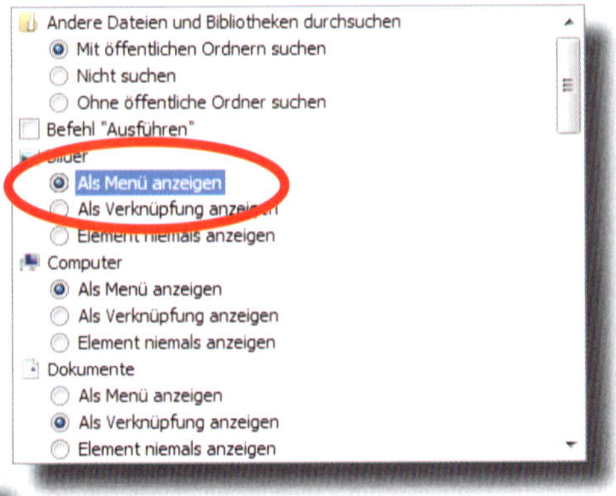

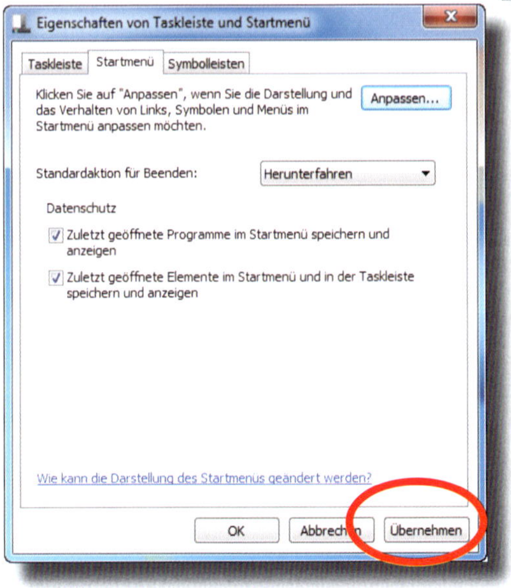

6 Bestätigen Sie die Änderungen mit ***Übernehmen,*** und schließen Sie den Dialog mit einem letzten Klick auf ***OK***.

Gut zu wissen

Wenn Sie neue Programme installieren, werden diese unter ***Alle Programme*** mit aufgeführt und gelb hervorgehoben. So finden Sie die neuen Programme schnell wieder. Die gelbe Markierung verschwindet sofort, wenn Sie das Programm das erste Mal starten.

Ziel

Da man sich nicht immer gleich zurechtfindet, hat Microsoft in Windows 7 eine indexbasierte Suche eingebaut und diese im Vergleich zu Vorgängerversionen stark verbessert. Diese Suche ist sehr schnell und findet nicht nur Dokumente, sondern jede Art von Informationen. Das können auch Programme oder Einstellungen sein.

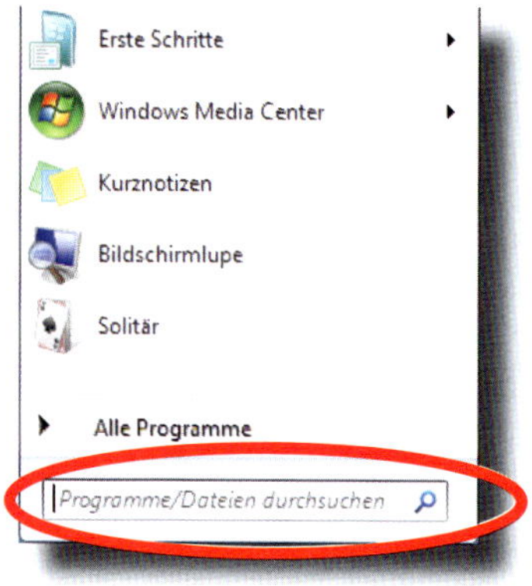

1. Öffnen Sie das ***Startmenü*** und klicken Sie dort in das Suchfeld. Wenn Sie anfangen, dort etwas einzutippen, erscheint oben bereits eine Liste der gefundenen Treffer.

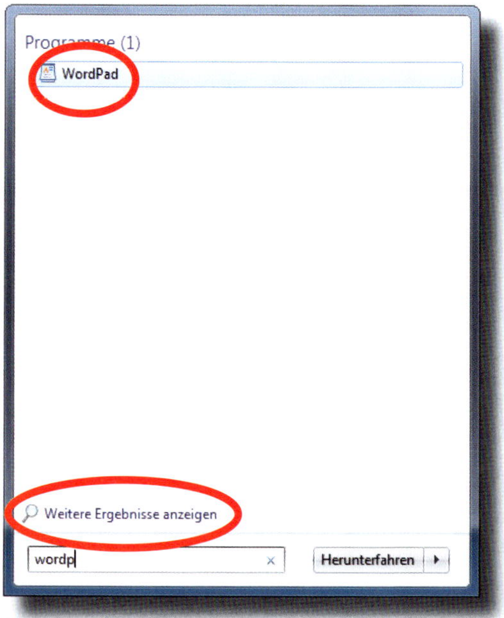

2. Tippen Sie z. B. ***wordp*** (weil Sie nach WordPad suchen) ein, wird sofort alles angezeigt, was diese Buchstaben enthält. Sollten Sie nicht fündig werden, klicken Sie auf ***Weitere Ergebnisse anzeigen***.

3. Wenn zu einem Suchbegriff mehrere Ergebnisse angezeigt werden, können Sie auf den Gruppentitel klicken und erhalten dann einen ausführlichen Dialog mit allen gefundenen Dateien. Der Suchbegriff ist dabei gelb hinterlegt.

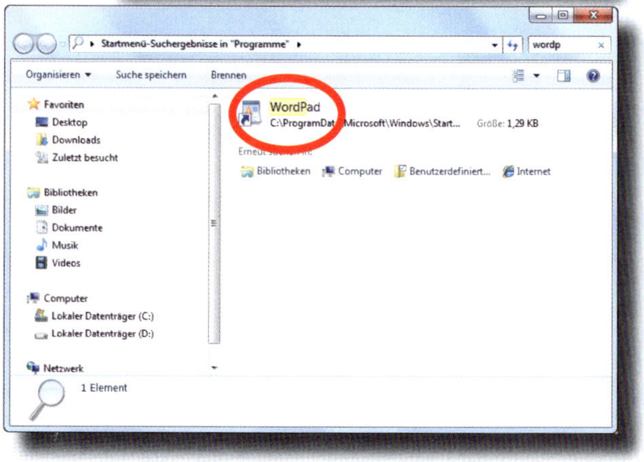

4 Wenn Sie die Suche weiter verfeinern möchten, tippen Sie im Suchfeld oben rechts das Wort ***wordp*** einfach weiter fort, sodass das Suchergebnis genauer erscheint. Sie erhalten dann passend zu der Suche weitere Auswahlmöglichkeiten der Sucheingrenzung. Wählen Sie ***Größe***, dann können Sie die Suche nach Dateigröße verfeinern.

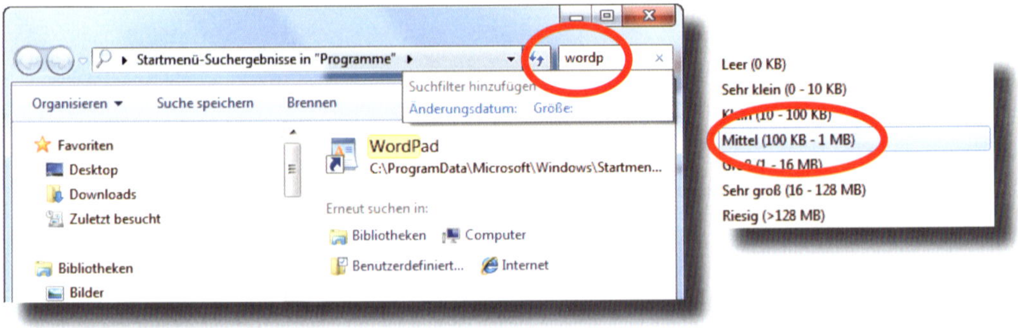

5 Wollen Sie die Suche über Ihren PC hinaus ausdehnen, können Sie auch dieses leicht erledigen, indem Sie im Bereich ***Erneut suchen in*** die Suche z. B. auf das ***Internet*** erweitern.

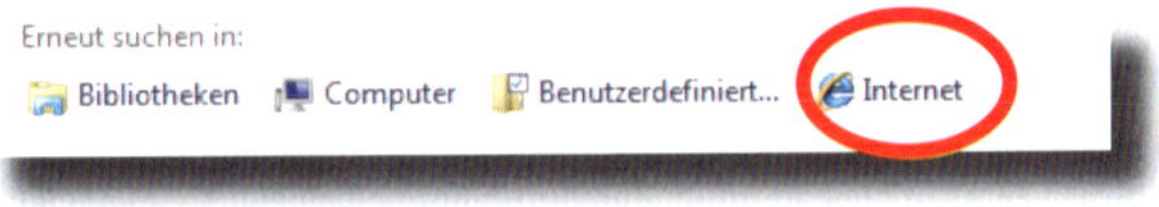

6 Wenn Sie über das kleine ***Vorschau***-Symbol rechts oben die Vorschauansicht aktivieren, können Sie nach Auswahl eines der gefundenen Dokumente dieses in der Vorschau ansehen. Das erleichtert Ihnen das Auffinden eines Dokumentes bei mehreren Suchergebnissen.

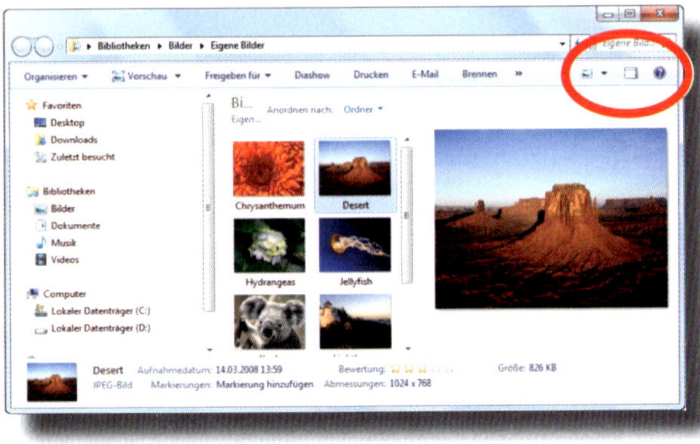

Gut zu wissen

Wenn Sie später Ihre Urlaubsfotos im Ordner ***Eigene Bilder*** ablegen, können Sie den Bildern Informationen hinzufügen, nach denen Sie dann suchen können. Geben Sie für ein Bild z. B. ***Urlaub an der Nordsee 2010*** ein, können Sie über den Suchbegriff ***Nordsee*** die passenden Bilder heraussuchen.

Ziel

Da das vorgegebene Erscheinungsbild und die Farben nicht jedem gleich gut gefallen, lassen sich diese nach Ihrem persönlichen Geschmack einstellen. Wie Sie dabei vorgehen, erfahren Sie in diesem Abschnitt.

1 Um die Farbe der Fenster anzupassen, rufen Sie zunächst über das Startmenü die ***Systemsteuerung*** auf.

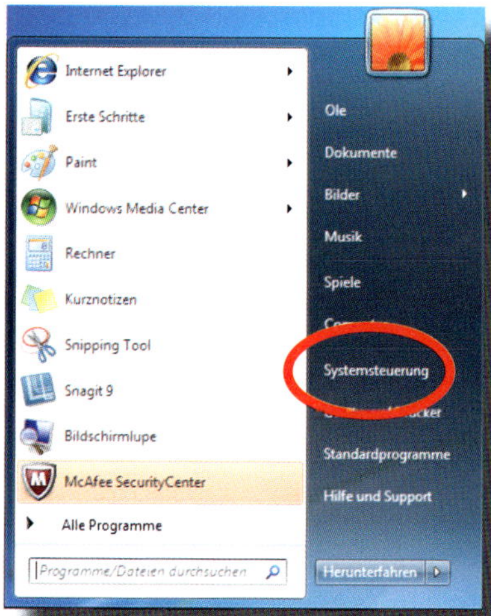

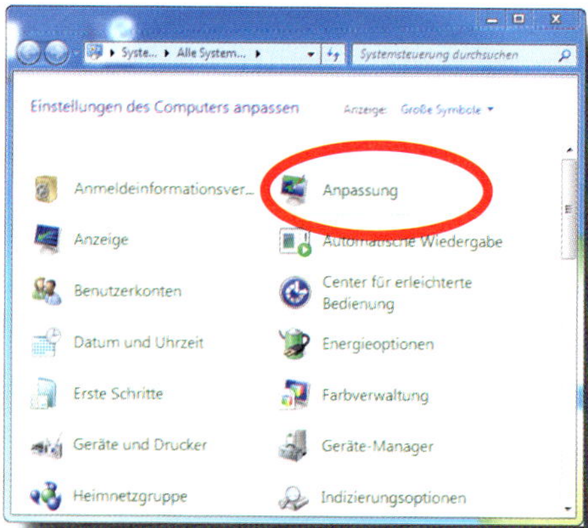

2 Wählen Sie aus der Liste der Systemsteuerungselemente ***Anpassung*** aus, um in die Gestaltung der Fenster zu gelangen.

3 In Dialog ***Anpassung*** haben Sie die Möglichkeit, vordefinierte Designs (Aero-Designs, installierte Designs, Basisdesigns usw.) auszuwählen.

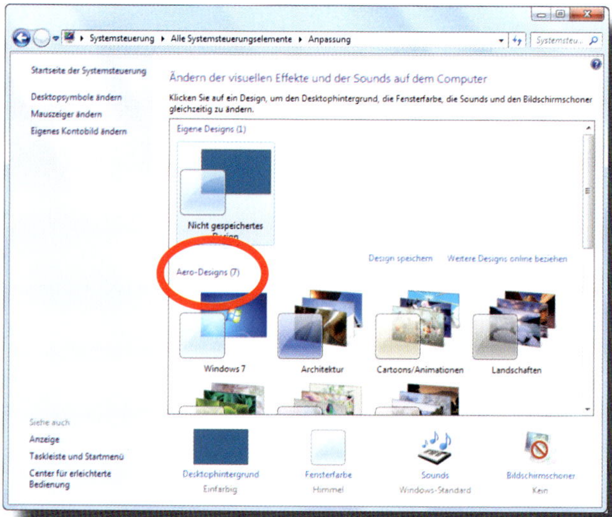

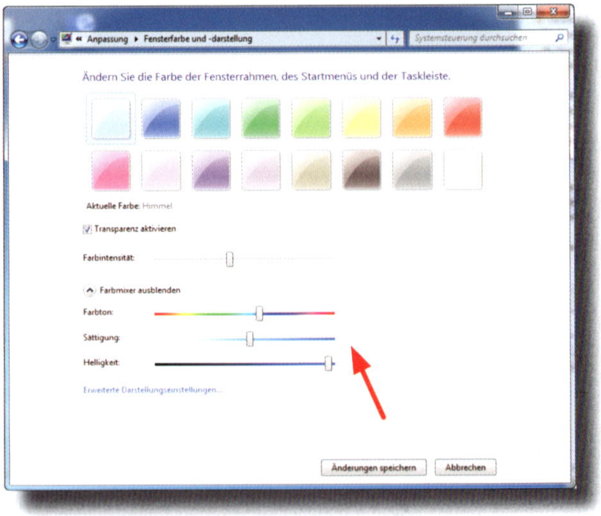

4 Wenn Sie im unteren Bereich auf ***Fensterfarbe*** klicken und den Farbmixer einschalten, so können Sie sehr detailliert einen für Sie schönen Farbton auswählen.

5 Manche mögen's, manche nicht. Dass bei Windows 7 die Fenster leicht durchscheinend (transparent) sind, ist hübsch, aber manchmal mag man es lieber nicht transparent, da bei vielen geöffneten Fenstern leicht die Übersichtlichkeit leidet. Um die Transparenz abzuschalten, wählen Sie die Option ***Transparenz aktivieren*** ab.

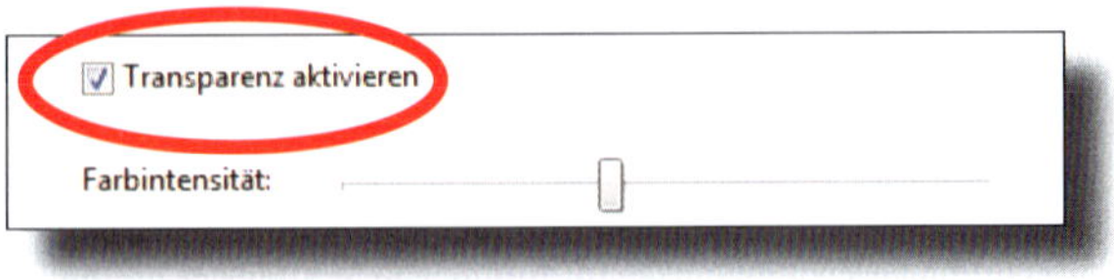

6 Haben Sie sich für ein Design oder eine Farbe entschieden, schließen Sie die Einstellungen mit ***Änderungen speichern*** ab.

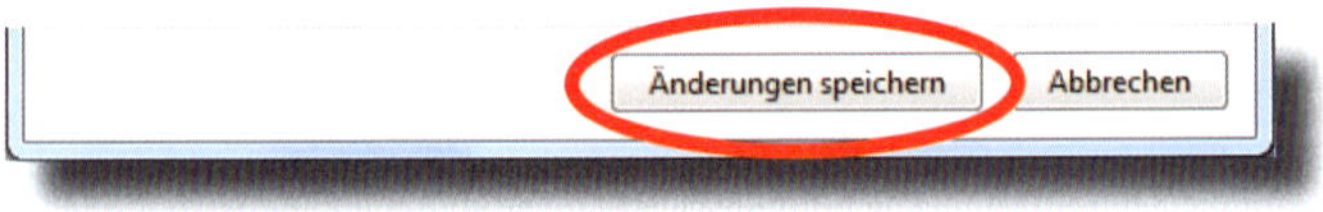

Gut zu wissen

Auch an die Nostalgiker ist gedacht. Sollte Ihnen das Windows 7-Design mit seinen bunten Farben und dem verspielt anmutenden Aussehen nicht zusagen, können Sie auf das klassische Design zurückgreifen, wie es noch bei älteren Windows-Versionen gebräuchlich war. Klicken Sie dazu im Dialog ***Anpassung*** in der Liste ***Basisdesigns und Designs mit hohem Kontrast*** (dazu müssen Sie evtl. die Liste runterblättern) auf ***Windows – klassisch***. Wenn Sie ein Design auswählen, wird dieses sofort angewendet, sodass Sie das Ergebnis begutachten können.

Ziel

Nicht nur die Fensterfarben, sondern den gesamten Desktop-Hintergrund können Sie nach Ihren eigenen Vorlieben gestalten. Der Hintergrund kann mit einem eigenen Bild ausgeschmückt werden. Wie wäre es mit Ihrem Lieblingsbild aus dem letzten Urlaub?

1. Klicken Sie mit der rechten Maustaste irgendwo auf einen freien Bereich des Windows-Desktops. Wenn Sie dann aus dem Kontextmenü die Option ***Anpassen*** auswählen, gelangen Sie in den bereits bekannten Dialog ***Anpassen***.

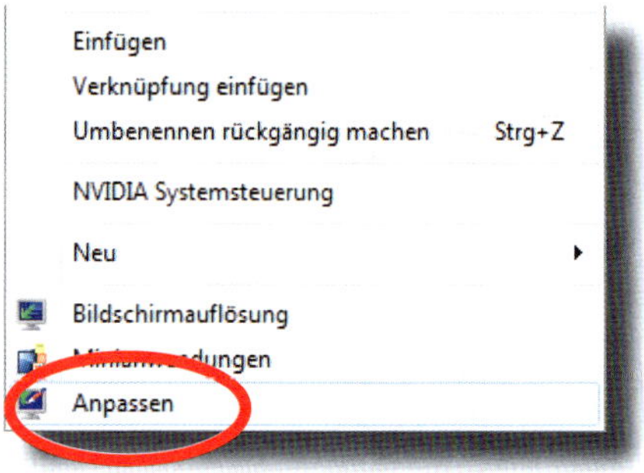

2. In diesem Dialog wählen Sie im unteren Bereich ***Desktophintergrund*** aus.

3. Im Dialog ***Desktophintergrund*** können Sie ein Bild auswählen, indem Sie es anklicken. Das Bild wird mit einem kleinen Häkchen markiert.

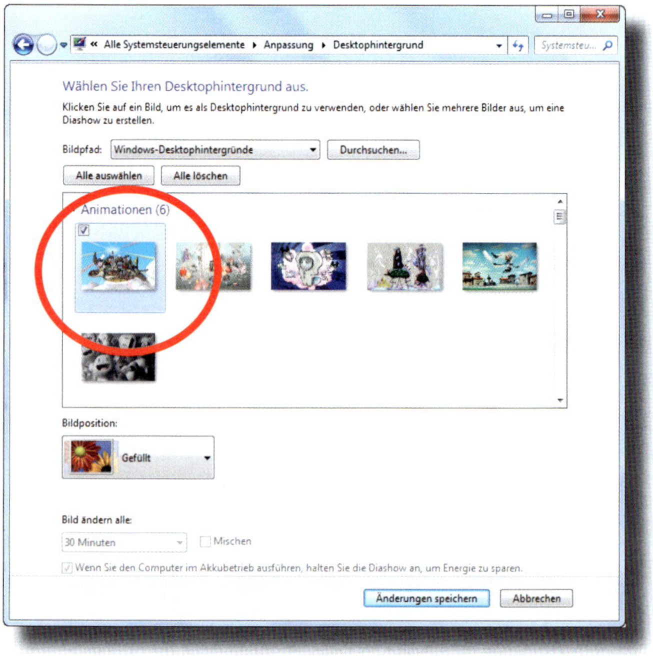

4 Einzelne Bilder können Sie natürlich nach Geschmack hinzufügen oder abwählen. Markieren Sie dazu einfach das kleine Häkchen in der oberen linken Ecke des Bildes.

5 Da nicht jedes Bild genau auf den Desktop passt, können Sie hier noch entscheiden, wie Windows 7 mit dem Hintergrundbild umgehen soll. Ist das Bild etwas kleiner als der Desktop, wählen Sie ***Gestreckt***.

6 Wenn Sie mit Ihrer Auswahl zufrieden sind, klicken Sie auf ***Änderungen speichern***.

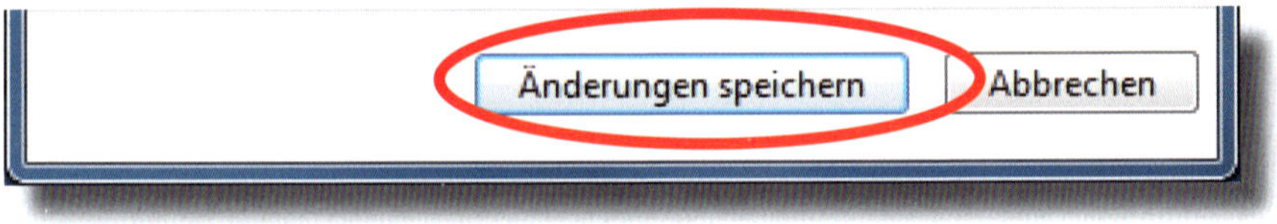

Gut zu wissen

Wenn Sie schöne Urlaubsfotos besitzen, können Sie natürlich auch ein Bild aus Ihrer persönlichen Sammlung als Hintergrund verwenden. Öffnen Sie dazu den Ordner mit Ihrem Lieblingsfoto, wählen das Foto mit einem Rechtsklick aus und wählen die Funktion ***Als Desktophintergrund festlegen***. Übrigens: Auch das Internet ist eine hervorragende Quelle für tolle Desktophintergründe.

Ziel

Ein einzelnes Hintergrundbild ist bereits festgelegt. Vielleicht haben Sie aber eine ganze Sammlung von Bildern, die Sie gerne benutzen möchten. Dazu lässt sich der Desktophintergrund als Dia-Projektor verwenden. Ihr Desktophintergrund wird dann automatisch immer mit neuen Bildern geschmückt.

1 Die Anpassung des Desktophintergrundes erreichen Sie über ***Startmenü > Systemsteuerung > Anpassung > Desktophintergrund***.

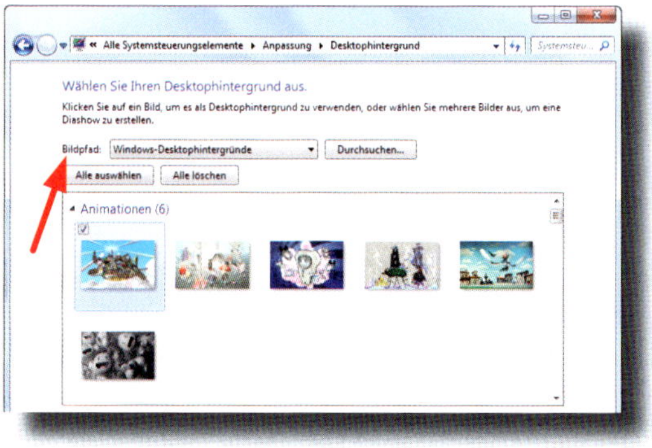

2 Um Ihre Bilder zu finden, klicken Sie in der Auswahl ***Bildpfad*** auf den Eintrag ***Bildbibliothek***. Sollten Sie Ihre Bilder dort nicht finden, gehen Sie auf ***Durchsuchen*** und wählen ***Eigene Bilder***.

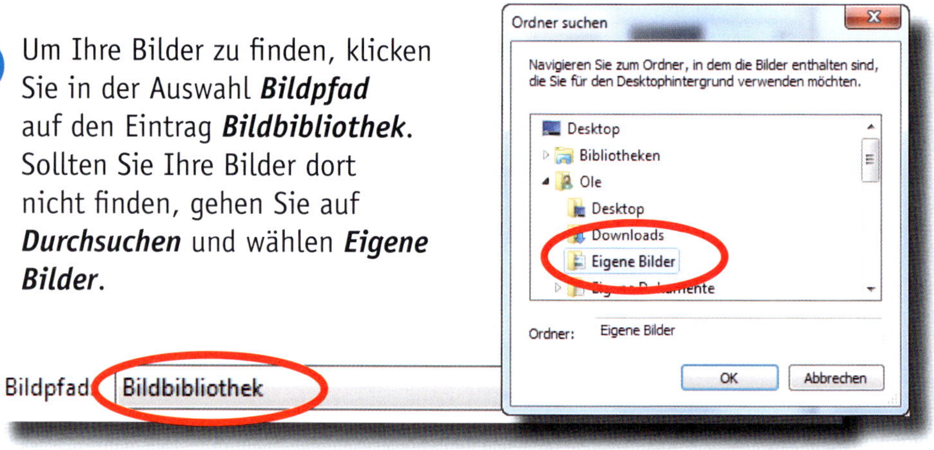

3 Setzen Sie bei jedem Bild, welches Sie in der Diashow sehen möchten, ein Häkchen. Sie können auch einfach ***Alle auswählen*** anklicken.

4 Für die Dauer der Anzeige eines einzelnen Bildes können Sie hier noch die Zeit festlegen und damit es nicht allzu langweilig wird, wählen Sie noch die Option ***Mischen***, sodass die Bilder in einer zufälligen Reihenfolge erscheinen.

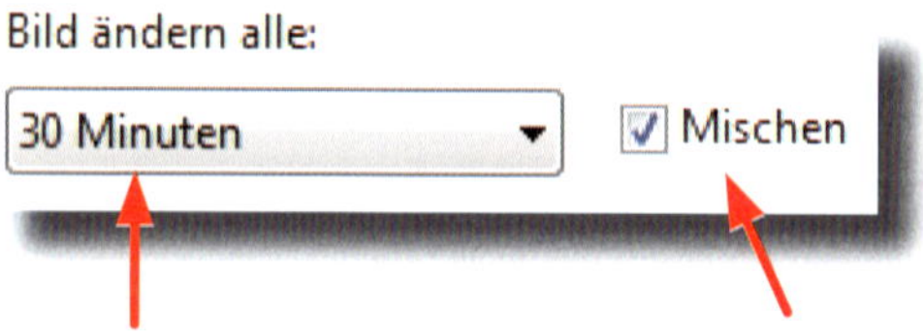

5 Eine Diashow ist schön, aber im Akkubetrieb auf einem Notebook verbraucht diese unnötig Strom. Um das zu verhindern, setzen Sie ein Häkchen vor diese Option.

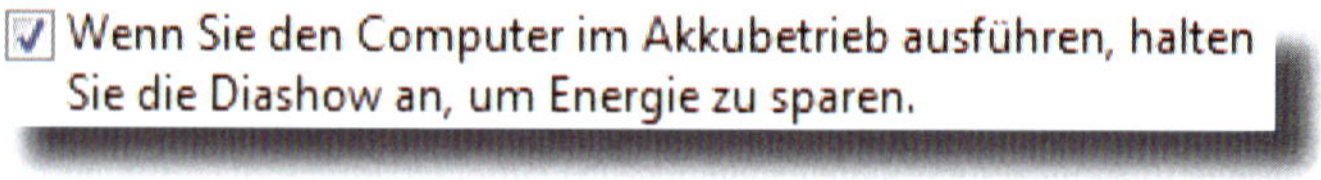

6 Bestätigen Sie Ihre Einstellungen mit ***Änderungen speichern***.

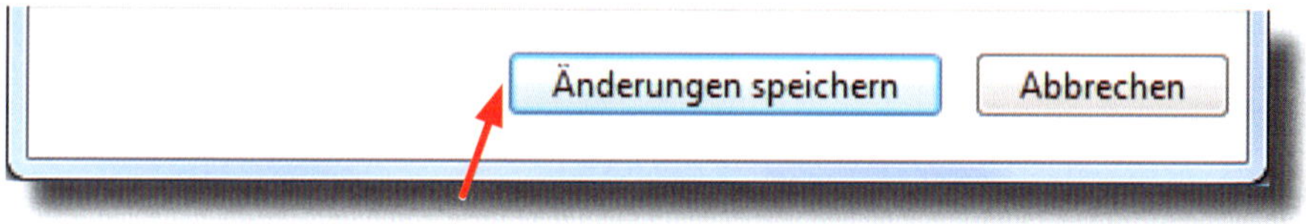

Gut zu wissen

Sie können Ihren Desktophintergrund nicht nur mit Bildern und Diashows schmücken, sondern auch mit einem schönen Muster. Dazu benötigen Sie ein relativ kleines Bild mit einem Ausschnitt des Musters, welches sich dann nach rechts und unten wiederholt. Wählen Sie das Bild dann als Hintergrund aus und wählen für ***Bildposition*** die Variante ***Nebeneiner*** aus, dann wird das Bild so oft wiederholt, bis der Bildschirm gefüllt ist.

Ziel

Sicher arbeiten Sie oft mit den gleichen Programmen oder Dokumenten. Dafür jedes Mal über das Startmenü zu gehen, ist zeitaufwändig. In diesem Abschnitt lernen Sie, sich diese Programme auf den Desktop zu legen. Dabei erzeugen Sie eine Verknüpfung zum Originaldokument oder Originalprogramm. Eine Verknüpfung erkennt man an dem kleinen Pfeil links unten am Desktopsymbol.

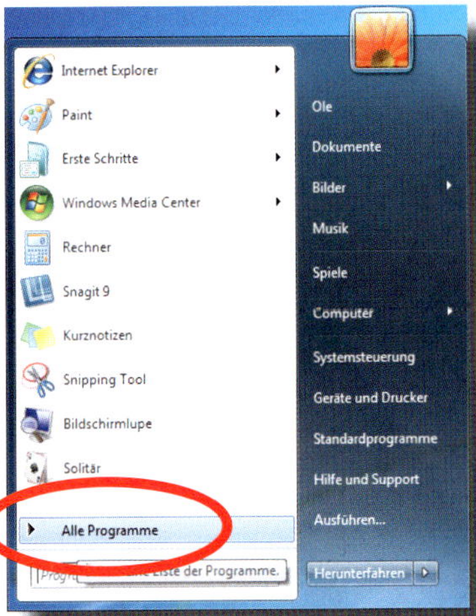

1. Öffnen Sie zunächst das Startmenü und gehen über ***Alle Programme*** zu dem gewünschten Programm oder Dokument.

2. Klicken Sie das Programm mit der rechten Maustaste an, und wählen Sie aus dem Kontextmenü die Option ***Senden an > Desktop (Verknüpfung erstellen)*** aus.

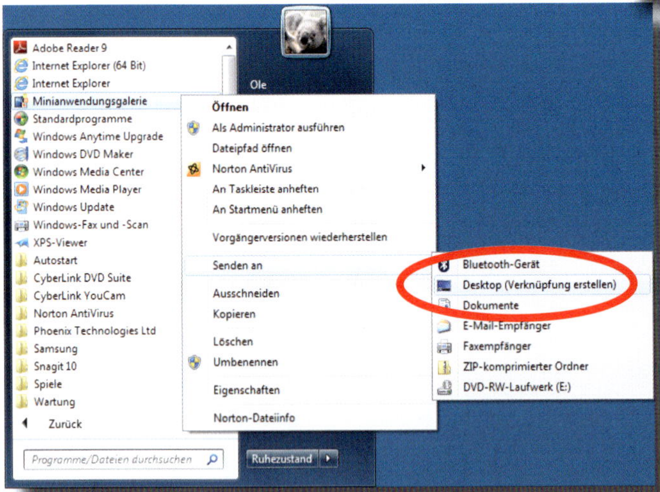

3. Es wird nun auf Ihrem Desktop ein neues Icon abgelegt. Es unterscheidet sich jedoch von einem ‚echten' Programm oder Dokument darin, dass es einen kleinen Pfeil in der Ecke trägt – eine Verknüpfung.

4 Sie können diese Verknüpfung auch auf die Taskleiste legen. Windows 7 nennt das ***Anheften an Taskleiste***. Ziehen Sie die Verknüpfung einfach vom Desktop und lassen diese auf der Taskleiste fallen.

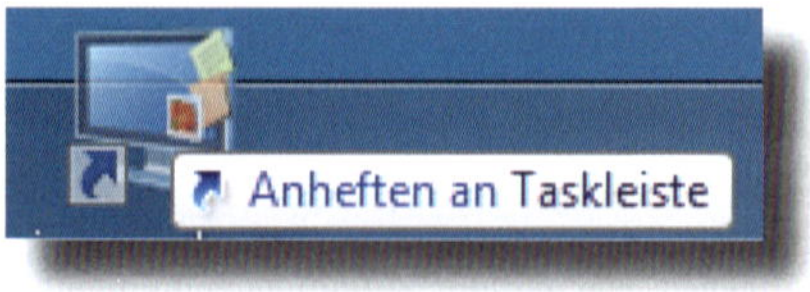

5 Diese Verknüpfung lässt sich außerdem auch am Startmenü anheften. Mit einem Rechtsklick für das Kontextmenü und der Auswahl ***An Startmenü anheften*** ist das schnell erledigt.

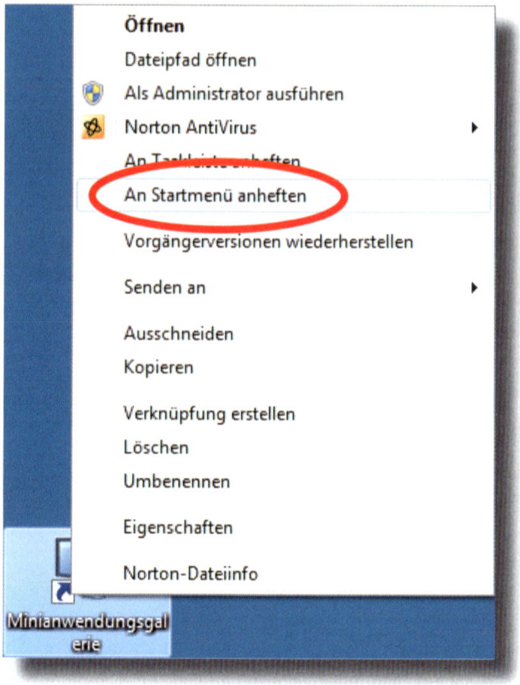

6 Die an der Taskleiste angeheftete Verknüpfung des Programms oder Dokumentes lässt sich auch noch sortieren. Drücken Sie einfach die linke Maustaste auf dem Symbol in der Schnellstartleiste und ziehen Sie das Symbol an den gewünschten Platz. Am Ziel angekommen, lassen Sie den Mausknopf los.

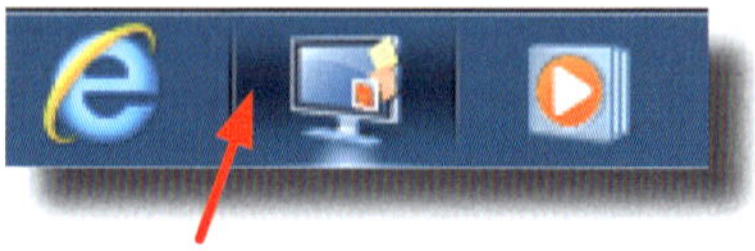

Gut zu wissen

Wenn Sie eine Verknüpfung löschen, löschen Sie nicht das eigentliche Dokument, sondern nur einen Verweis auf dieses. Um tatsächlich ein Dokument zu löschen, öffnen Sie das Kontextmenü mit einem Rechtsklick, wählen ***Eigenschaften*** und dann ***Dateipfad öffnen***. Nun zeigt Windows Ihnen das tatsächliche Dokument. Dieses können Sie jetzt löschen.

Ziel

Mit den neuen Aero-Funktionen Aero-Peek, Aero-Snap, Aero-Shake und Flip-3D hat Microsoft sehr interessante Features eingebaut. Aero-Peek erlaubt das Anzeigen des Desktops (alle Fenster werden durchsichtig), Aero-Snap erleichtert das Anordnen der Fenster bei mehreren offenen Dokumenten und Aero-Shake minimiert alle Fenster, wenn Sie ein Fenster schütteln.

1. Um die ***Aero-Funktionen*** und den ***Flip-3D-Modus*** einzustellen, öffnen Sie den Anpassungsdialog. Dazu klicken Sie mit der rechten Maustaste auf eine freie Stelle des Desktops und wählen die Option ***Anpassen*** aus.

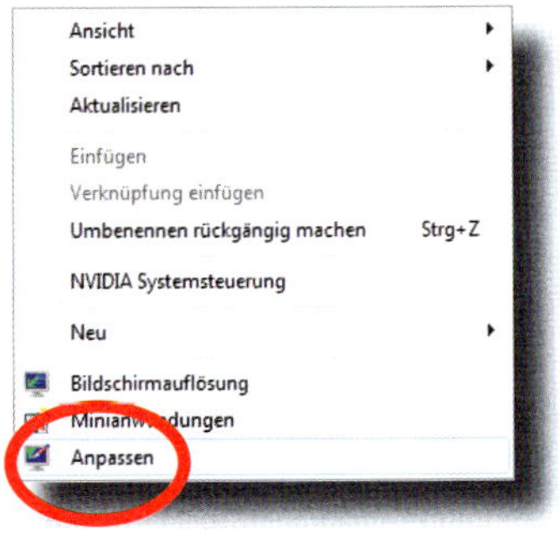

2. Die Aero-Funktionen sind natürlich nur dann vorhanden, wenn auch ein Aero-Design ausgewählt wurde.

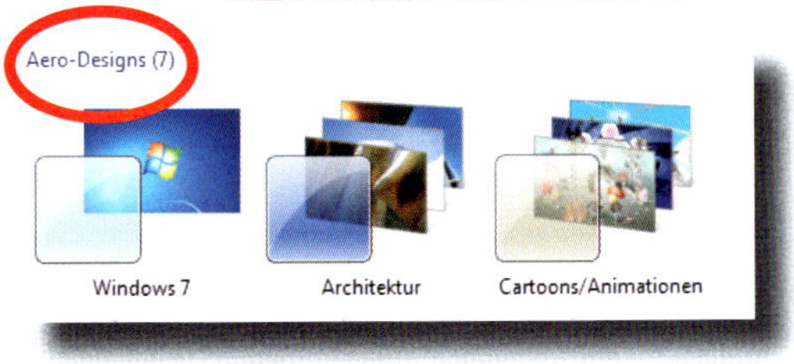

3. ***Windows Flip-3D*** kann nun dazu genutzt werden, schnell zwischen Anwendungen hin- und herzuschalten. Dazu drücken Sie die Tastenkombination [Win]+[Tab] mehrfach hintereinander und Sie sehen, dass die Liste laufender Programme durchgeblättert wird. Möchten Sie die geöffneten Programme statt in 3D in 2D angezeigt bekommen, drücken Sie die Tastenkombination [Alt]+[Tab]. Anschließend sehen Sie die Fenster übersichtlich nebeneinander angeordnet.

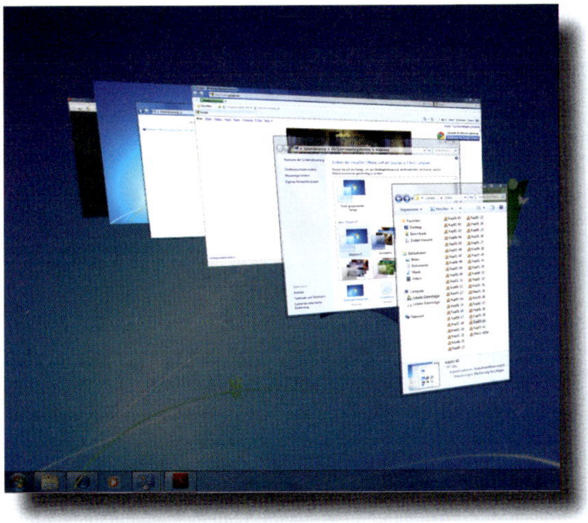

4 Sollten Sie mehrere Dokumente oder Internetseiten gleichzeitig geöffnet haben, sehen Sie in der Taskleiste eine gruppierte Anordnung der Fenster. Verweilen Sie einen Moment mit der Maus über einer Gruppe, zeigt Windows Ihnen eine Miniaturansicht der Fenster an.

5 ***Aero-Peek*** können Sie nutzen, wenn Sie in der Taskleiste ganz rechts auf das kleine Rechteck fahren. Die geöffneten Fenster werden dann alle durchsichtig.

6 ***Aero-Snap*** und ***Aero-Shake*** nutzen Sie, indem Sie das Fenster an der Kopfleiste anfassen und schütteln bzw. es über den Desktop bewegen. Das Schütteln minimiert alle anderen Fenster, das Bewegen erlaubt genaues Platzieren dieses Fensters.

Gut zu wissen

Die Aero-Funktionen lassen sich auch mit einer Tastenkombination abrufen. Aero-Peek z. B. über [⊞]+[ ], Aero-Snap über [⊞]+[←] und [⊞]+[→] und Aero-Shake über [⊞]+[Pos1].

Ziel

Minianwendungen sind kleine Programme, die Sie an der rechten Seite des Bildschirms platzieren können. Minianwendungen, auch ***Gadgets*** genannt, sind nützliche – zumeist auch kostenlose – Zusatztools, die Ihnen bei der täglichen Arbeit helfen wie z. B. ein Taschenrechner oder Sie einfach ein wenig unterhalten, wie eine Mini-Diashow oder Internet-Radiosender.

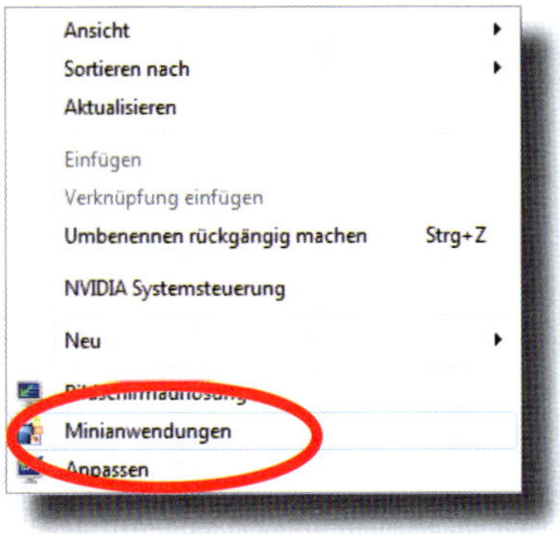

1. Um eine Minianwendung auszuwählen und zu platzieren, klicken Sie mit der rechten Maustaste auf einen freien Bereich des Desktops und wählen aus dem sich öffnenden Kontextmenü den Eintrag ***Minianwendungen*** aus.

2. Wählen Sie eine der aufgeführten Minianwendungen aus, um diese auf dem Desktop zu platzieren. Sie können entweder einen Doppelklick auf die Minianwendung machen oder die Anwendung mit der Maus greifen und auf den Desktop ziehen.

3. Jede Minianwendung verfügt über eine kleine Werkzeugleiste, die sichtbar wird, wenn Sie mit der Maus über die Anwendung fahren, über die man die Minianwendung noch genauer konfigurieren kann. Wenn Sie auf den Pfeil ***2 von 8*** klicken, können Sie z. B. das Aussehen der Uhr verändern.

4 Möchten Sie Ihre Minianwendungen an eine andere Position setzen, gehen Sie mit der Maus irgendwo auf die Anwendung und drücken Sie die Maustaste. Jetzt können Sie das Gadget an eine andere Stelle auf dem Desktop ziehen.

5 Um eine Minianwendung wieder vom Desktop zu löschen, klicken Sie auf das ***X*** in der Werkzeugleiste der Anwendung. Schon ist das Gadget vom Desktop verschwunden.

6 Die Auswahl an Minianwendungen ist im Auswahldialog natürlich etwas begrenzt, aber auch dafür gibt es im Internet einen Bereich, über den man weitere Anwendungen für jeden Geschmack und jedes Bedürfnis laden kann.
Klicken Sie auf ***Weitere Minianwendungen online beziehen***, um im Internet Gadgets zu suchen und zu installieren.

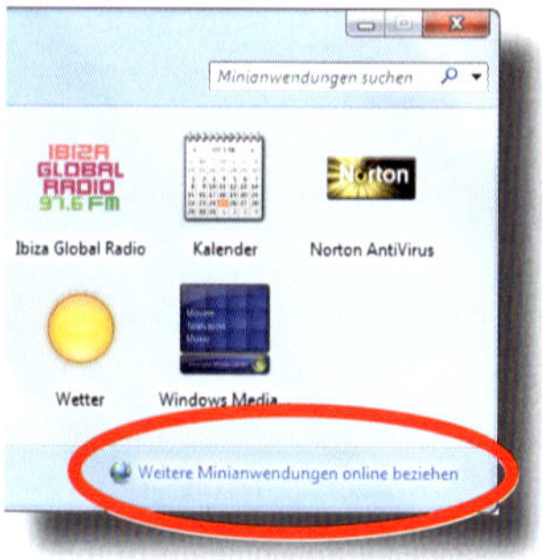

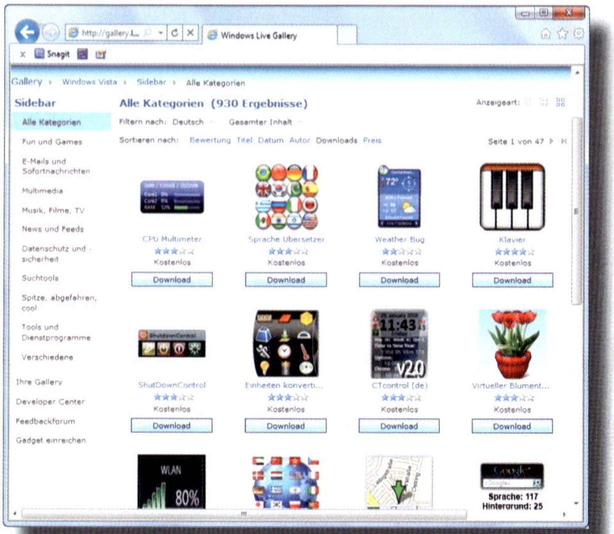

Gut zu wissen

Die meisten Gadgets greifen auf Internetdienste zu. Eine dauerhafte Internetverbindung ist daher notwendig, um gewisse Gadgets in der Sidebar richtig nutzen zu können. Sollten Sie nur über einen Zeit- oder Volumentarif oder gar über eine Mobilfunkverbindung ins Internet verfügen, sollten Sie die betreffenden Gadgets lieber deaktivieren. Außerdem sei an dieser Stelle darauf hingewiesen, dass Gadgets installierte Programme sind, die natürlich evtl. schädlichen Code enthalten. Eine Virenschutzsoftware ist daher anzuraten.

Ziel

Für jede Aktion bietet Windows Unterstützung durch akustische Signale. Das beginnt bereits beim Einschalten des Rechners. Wenn Sie akustisch gewarnt werden möchten, wenn z. B. die Akkuladung zur Neige geht oder wenn Sie den Startsound beim Einschalten des Rechners deaktivieren möchten, können Sie hierfür Einstellungen vornehmen.

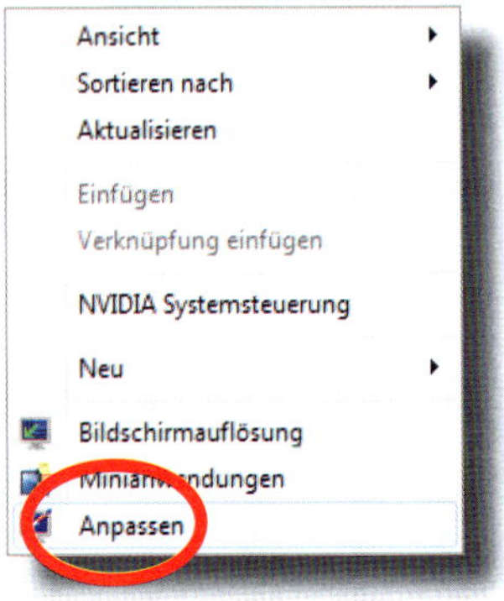

1 Um an die Einstellungsfunktionen für den Sound zu gelangen, klicken Sie zunächst mit der rechten Maustaste auf den Desktop. Wählen Sie im Kontextmenü die Option ***Anpassen*** aus. Sie gelangen in den bereits bekannten ***Anpassen***-Dialog.

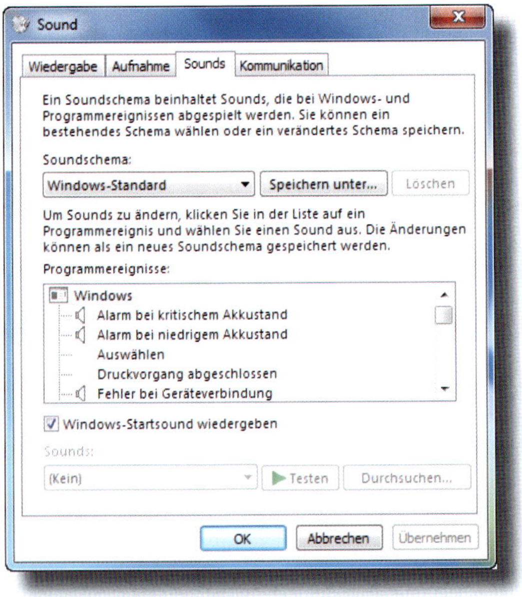

2 Im unteren Bereich finden Sie die Option ***Sounds***. Öffnen Sie diese mit einem Klick. In der Registerkarte ***Sounds*** können Sie nun diverse Klänge und Töne konfigurieren.

3 Wie auch bei den Desktop-Designs, gibt es hier vordefinierte ***Sound-Schemas***. Wenn Sie es einfach möchten, wählen Sie eines der Schemas aus, sodass die hinterlegten Töne und Klänge aktiviert werden.

4 Natürlich möchten Sie sich vorher anhören, was später auf Sie zukommt. Dazu wählen Sie in der Liste ***Programmereignisse*** ein Ereignis aus (z. B. ***Alarm bei niedrigem Akkustand***) und betätigen den ***Testen***-Button.

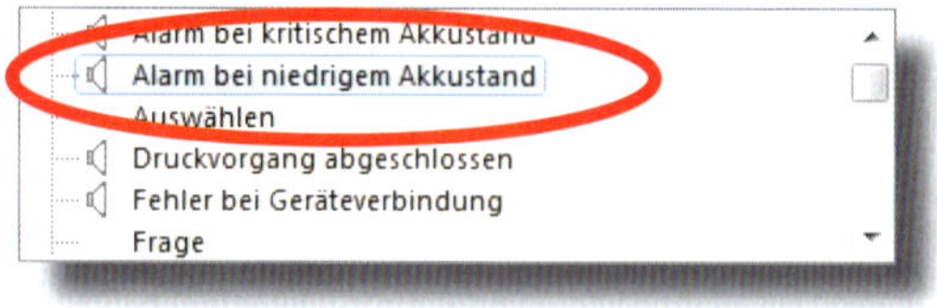

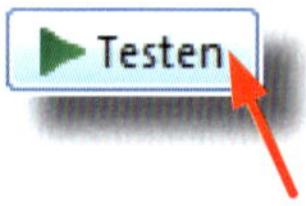

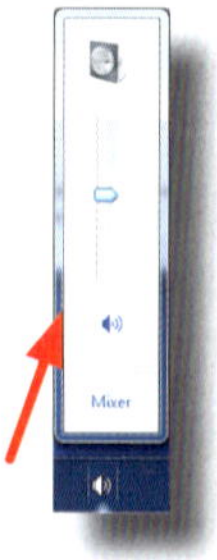

5 Sollten Sie keinen Sound hören, sind evtl. die Lautsprecher ausgestellt. Um die Lautstärke etwas anzuheben, betätigen Sie das Lautsprecher-Symbol in der Startleiste unten rechts und schieben den Regler etwas nach oben. Ein erneuter Test sollte jetzt den Sound abspielen.

6 Wenn Sie eigene Sounddateien haben, die Sie nutzen möchten, drücken Sie auf den Button ***Durchsuchen***, navigieren in Ihren Sound-Ordner und wählen eine Sounddatei aus. Eigene Dateien können Sie dann zu einem Schema speichern.

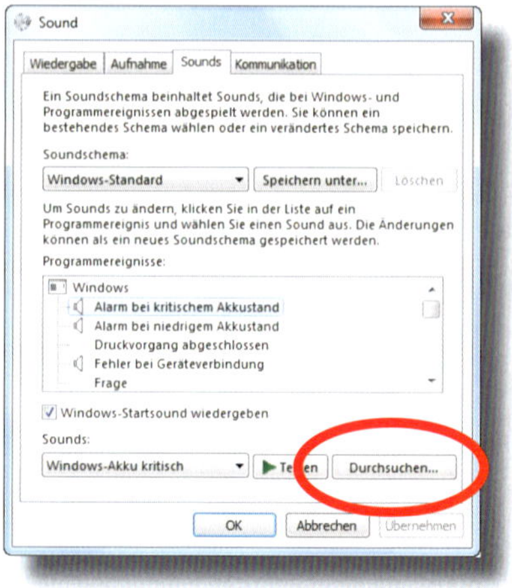

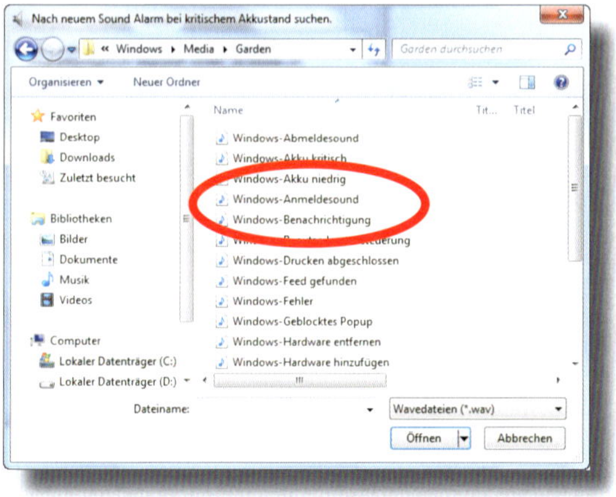

Gut zu wissen

Die Sounddateien müssen im Format ***.wav*** vorliegen, damit sie als akustische Signale verwendet werden können. Sollten Ihnen die vielen Töne irgendwann einmal zu viel werden oder Sie stören damit den Zimmernachbarn, dann können Sie in der Schemaauswahl auch ***Keine Sounds*** anwählen. Daraufhin ist der Rechner absolut leise und Sie können ungestört arbeiten.

Einen Bildschirmschoner einrichten

Ziel

Wenn Sie Ihren Computer öfter mal verlassen, ist es sinnvoll, einen Bildschirmschoner einzusetzen. Dieser schaltet nach einer Weile den Bildschirm und damit Ihre Arbeit weg und zeigt ein Bild, Muster oder eine andere Grafik. Damit schützen Sie Ihre Arbeit vor neugierigen Blicken und unerwünschten Veränderungen. Beim Beenden des Bildschirmschoners können Sie optional noch nach Ihrem Passwort gefragt werden.

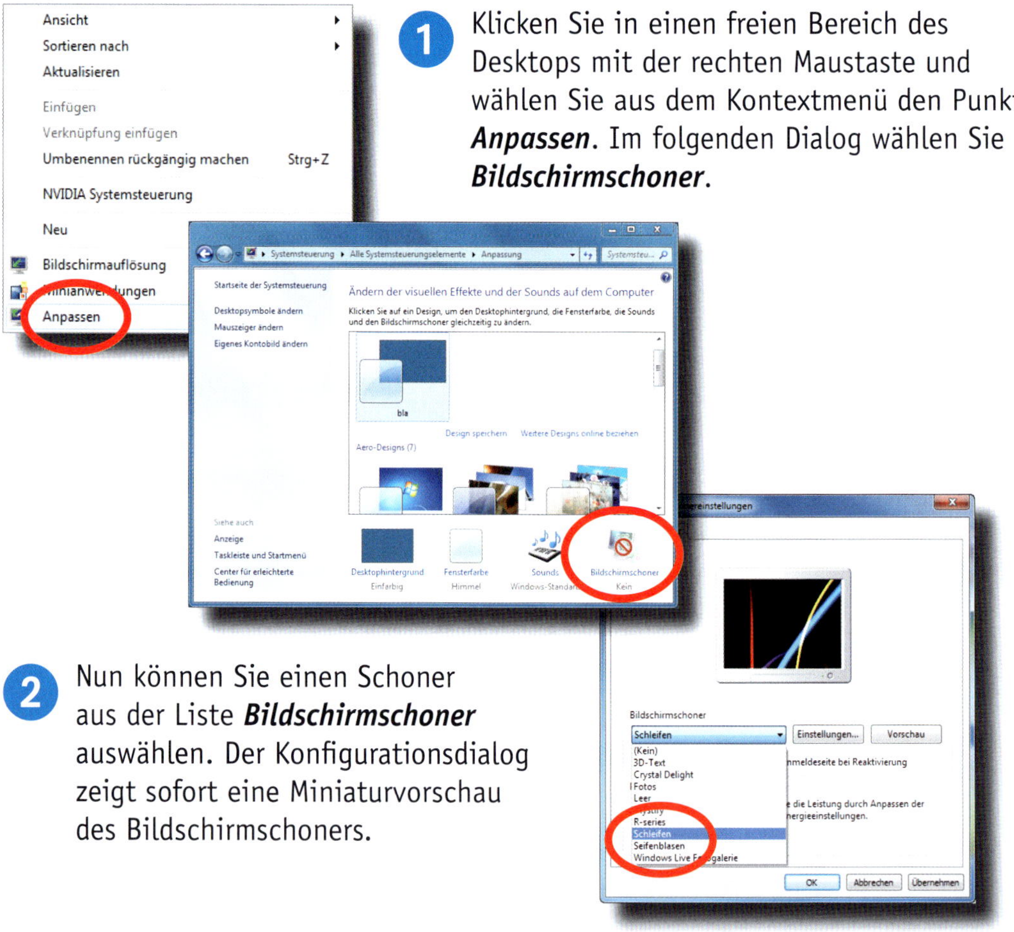

1. Klicken Sie in einen freien Bereich des Desktops mit der rechten Maustaste und wählen Sie aus dem Kontextmenü den Punkt ***Anpassen***. Im folgenden Dialog wählen Sie ***Bildschirmschoner***.

2. Nun können Sie einen Schoner aus der Liste ***Bildschirmschoner*** auswählen. Der Konfigurationsdialog zeigt sofort eine Miniaturvorschau des Bildschirmschoners.

3. Viele der Bildschirmschoner haben zusätzliche Einstellmöglichkeiten, die Sie über ***Einstellungen*** erreichen. Nach erfolgreicher Einstellung können Sie das Ergebnis in der Vorschau begutachten.

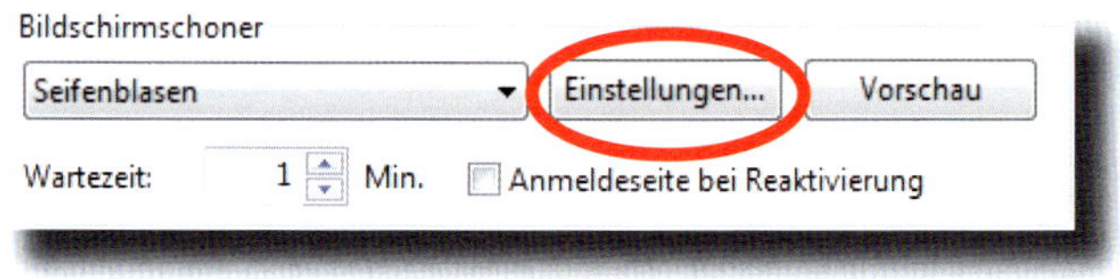

4 Der Bildschirmschoner ***3D-Text*** besitzt vielfältige Einstellungen, z. B. können Sie den Text selbst schreiben. Dazu tippen Sie im Feld ***Text*** einfach Ihren Text ein und drücken auf ***OK***.

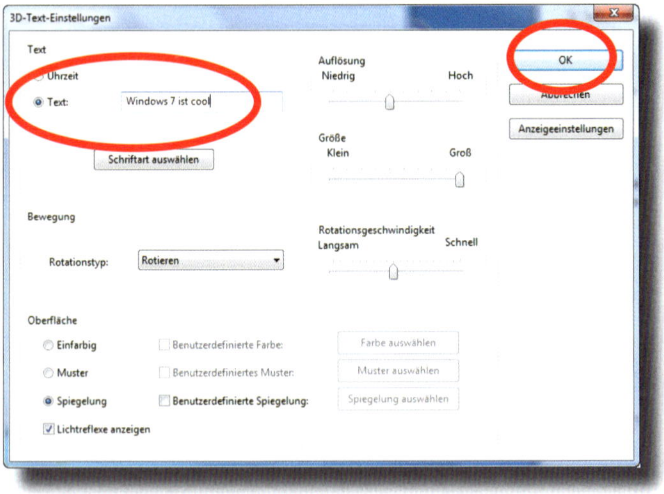

5 Unter dem Auswahlmenü des Bildschirmschoners können Sie einstellen, nach wie viel Minuten der Schoner anspringen soll. Stellen Sie dazu die gewünschte Zeit unter ***Wartezeit*** ein. Wenn Sie möchten, dass ein Kennwort eingegeben werden muss, bevor der Rechner wieder aktiv wird, setzen Sie ein Häkchen vor ***Anmeldeseite bei Reaktivierung***.

6 Besonders im Akku-Betrieb mit einem Notebook ist es sinnvoll, bei Inaktivität Strom zu sparen und den Bildschirm durch einen Schoner abzuschalten. Hierzu dient die ***Energieverwaltung***. Bestätigen Sie abschließend mit ***OK***.

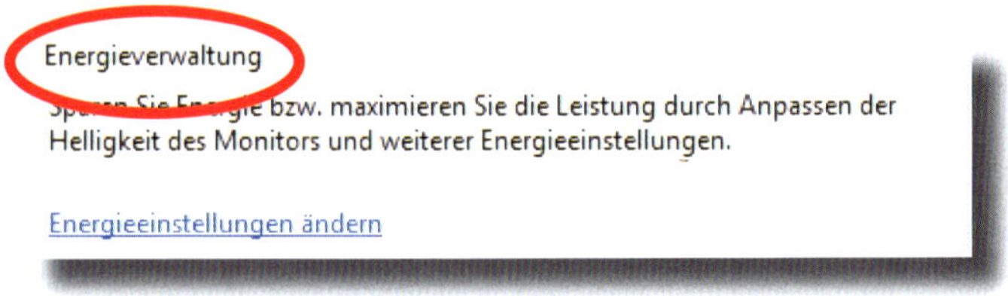

Gut zu wissen

Wenn Ihnen die installierten Bildschirmschoner nicht zusagen, gibt es im Internet z. B. bei ***bildschirmschoner.de*** weitere – auch kostenlose – Bildschirmschoner. Da Bildschirmschoner eigentlich normale Programme sind, ist es ratsam, diese nach dem Download durch einen Virenscanner überprüfen zu lassen.

Wichtige Begriffe

Desktop: Als Desktop bezeichnet man den gesamten Arbeitsplatz auf dem Bildschirm. Auf dem Desktop werden – wie auf dem richtigen Schreibtisch auch – Dokumente und Werkzeuge (Programme) abgelegt. Diese werden als kleine Icons dargestellt.

Explorer: Mit dem Explorer werden alle Dokumente, Ordner, Geräte und das Netzwerk übersichtlich dargestellt und verwaltet.

Gadgets: Gadgets sind kleine Miniprogramme, die Aufgaben erfüllen und sich frei auf dem Desktop platzieren lassen.

Icon: Jedes Dokument und jede Anwendung wird durch ein kleines Symbol dargestellt. Diese kleinen Symbole erlauben dann den direkten Zugriff auf die Dokumente und Programme.

Verknüpfung: Eine Verknüpfung (auch Link genannt) verbindet ein Symbol auf dem Desktop, dem Startmenü oder der Taskleiste mit dem eigentlichen Dokument oder Programm, welches irgendwo auf der Festplatte abgelegt ist.

2 Windows 7 einrichten

In diesem Kapitel lernen Sie:

- ☑ neue Benutzerkonten anzulegen
- ☑ den Kontotyp einzustellen
- ☑ Kennwörter der Konten einzurichten oder zu ändern
- ☑ das Bild des Benutzerkontos zu ändern
- ☑ wie Sie Windows reparieren können
- ☑ wie Sie das System wiederherstellen können
- ☑ die Festplatte zu indizieren
- ☑ den Energiesparmodus zu aktivieren
- ☑ den Speicherplatz richtig zu verwalten

Ziel

Nicht nur Sie selbst, sondern vielleicht auch Ihr Partner oder Ihre Kinder möchten Ihren Computer mit benutzen. Damit nicht jeder über Ihr Konto arbeitet und damit volle Administratorrechte besitzt, ist es sinnvoll, für jeden Benutzer ein eigenes Anmeldekonto einzurichten. Darüber hinaus kann sich dann jeder Benutzer sein Umfeld individuell einrichten und Kindern kann man Spiele oder Programme zuordnen, die sie benutzen dürfen. Wie Sie für jeden Benutzer ein eigenes Konto einrichten, erfahren Sie hier.

1 Rufen Sie die ***Systemsteuerung*** über das ***Startmenü*** auf.

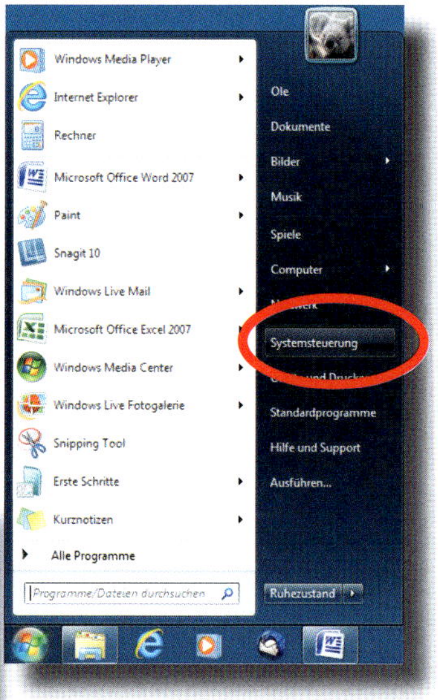

2 Wählen Sie ***Benutzerkonten*** aus, um ein neues Benutzerkonto anzulegen. Hier können Sie ebenfalls bestehende Konten verändern.

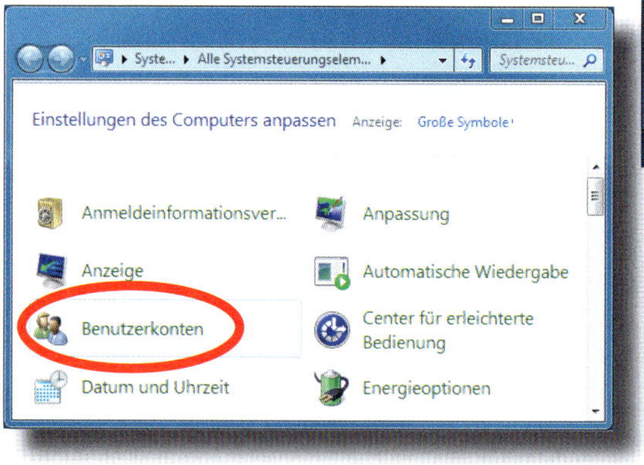

3 Wählen Sie den Punkt ***Anderes Konto verwalten***. Hier sehen Sie alle bereits angelegten Benutzerkonten. Ob ein Benutzer Administrator oder Standardbenutzer ist, können Sie hier ebenfalls sehen.

4 Klicken Sie im unteren Bereich auf ***Neues Konto erstellen***.

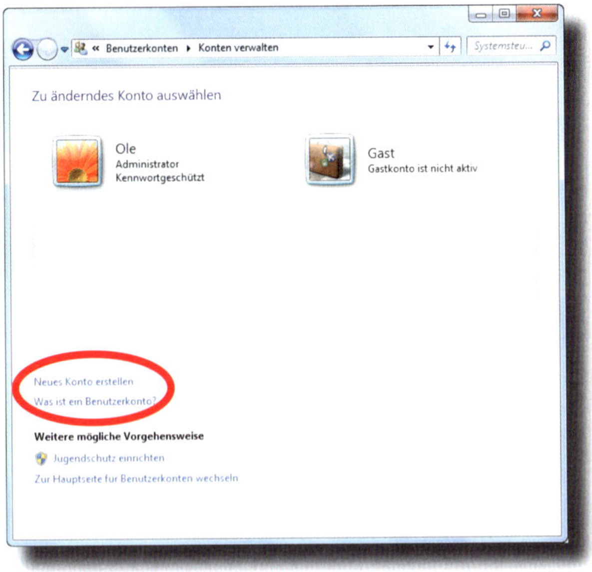

5 Geben Sie im Namensfeld den Namen des Mitbenutzers ein und wählen Sie ***Standardbenutzer*** aus. Das ist wichtig, denn nicht jeder ist Administrator. Die Admin-Rechte sollten Sie nur sich selbst gönnen.

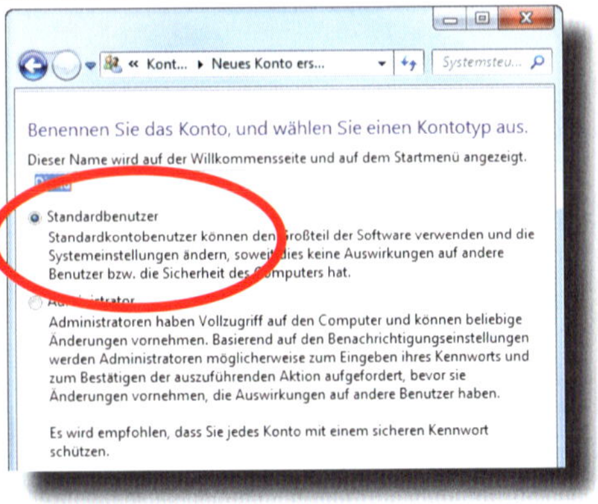

6 Klicken Sie abschließend auf ***Konto erstellen***. Der neue Mitbenutzer hat nun ein eigenes Anmeldekonto erhalten und hat dadurch auch einen eigenen Bereich für seine Dokumente (Briefe, Bilder, Videos, Musik usw.) erhalten. Über ***Startmenü > Kleines Dreieck > Benutzer wechseln*** können Sie nun schnell den Benutzer wechseln, ohne Programme zu beenden.

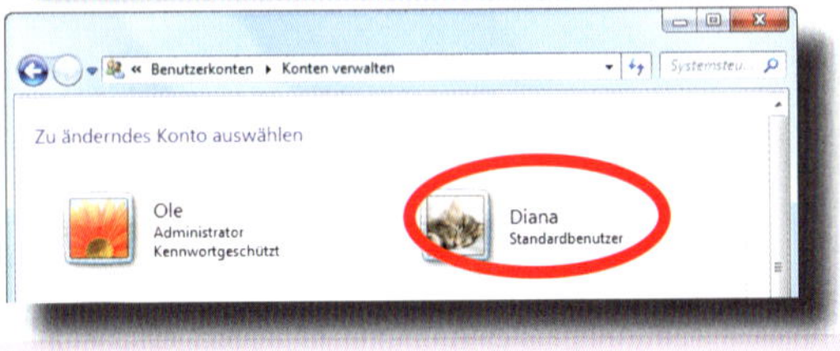

Gut zu wissen

Das Konto ist angelegt – gut. Beachten Sie aber, dass das Konto noch nicht mit einem Kennwort geschützt ist. Das erkennen Sie an der Auflistung der Konten und dem (noch nicht vorhandenen) Vermerk ***Kennwortgeschützt***. Auch für sich selber ist es ratsam, ein normales Benutzerkonto anzulegen, um zu vermeiden, dass Sie versehendlich Einstellungen verändern oder unerwünschte Programme installieren. Nur für Wartungsarbeiten sollte man sich mit dem Admin-Konto anmelden.

Kennwort einrichten oder ändern

Ziel

Damit nicht jeder, der Zugang zu Ihrem PC hat, auch mit Ihrem Konto arbeitet, ist es wichtig, Ihr Konto und jedes weitere Konto mit einem sicheren Kennwort abzusichern. So hat jeder Mitbenutzer nur Zugriff auf sein Konto und damit auch auf seine Dateien und Einstellungen. Auch wenn Sie mit Ihrem Notebook mal unterwegs sind, ist es wichtig, dass Ihr Konto abgesichert ist.

1. Öffnen Sie über ***Startmenü > Systemsteuerung*** die ***Benutzerkonten*** und wählen Sie ***Anderes Konto verwalten*** aus. Klicken Sie das betreffende Konto an, um es zu ändern und ein Kennwort zu hinterlegen.

2. Um für das angewählte Konto ein Kennwort zu vergeben, klicken Sie auf ***Kennwort erstellen***.

3. Das zu erstellende Kennwort muss zur Sicherheit zweimal nacheinander erfasst werden. Dieses vermeidet eventuelle Tippfehler bei der Eingabe.

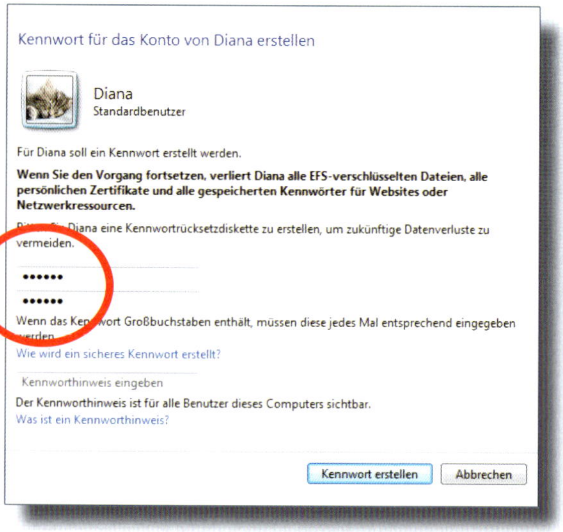

4 Denken Sie bei der Vergabe auch an die Sicherheit des Kennwortes, also vergeben Sie nach Möglichkeit ein Kennwort bestehend aus Groß- und Kleinbuchstaben und evtl. Zahlen. Der Name des Kindes, der Frau/des Mannes oder das Autokennzeichen sind nicht wirklich gute Kennworte. Die Windows-Hilfe gibt hier nützliche Ratschläge.

5 Sollte es einmal passieren, dass Sie sich nicht an Ihr Passwort erinnern, sollten Sie hier noch einen Hinweis hinterlegen, der Ihnen hilft, dass Ihnen das richtige Kennwort wieder einfällt.

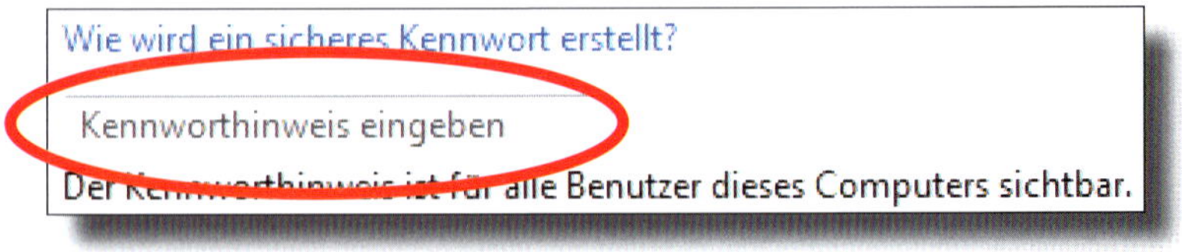

6 Haben Sie alle Eingaben getätigt, klicken Sie auf ***Kennwort erstellen***, um das Kennwort für das Benutzerkonto zu aktivieren. Das Konto ist jetzt kennwortgeschützt.

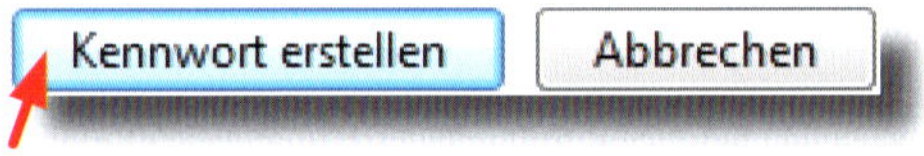

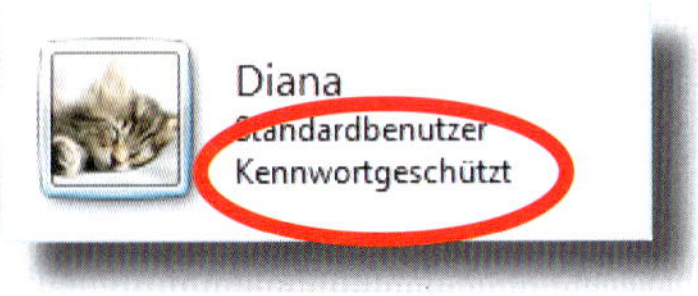

Gut zu wissen

Bei der Vergabe eines Kennwortes sollten Sie nicht zu leichtfertig sein. Ein gutes Kennwort besteht sicher aus mehr als drei Buchstaben und sollte nicht nur Buchstaben, sondern auch Zahlen enthalten. Jedes Wort, das in einem Duden zu finden ist, ist ein schlechtes Kennwort, denn das lässt sich leicht knacken. Haben Sie den Verdacht, dass jemand Ihr Kennwort kennt, dann scheuen Sie nicht davor zurück, Ihr Kennwort auch mal zu erneuern.

Das Benutzerbild ändern

Ziel

Jedem Konto können Sie ein schmückendes Benutzerbild zuordnen. Das Bild kann entweder aus der Liste vorhandener Bilder gewählt werden oder Sie haben ein schönes Foto der Person, welches Sie zuordnen möchten. Wie Sie dabei vorgehen, erfahren Sie in diesem Abschnitt.

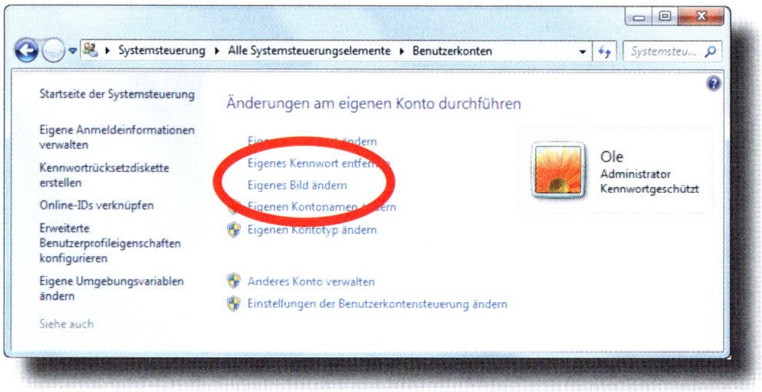

1 Öffnen Sie auf dem bereits bekannten Weg die ***Benutzerkonten*** und wählen Sie ***Eigenes Bild ändern***.

2 Windows bringt eine Fülle von Bildchen mit, die Sie auswählen können.

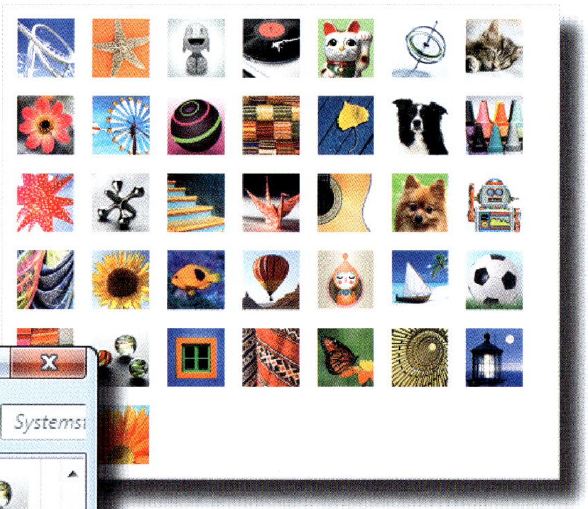

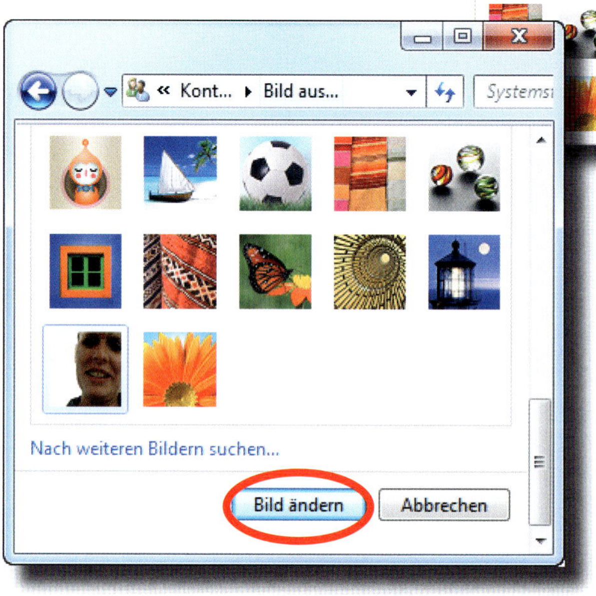

3 Markieren Sie das neue Bild und klicken Sie anschließend auf ***Bild ändern***.

4 Wenn Ihnen die vorgegebenen Bilder nicht zusagen, können Sie auch eigene Bilder auswählen. Klicken Sie dazu auf ***Nach weiteren Bildern suchen***.

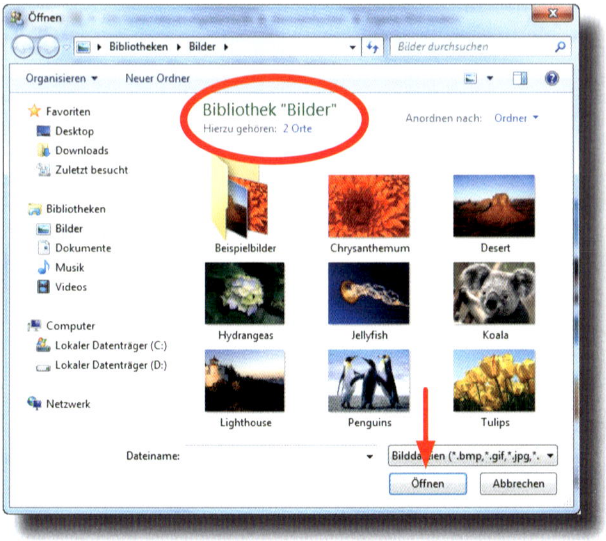

5 Sie können nun in der Bilderbibliothek des Rechners nach beliebigen Bildern suchen und ein Bild auswählen. Betätigen Sie abschließend den Knopf ***Öffnen***.

6 Das eigene Kontobild wird angepasst und erscheint beim Einschalten des Rechners in der Anmeldemaske und im Startmenü.

Gut zu wissen

Da das ausgewählte Bild automatisch angepasst wird, könnte der Ausschnitt nicht immer Ihren Vorstellungen entsprechen. Vielleicht möchten Sie das gewählte Bild manuell vorbereiten, sodass der Ausschnitt auch wirklich das ist, was Sie möchten. Zum Thema Bildbearbeitung erfahren Sie mehr in Kapitel 7: ***Digitale Fotos.***

Ziel

Wenn Sie ein neues Konto anlegen, müssen Sie diesem einen Kontonamen geben. In unserem Beispiel ist es Diana. Wollen Sie diesen Namen später einmal ändern – vielleicht entscheiden Sie sich irgendwann, den Familiennamen dazuzunehmen – dann können Sie den Namen im Nachhinein ändern. Dazu gehen Sie wie nachfolgend beschrieben vor.

1. Öffnen Sie das ***Startmenü*** und wählen Sie die ***Systemsteuerung*** aus. Von dort wählen Sie ***Benutzerkonten***.

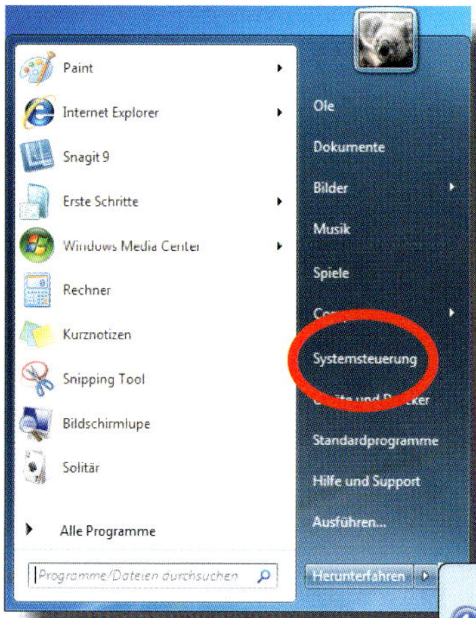

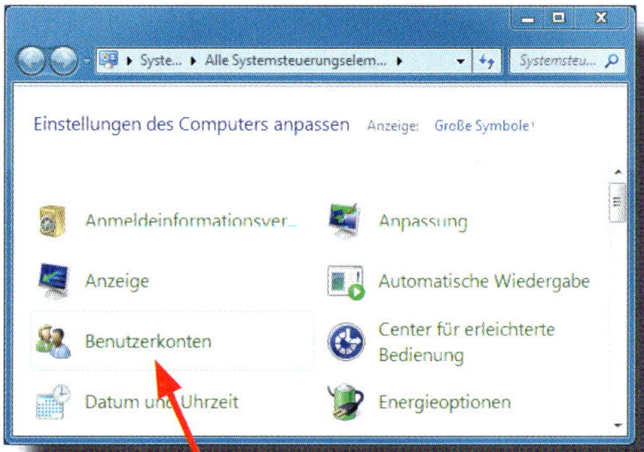

2. Wählen Sie aus der Liste der Möglichkeiten ***Eigenen Kontonamen ändern*** aus.

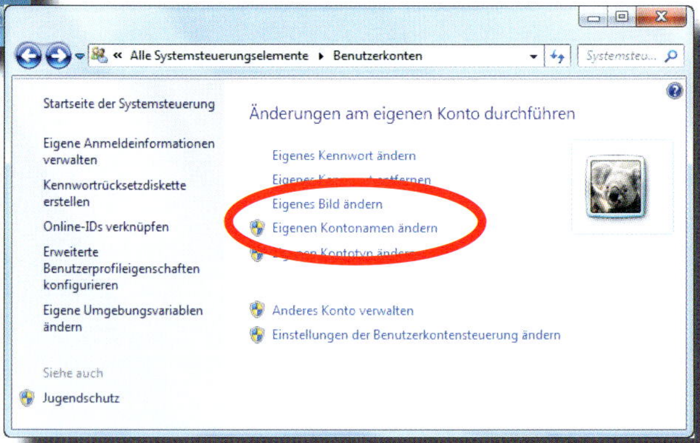

3. Wenn Sie genau hinsehen, sehen Sie, dass einige Funktionen mit einem kleinen Schild-Symbol markiert sind. Diese Funktionen sind nur für einen Administrator zugänglich oder erfordern zur Ausführung ein Admin-Kennwort. Ein ‚normaler' Benutzer kann also seinen eigenen Kontonamen nicht verändern.

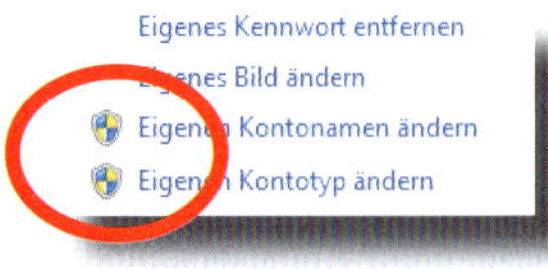

4 Geben Sie im Feld ***Neuer Kontoname*** einen neuen Namen ein und bestätigen Sie die Eingabe mit ***Namen ändern***.

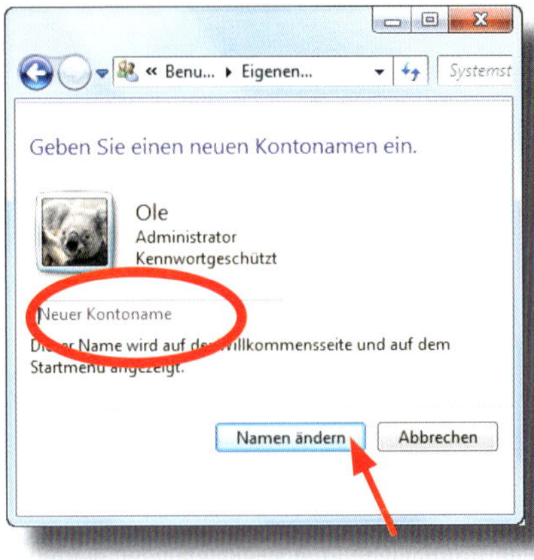

5 Die Änderung wird sofort übernommen und der neue Name wird angezeigt. Aber Achtung: Der neue Kontoname wird zwar angezeigt, in den Benutzerordnern auf dem Laufwerk C: bleibt jedoch der ursprüngliche Name erhalten, was leicht zu Verwirrung führen kann.

6 Besonders schlimm wird es, wenn jetzt ein anderer Kontoname wiederum geändert wird (z. B. das Konto von ***Diana*** auf ***Ole***). Dann ist Konto ***Sven-Ole*** mit Ordner ***Ole*** verbunden und Konto ***Ole*** mit Ordner ***Diana***. Also Vorsicht bei der Umbenennung von Konten.

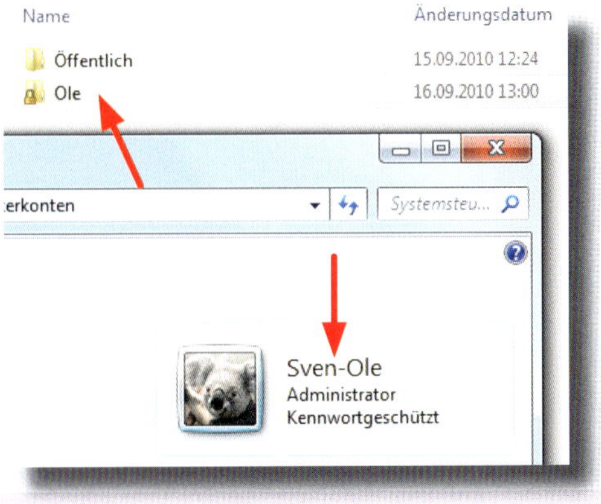

Gut zu wissen

Wie Sie gesehen haben, ist das Umbenennen eine einfache Sache, es kann aber schnell verwirrend sein, dass Kontoname und Benutzerordner unterschiedlich heißen können. Besonders, wenn mehrere Personen mit eigenen Konten auf einem PC arbeiten. Daher ist es ratsam, sich von vornherein Gedanken über eine vernünftige und möglichst fest stehende Art der Kontenbenennung zu machen.

Jugendschutz aktivieren

Ziel

Da der PC vielleicht auch von Ihren Kindern benutzt werden soll, können Sie über die Funktion ***Jugendschutz*** festlegen, was die Kinder dürfen, wann sie den PC benutzen dürfen und was von Ihnen verboten wird. Hier soll nur erläutert werden, wie man den Jugendschutz aktiviert.

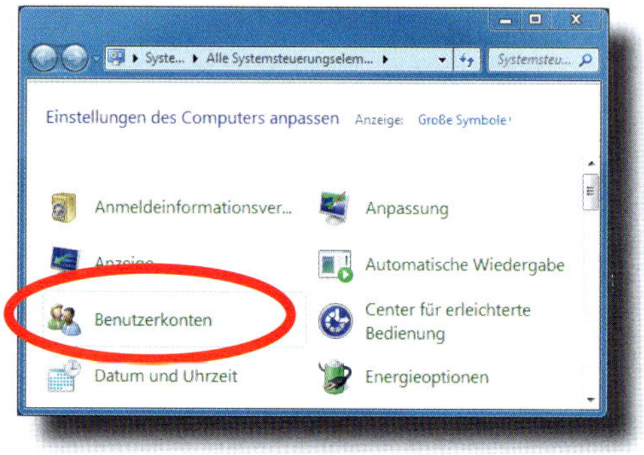

1 Öffnen Sie das ***Startmenü*** und wählen Sie ***Systemsteuerung*** und dann ***Benutzerkonten***.

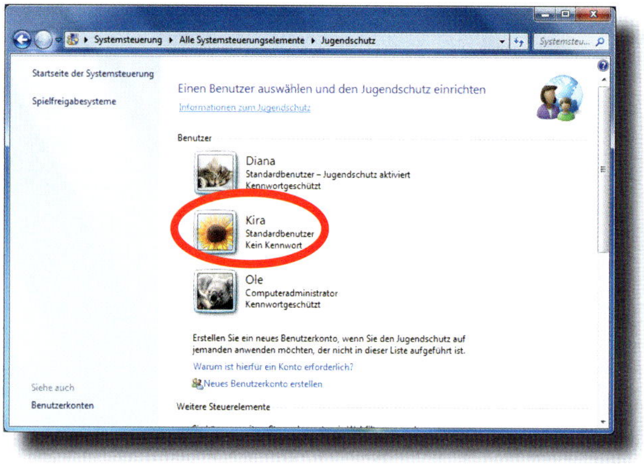

2 Legen Sie für Ihr Kind ein eigenes Konto an. Klicken Sie das Konto des Kindes an.

3 Wählen Sie die Funktion ***Jugendschutz einrichten*** aus und bestätigen Sie nochmals, dass es sich um das Konto des Kindes handelt.

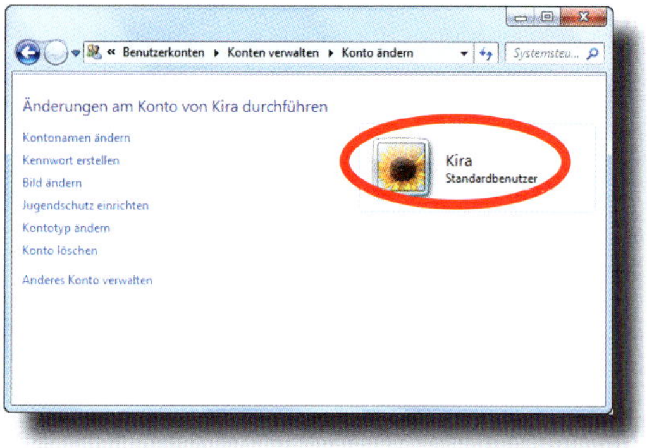

4 Wenn Sie etwas nach unten blättern, können Sie sich für ein Familienschutzsystem entscheiden. Im Moment ist nur ***Windows Live Family Safety*** möglich. Diesen Punkt lassen wir hier aber außer acht.

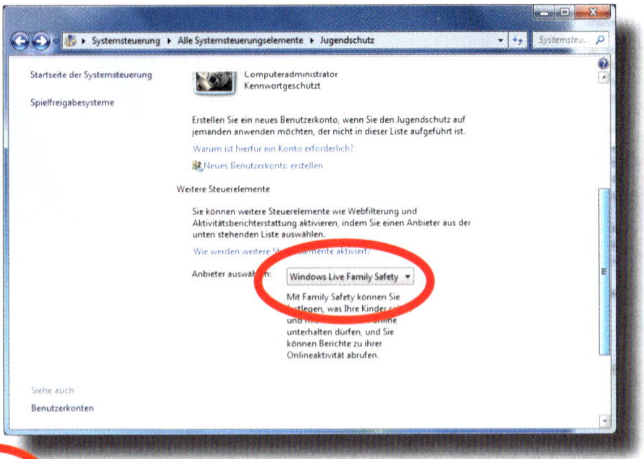

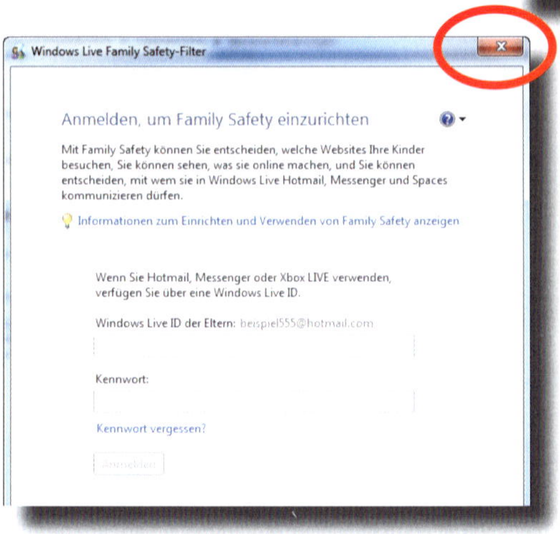

5 Sie werden aufgefordert, eine Windows Live ID einzugeben. Da dieser Punkt optional ist, schließen Sie das Fenster einfach wieder, indem Sie auf das rote ***X*** oben rechts klicken.

6 Stellen Sie den Jugendschutz auf ***Ein*** und bestätigen Sie mit ***OK***. Für das Konto ***Kira*** ist nun der Jugendschutz aktiv, aber noch nicht sinnvoll konfiguriert. Diese Konfiguration wird in Kapitel 11: ***Sicherheit*** genauer erklärt.

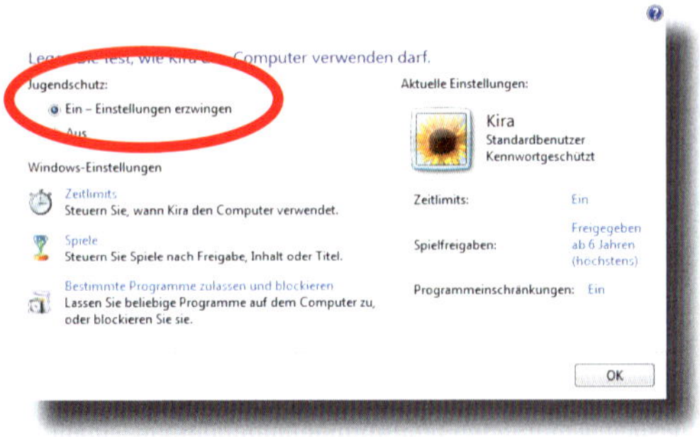

Gut zu wissen

Mit dem Jugendschutz können Sie präzise festlegen, wann, was und wie lange Ihr Kind den PC benutzen darf. Gerade in Bezug auf die Dauer der Nutzung pro Tag verlieren Kinder schnell das Zeitgefühl. Auch Spiele, die Ihre Kinder haben, sind nicht immer altersgerecht. Bedenken Sie auch, dass der Jugendschutz sofort wirkungslos wird, wenn Ihre Kinder die Kennworte der Benutzerkonten der Eltern kennen. Gehen Sie also mit Ihrem eigenen Kennwort auch in der Familie sehr zurückhaltend und vertrauensvoll um.

Ziel

Daten, die Sie auf Ihrem Rechner speichern, sind schnell verloren, wenn es zu Hardwareproblemen oder einem Systemausfall kommt. Der Datenspeicher (z. B. die Festplatte) kann defekt und damit nicht mehr lesbar sein. Ihre Bilder, Dokumente und Musiksammlungen und alles, was Sie sonst noch gespeichert haben, sind dann verloren. Daher ist es wichtig, an eine Datensicherung zu denken und sich gelegentlich die Zeit zu nehmen, diese auch durchzuführen.

1 Klicken Sie auf das ***Startmenü*** und öffnen Sie die ***Systemsteuerung***. Wählen Sie ***Sichern und Wiederherstellen*** aus.

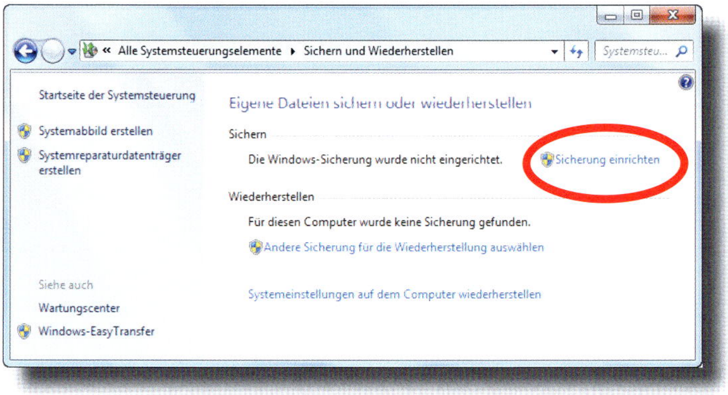

2 Beim ersten Start der Systemsicherung müssen Sie die ***Sicherung einrichten***. Hier legen Sie fest, wie genau der Sicherungslauf stattfinden soll und wo die Sicherung abgelegt wird. Dieser Vorgang dauert einen Moment.

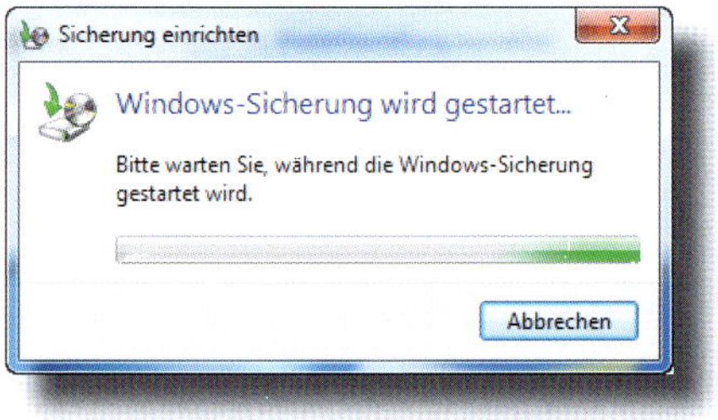

3 Wenn Sie das Ziel der Sicherung auswählen, achten Sie darauf, dass die Sicherung nicht auf derselben Festplatte stattfindet, die Sie sichern möchten. Ist die Festplatte einmal defekt, ist beides verloren. Windows warnt davor, es kann aber leicht übersehen werden.

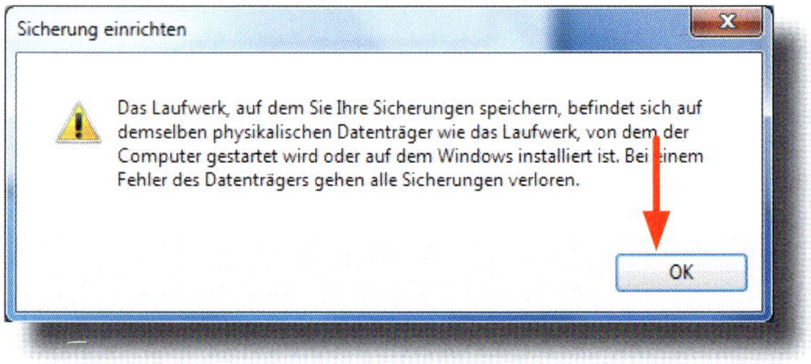

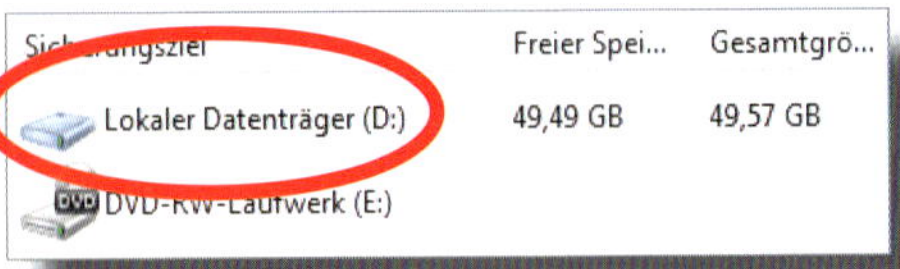

4. Wählen Sie nun den Zieldatenträger aus, auf dem gesichert werden soll.

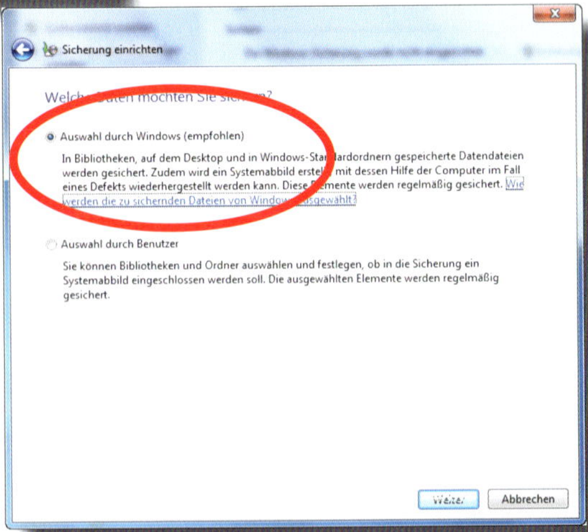

5. Lassen Sie die Auswahl vorerst von Windows durchführen, denn der empfohlene Weg ist häufig auch der bessere.

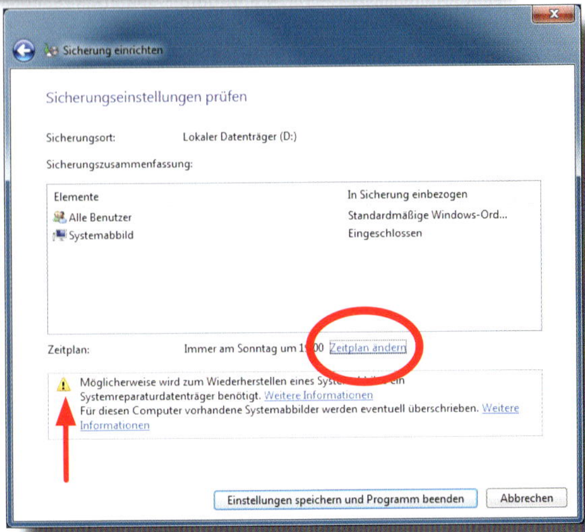

6. Windows zeigt eine Zusammenfassung der konfigurierten Sicherung. Sie können die Zeit der Sicherung noch festlegen, indem Sie auf ***Zeitplan ändern*** klicken und diesen Sicherungslauf speichern und starten.

Gut zu wissen

Da diese Sicherung über eine Zeitsteuerung ausgeführt wird, ist es nötig, dass der Rechner auch zu dieser Zeit eingeschaltet ist. Wenn Sie zu Hause ein kleines Netzwerk besitzen und vielleicht einen weiteren Rechner betreiben, dann macht eine Sicherung über das Netzwerk Sinn, sodass das Sicherungspaket auf einem anderen Rechner abgelegt wird (ein Notebook kann ja auch mal geklaut werden und dann wäre sonst auch die Sicherung pfutsch).

Ziel

Jede neue Installation eines Programms oder jedes Update eines Treibers birgt die Gefahr, dass das System danach nicht mehr sauber und stabil läuft, denn jede Änderung am System kann potenziell auch Probleme mit sich führen. Im Folgenden lesen Sie eine Anleitung zum Wiederherstellen des Systems auf den vorherigen Stand.

1. Öffnen Sie über das ***Startmenü*** die ***Systemsteuerung***.

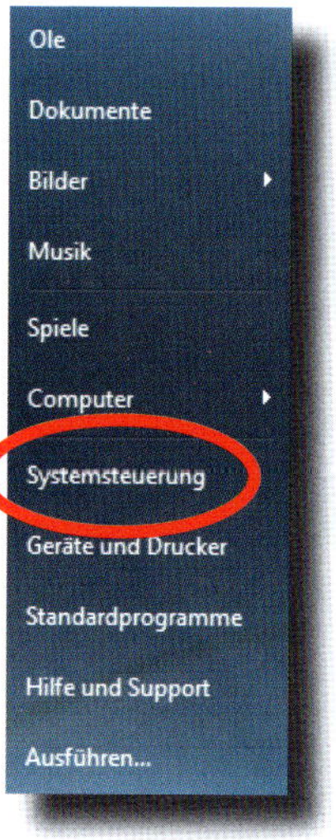

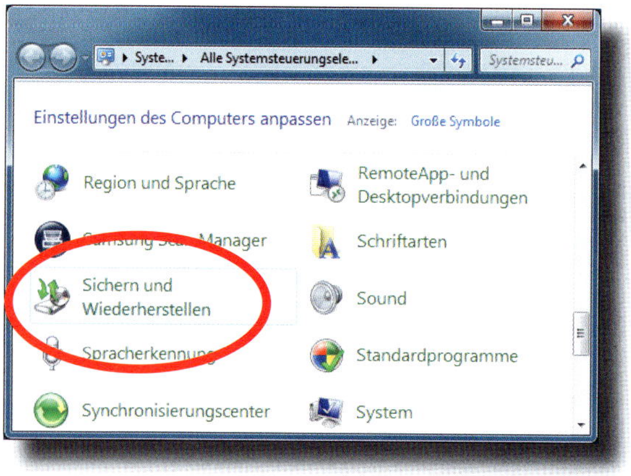

2. Wählen Sie ***Sichern und Wiederherstellen*** aus.

3. Sie können entweder einzelne Dateien wieder herstellen (Auswahl ***Eigene Dateien wieder herstellen***) oder eine vorher getätigte Sicherung wieder zurückspielen. Wählen Sie dafür den Punkt ***Andere Sicherung für die Wiederherstellung auswählen*** aus.

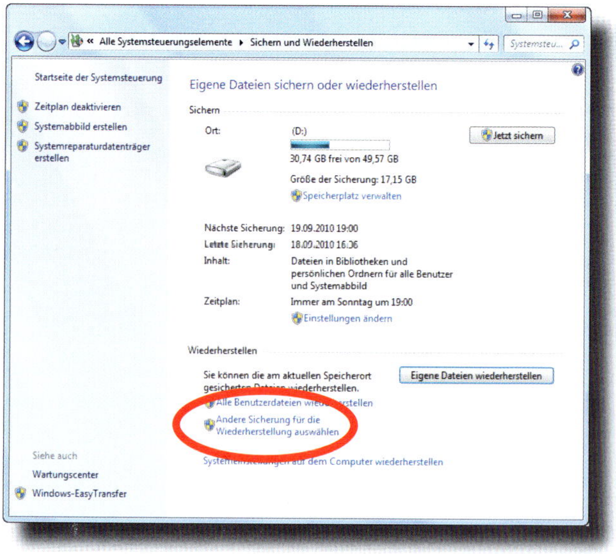

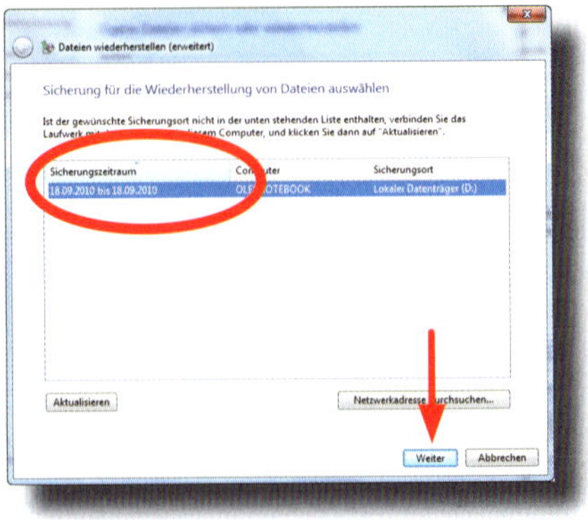

4. Wählen Sie die Sicherung aus, die Sie wieder zurückbekommen möchten und bestätigen Sie mit ***Weiter***. Sie können hier auch in Ihrem Netzwerk nach einer Sicherung suchen, wenn Sie diese vorher im Netzwerk abgelegt haben. Dazu wählen Sie dann ***Netzwerkadresse durchsuchen***.

5. Wählen Sie ***Nach Ordnern suchen*** aus, um aus dem Sicherungspaket Ihre Auswahl zu treffen. Wenn Sie aus dem Sicherungsverzeichnis Dokumente zurückbekommen möchten, wählen Sie den Ordner ***Documents*** aus. Bestätigen Sie dann mit ***Ordner hinzufügen,*** danach mit ***Weiter***.

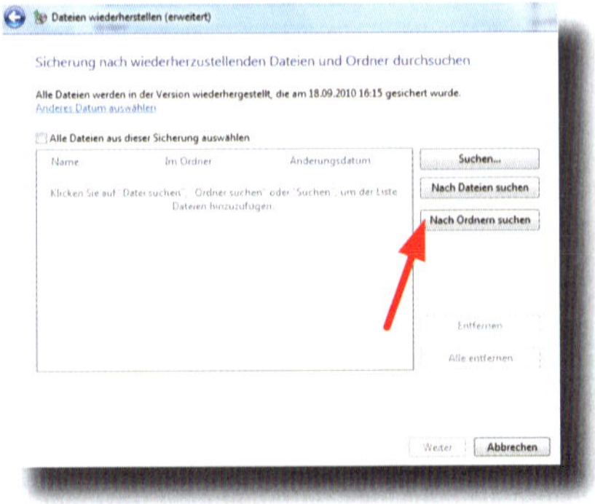

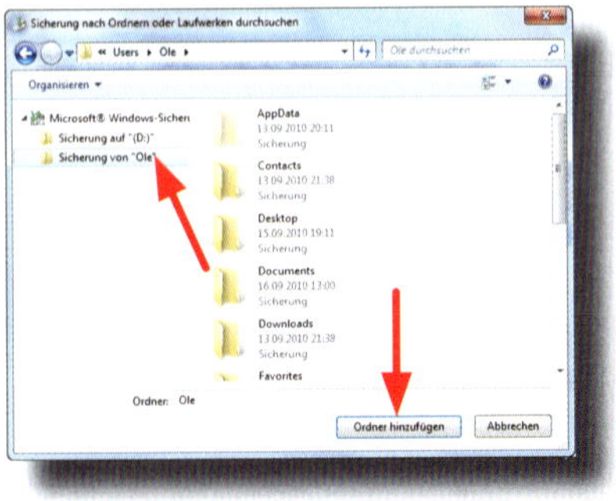

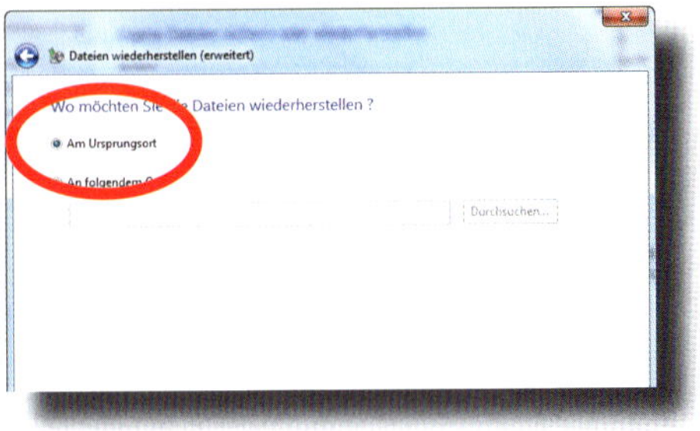

6. Abschließend können Sie den Zielort angeben, in den die Dateien kopiert werden sollen (z. B. ***Am Ursprungsort***). Starten Sie dann mit ***Wiederherstellen***.

Gut zu wissen

Wiederherstellungspunkte werden automatisch in regelmäßigen Abständen oder vor Installationen von Programmen und Treibern erstellt. Sie können aber auch gezielt einen eigenen Wiederherstellungspunkt setzen. Haben Sie Ihr (vielleicht neues) System vollständig installiert, konfiguriert und alles eingestellt, können Sie für diesen Zustand einen Wiederherstellungspunkt setzen. So können Sie bei Bedarf diesen Zustand schnell wieder herstellen.

Ziel

Wenn Sie in Ihrem System nach etwas suchen, können Sie die Suchfunktion nutzen. Diese arbeitet mit einem Index, was dazu führt, dass extrem schnell Ergebnisse angezeigt werden. Bereits beim Eintippen eines Begriffes wird so ein mögliches Ergebnis angezeigt. Sie können sogar innerhalb von Dateien nach Informationen suchen.

1. Öffnen Sie über das ***Startmenü*** die ***Systemsteuerung*** und von dort aus den Punkt ***System***.

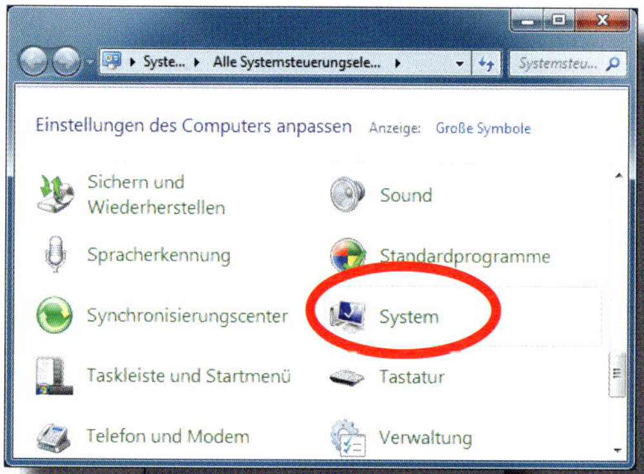

2. Von hier aus navigieren Sie in die ***Leistungsinformationen und -tools***.

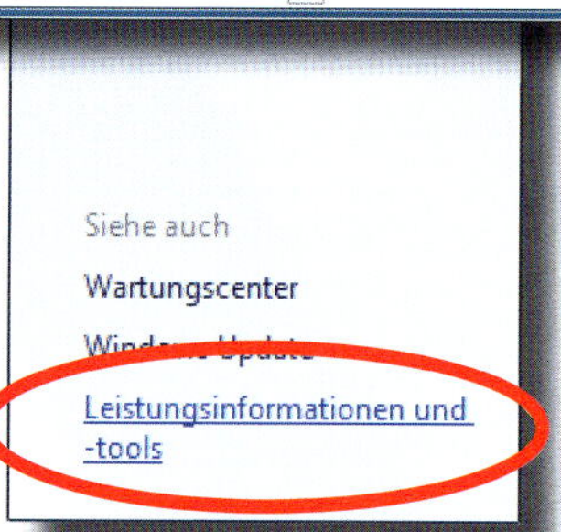

3. Sie bekommen hier einen Überblick über die Leistungsfähigkeit Ihres Computers, können aber auch die ***Indizierungsoptionen anpassen***.

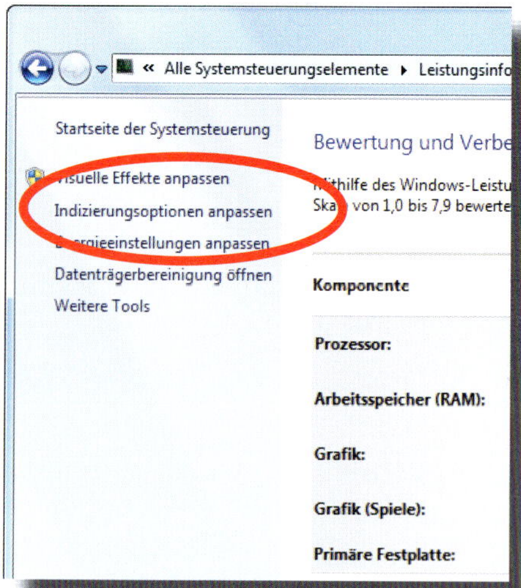

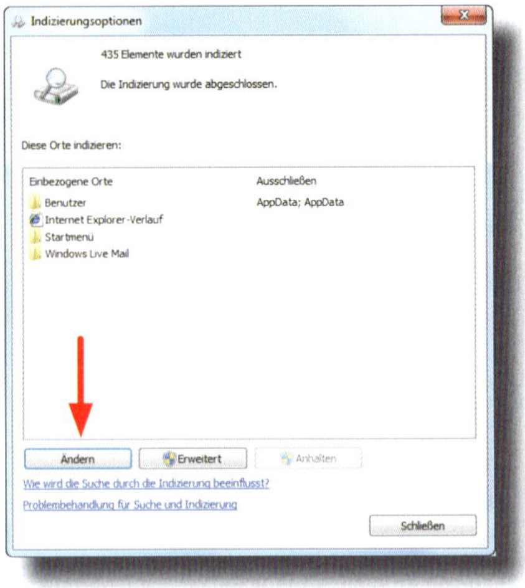

4 Da bereits die wichtigsten Bereiche indiziert sind, werden diese hier aufgeführt. Um Indizierungsoptionen anzupassen, wählen Sie ***Ändern***.

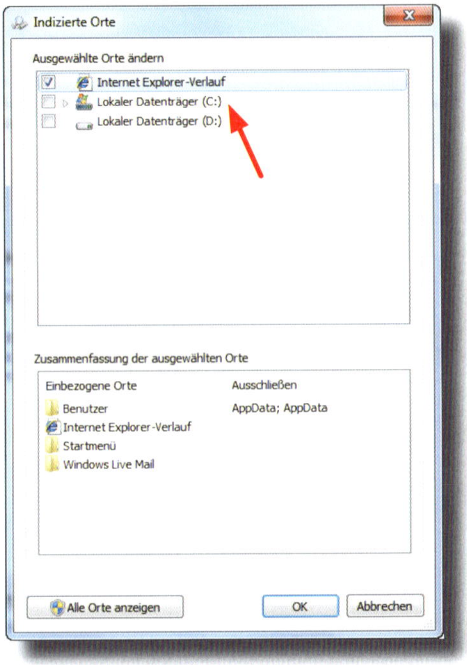

5 Setzen Sie vor ***Laufwerk C:*** ein Häkchen, um diesen Datenträger zu indizieren und bestätigen Sie die Auswahl mit ***OK***.

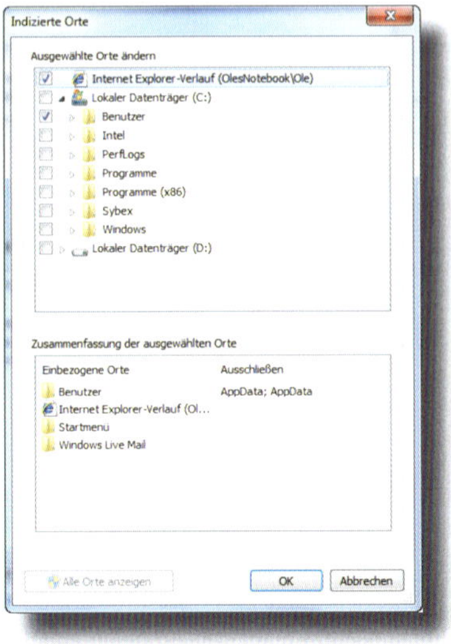

6 Alternativ können Sie auch über ***Alle Orte anzeigen*** weitere Speicherorte zur Indizierung auswählen und hinzufügen. Öffnen Sie das Laufwerk C:, indem Sie auf das kleine Dreieck klicken, um gezielt nur einzelne Ordner zu indizieren. Der Ordner wird nun in den Index mit aufgenommen.

Gut zu wissen

Das Indizieren großer Datenmengen dauert etwas, aber das Arbeiten und Finden von Informationen ist danach erheblich schneller. Bedenken Sie aber, dass es sicher sinnvoller ist, einzelne Ordner, in denen man etwas suchen möchte (wie z. B. Dokumente oder E-Mails), zu indizieren, als gleich die ganze Festplatte. Indizierung kostet nämlich Speicherplatz und Rechenzeit.

Ziel

Mit dem Notebook auf Reisen? Dann ist es wichtig, möglichst lange Akku-Laufzeiten zu haben. Dabei lassen sich unterschiedliche Einstellungen für Netz- oder Akkubetrieb vornehmen. Wenn Sie Ihr Ladekabel dabei haben, können Sie etwas großzügiger mit dem Stromverbrauch umgehen, als wenn Ihr Notebook direkt über den Akku mit Strom versorgt wird.

1. Öffnen Sie über das ***Startmenü*** die ***Systemsteuerung*** und von dort den Punkt ***System***. Hier wählen Sie den Punkt ***Energieeinstellungen anpassen*** aus.

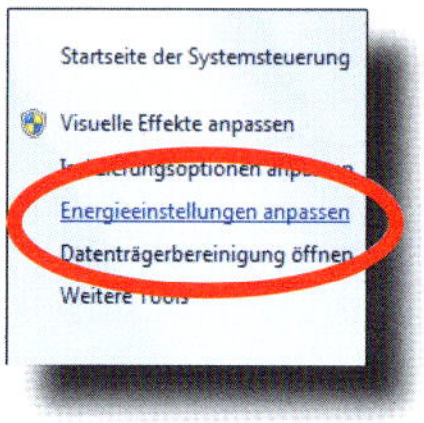

2. Sie bekommen anschließend eine Übersicht über vordefinierte Energiesparpläne. Wählen Sie ***Energiesparplaneinstellungen ändern*** aus, um die Einstellungen Ihren Bedürfnissen anzupassen.

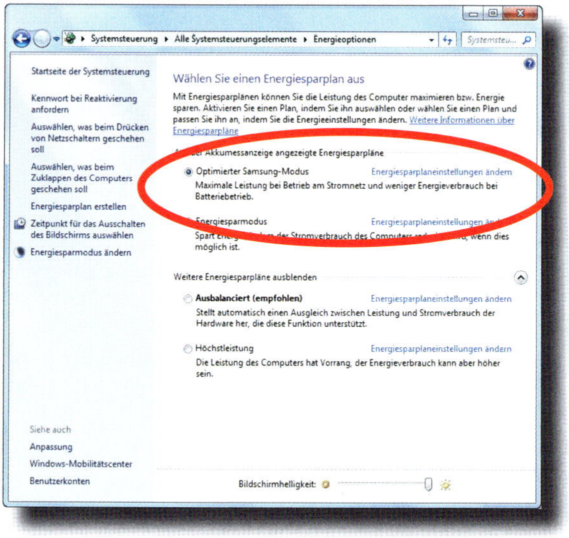

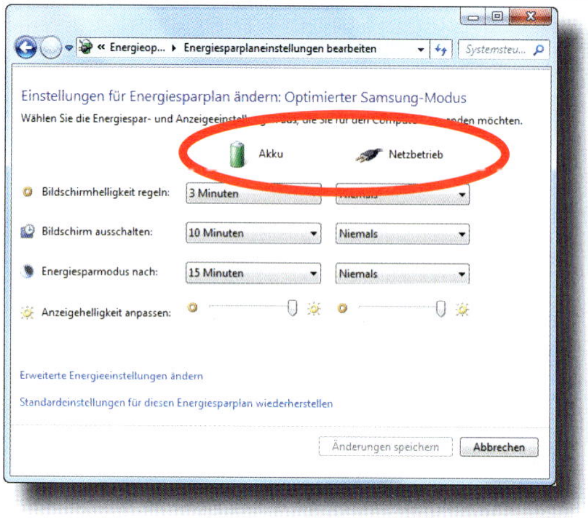

3. Grundsätzlich werden die Energiesparpläne unterschieden in Akkubetrieb und Netzbetrieb. Manche finden es störend, wenn der Bildschirm immer mal ausgeschaltet wird und stellen diese Funktion im Netzbetrieb einfach ab.

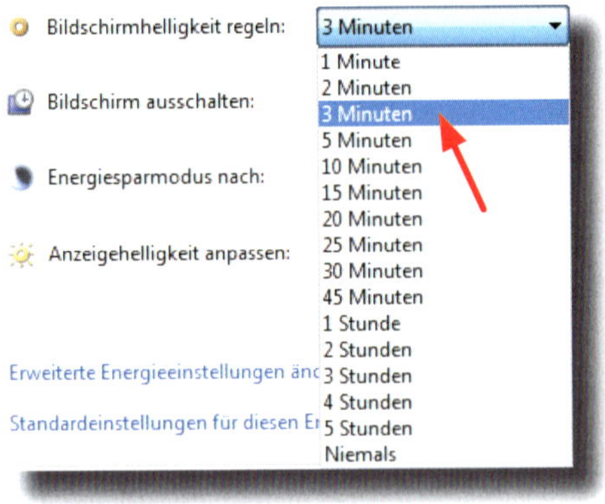

4 Sie können für jede einzelne Energiesparoption festlegen, nach wie vielen Minuten Leerlauf diese Option aktiv werden soll. Im Akkubetrieb wird der Bildschirm hier also nach 3 Minuten Inaktivität etwas dunkler geschaltet.

5 Wenn der Bildschirm heruntergedrosselt wird, können Sie hier noch festlegen, wie extrem das geschehen soll. Sie können den Bildschirm etwas abdunkeln lassen oder ihn komplett schwarz werden lassen.

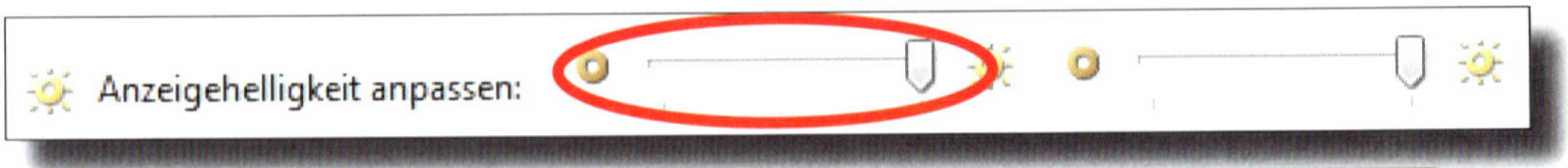

6 Über die Option ***Erweiterte Energieeinstellungen ändern*** können Sie noch eine Fülle weiterer Sparoptionen einstellen. Hier wird ebenfalls unterschieden, ob Sie sich im Akku- oder Netzbetrieb befinden. Haben Sie alle Einstellungen nach Ihren Wünschen durchgeführt, bestätigen Sie mit ***OK,*** dann mit ***Änderungen speichern.***

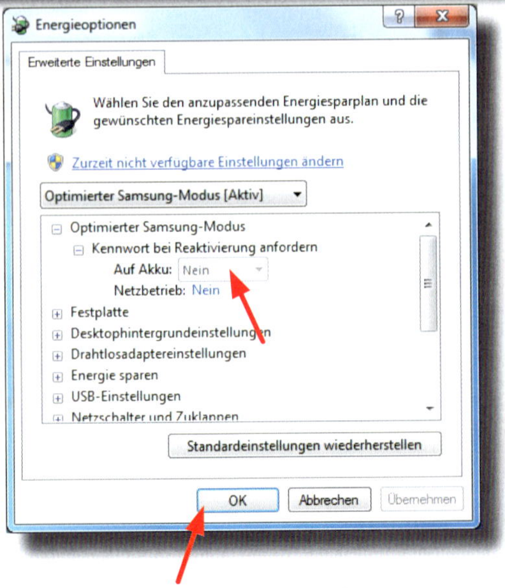

Gut zu wissen

Wenn Sie Gerätekomponenten nur sehr selten benutzen, sollten Sie diese im Geräte-Manager komplett abstellen. Dazu gehören WLAN genauso wie Bluetooth oder eine LAN-Karte, die nicht genutzt wird. Jede abgestellte Komponente spart ein bisschen Strom und verlängert somit die Akkubetriebsdauer.

Ziel

Im Lauf der Zeit sammeln sich auf Ihrer Festplatte Dateien an, die nicht mehr benötigt werden. Das können temporäre Internet-Dateien sein aber auch Daten, die Sie gelöscht haben. Diese Daten sind zu nichts mehr zu gebrauchen und belasten nur wertvollen Speicherplatz. Windows 7 kann diese Dateien erkennen und einen Vorschlag machen, was damit zu tun ist. Wie dieser Mechanismus funktioniert, lernen Sie hier.

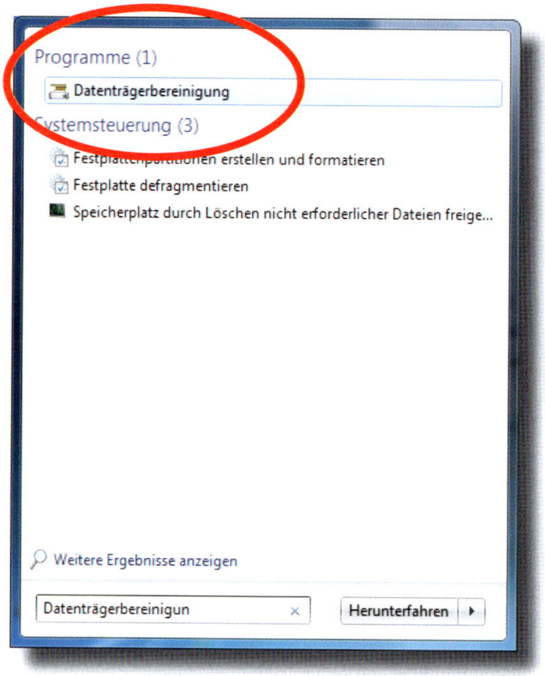

1 Öffnen Sie das ***Startmenü*** und geben Sie in das Suchfeld ***Datenträgerbereinigung*** ein. Starten Sie die ***Datenträgerbereinigung*** dann durch Klick auf den ersten Programmeintrag.

2 Wählen Sie das zu bereinigende Laufwerk aus der Liste aus und bestätigen Sie anschließend mit ***OK***.

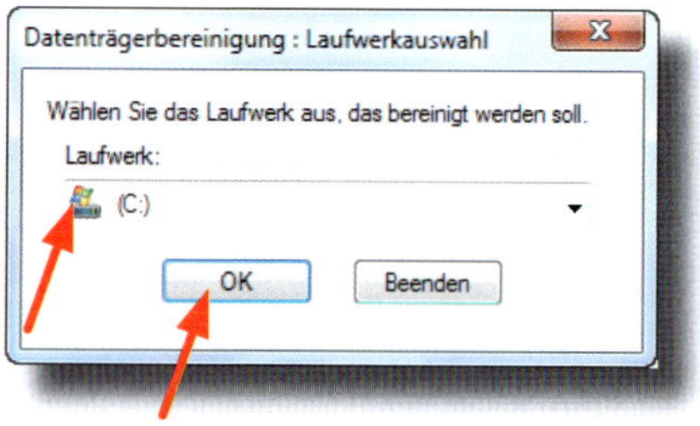

3 Nun berechnet Windows 7, wie viel Speicher auf dem ausgewählten Laufwerk freigegeben werden kann. Dieser Vorgang kann einen Moment dauern.

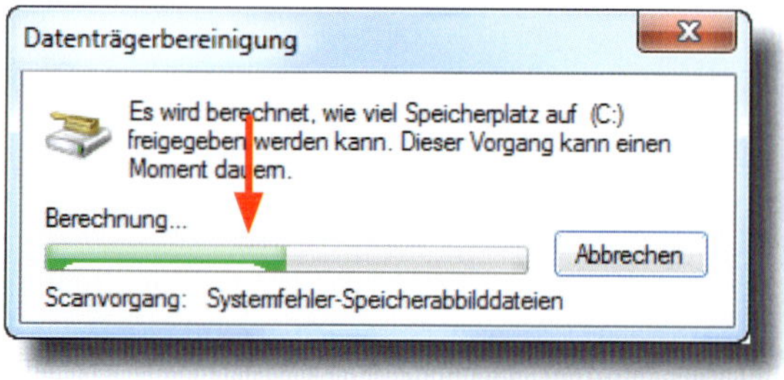

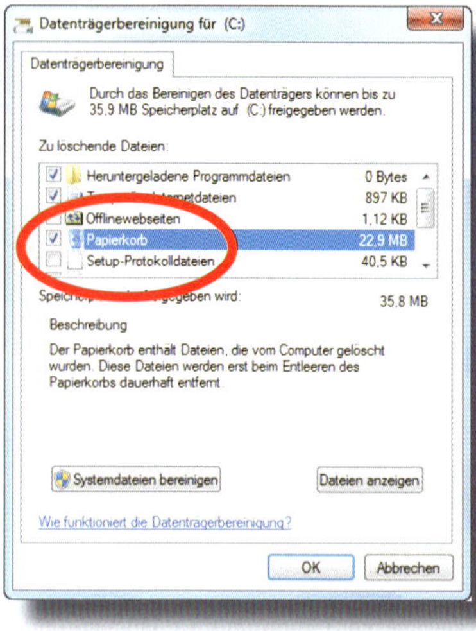

4 Jeder einzelne Bereich, der bereinigt werden kann, wird hier zusammen mit der Größe des belegten Speicherplatzes aufgeführt. Am effektivsten ist es in diesem Beispiel, den ***Papierkorb*** zu bereinigen. Setzen Sie also ein Häkchen vor den Papierkorb.

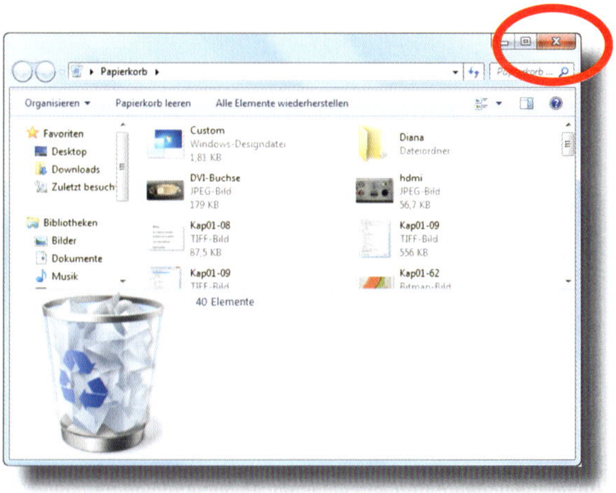

5 Es ist evtl. sinnvoll, vorher noch einmal in den Ordner hineinzusehen, damit Sie sich sicher sind, dass Sie nichts verlieren. Aus Versehen gelöschte Dateien (befinden sich im Papierkorb) gehen jetzt nämlich tatsächlich verloren. Schließen Sie das Fenster dann wieder.

6 Starten Sie abschließend die Datenträgerbereinigung mit einem Klick auf ***Dateien löschen***. Sie werden zur Sicherheit nochmals gefragt, ob Sie diese Aktion wirklich ausführen möchten. Die Bereinigung wird nun gestartet.

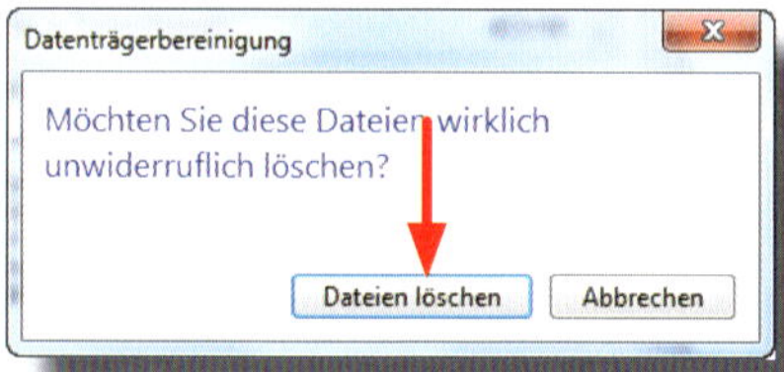

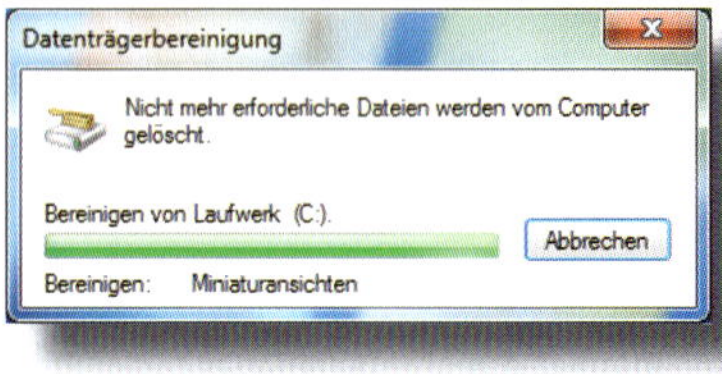

Gut zu wissen

Sie haben auch die Möglichkeit, Systemwiederherstellungspunkte zu löschen. Diese Wiederherstellungspunkte benötigen natürlich ebenfalls Speicherplatz – und das nicht zu knapp. Wollen Sie hier einmal aufräumen, sollten Sie sich jedoch sicher sein, dass Ihr System sauber läuft und Sie diesen Wiederherstellungspunkt nicht mehr benötigen.

Ziel

Die Defragmentierung ist von Zeit zu Zeit nötig, da alles, was Sie auf der Festplatte speichern, in kleine Pakete zerlegt wird und diese sich irgendwo auf der Festplatte befinden. Löschen Sie nun Dateien, entstehen Löcher, speichern Sie etwas, werden diese Löcher aufgefüllt. Das führt über kurz oder lang zu einer unsortierten Sammlung dieser Pakete. Die Defragmentierung sortiert diese Pakete neu, sodass der Zugriff auf diese schneller erfolgt und Sie damit Ihr System beschleunigen können.

1 Geben Sie über die Suchfunktion des Startmenüs ***defragm*** ein und wählen dann das Programm ***Defragmentierung*** aus.

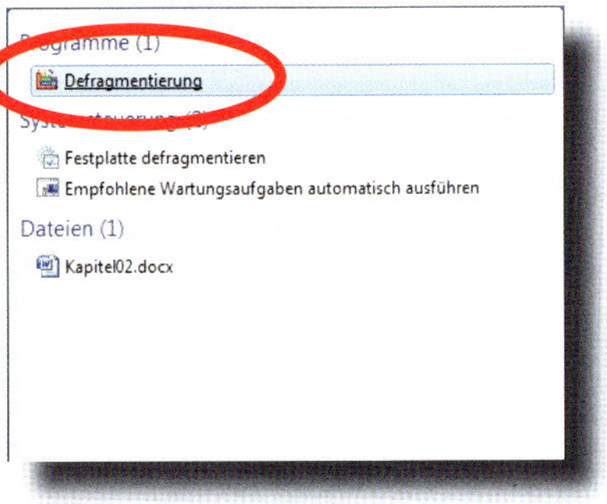

2 Windows zeigt für jedes Laufwerk an, wie sehr es defragmentiert ist. Wählen Sie das zu defragmentierende Laufwerk aus und klicken Sie auf ***Datenträger defragmentieren***.

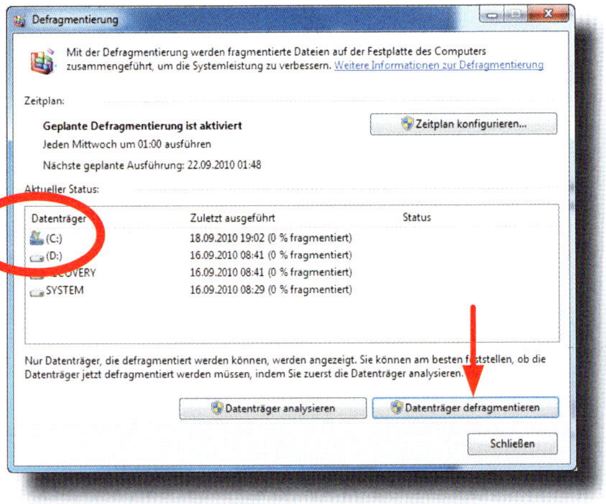

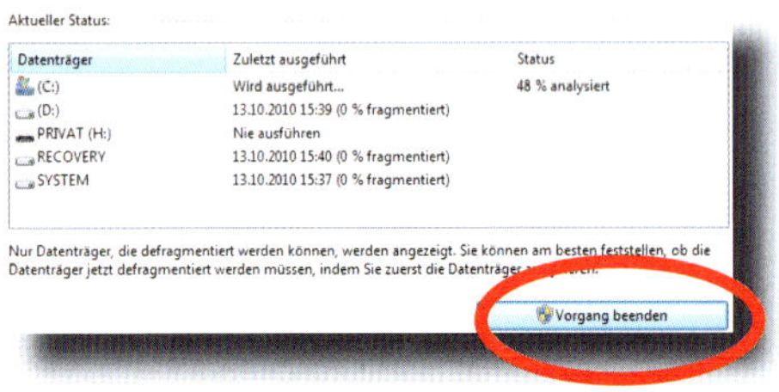

3 Windows analysiert daraufhin das Laufwerk und startet die Defragmentierung, die in mehreren Schritten abläuft. Da dieser Vorgang etwas Zeit in Anspruch nimmt, können Sie ihn über ***Vorgang beenden*** auch abbrechen.

4 Da Sie mit dem PC arbeiten und nicht immer Pflegearbeiten ausführen möchten, können Sie diese Aufgabe auch automatisieren. Wählen Sie dazu ***Zeitplan konfigurieren*** aus.

5 Legen Sie hier genau fest, wie oft, an welchem Tag und zu welcher Uhrzeit welcher Datenträger defragmentiert werden soll.

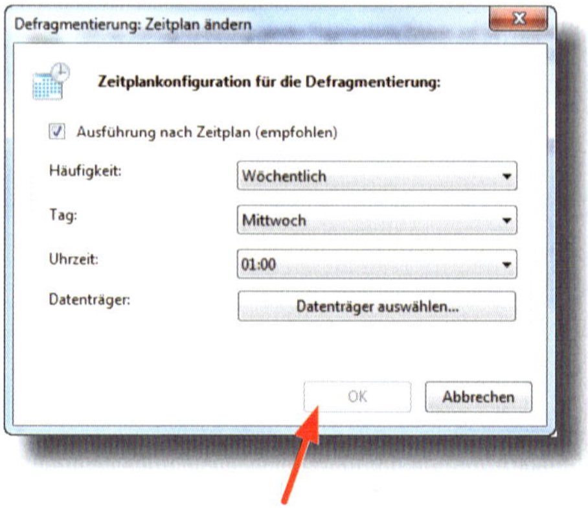

6 Die Defragmentierung für das ausgewählte Laufwerk wird ausgeführt. Am Status in der letzten Spalte können Sie erkennen, was gerade getan wird und wie weit die Aufgabe fortgeschritten ist.

Gut zu wissen

Wenn Sie eine automatische Defragmentierung konfiguriert haben, muss der Computer zu dieser Zeit eingeschaltet sein, damit die Aufgabe auch ausgeführt wird. Wenn die Defragmentierung läuft, wird Ihre Arbeit ein wenig behindert, stellen Sie die Defragmentierung also auf eine Zeit, zu der Sie nicht arbeiten (z. B. Mittagspause oder nachts).

Wichtige Begriffe

Defragmentieren: Alle Daten auf Ihrer Festplatte sind in Fragmenten abgespeichert. Diese Fragmente zu sortieren, nennt man defragmentieren. Ziel ist ein schnelleres Auffinden von Daten und damit ein zügigerer Betrieb des PCs.

Indizieren: Daten auf eine Weise aufbereiten, dass eine extrem schnelle Suche ermöglicht wird.

LAN-Karte: Eine LAN-Karte ist in jedem PC eingebaut, der internetfähig ist. Es handelt sich hierbei um eine Netzwerk-Steckkarte, die das Internet über ein Netzwerkkabel möglich macht.

Shield-Symbol: Durch die Benutzerkontensteuerung (siehe Kapitel 11: ***Sicherheit***) sind diverse Funktionen und Aktionen gegen Missbrauch abgesichert. Nur mit Admin-Rechten können Sie diese ausführen. Sie können diese Funktionen an dem kleinen Schutzschild erkennen.

Windows Live ID: Für die vollständige Nutzung der Windows Live Dienste ist eine Anmeldung erforderlich. Diese besteht aus einer E-Mail-Adresse (die Windows Live ID) und einem Kennwort.

3

Windows 7-Programme

In diesem Kapitel lernen Sie:

- ☑ mit dem Taschenrechner umzugehen
- ☑ mit WordPad einfache Texte zu schreiben
- ☑ Grafiken mit Paint zu erstellen
- ☑ Screenshots zu erstellen
- ☑ den Task-Manager einzusetzen
- ☑ welche Spiele es gibt

Ziel

Ihn braucht man immer – den Taschenrechner. Dass er addieren, subtrahieren, multiplizieren und dividieren kann, erwartet man wie selbstverständlich. Dass der Taschenrechner von Windows 7 aber deutlich mehr kann, erkennt man erst, wenn man sich die vier Ansichten einmal genauer ansieht.

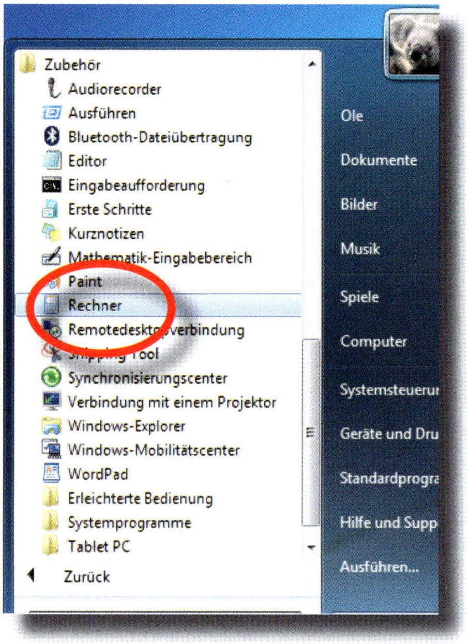

1 Öffnen Sie den Rechner über ***Startmenü > Alle Programme > Zubehör > Rechner.***

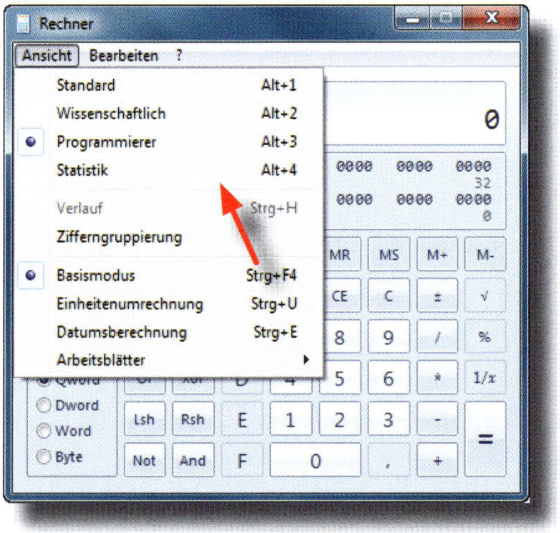

2 Um aus der Basisansicht in andere Ansichten zu wechseln, klicken Sie auf das Menü ***Ansicht*** und wählen eine andere Ansicht aus.

3 Die vier Tasten oberhalb des Ziffernblocks dienen dem Löschen der Eingaben und der Vorzeichenumkehr. Die ***Rücktaste*** löscht jeweils nur die letzte eingegebene Ziffer. Mit der ***CE***-Taste wird die letzte Zahl einer Berechnung gelöscht, und mit der Taste ***C*** löscht man die komplette Rechnung.

4 Die Speichertasten dienen dazu, einzelne Zahlen oder Rechnungen in den Zwischenspeicher zu legen (M steht für Memory: engl. Speicher). Mit ***M+*** addiert man dem Speicher zu, mit ***M-*** subtrahiert man. Mit ***MR*** holt man das Ergebnis aus dem Speicher und ***MC*** löscht den Speicher zurück auf 0. Mit ***MS*** lädt man die angezeigte Zahl in den Speicher.

5 Über das Menü ***Ansicht*** lassen sich noch weitere Ansichten und damit Funktionen einblenden. ***Wissenschaftlich*** ist eine sehr vielfältige Ansicht, in der es auch trigonometrische Funktionen wie ***sin()*** und ***cos()*** usw. gibt.

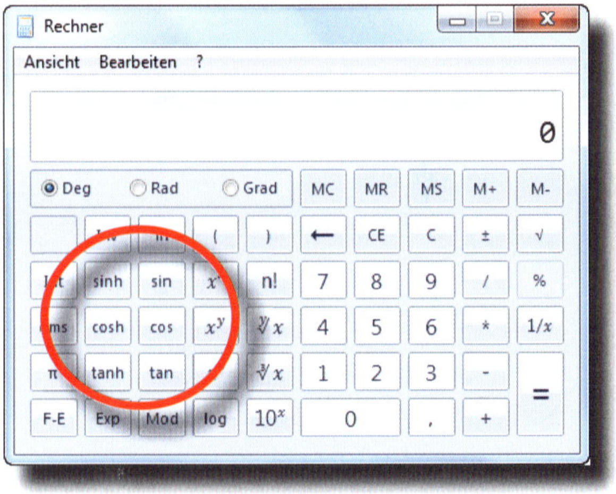

6 In der Ansicht ***Programmierer*** lässt sich die Darstellung der Zahlen sogar noch abweichend vom Dezimalsystem einstellen. ***Hexadezimal*** (Hex) und ***Binär*** (Bin) sind sehr gebräuchliche Zahlensysteme in der Programmierung.

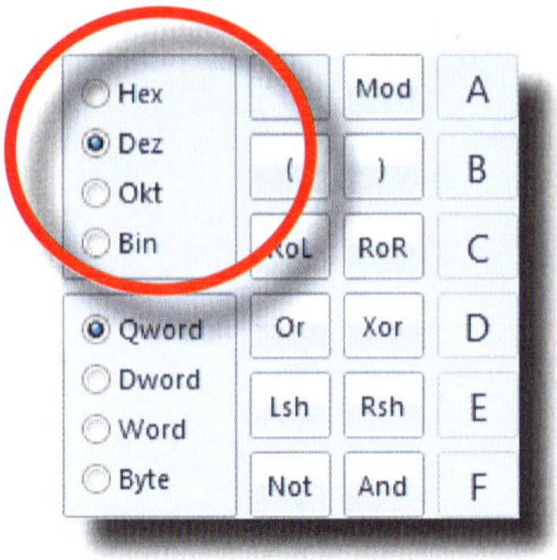

Gut zu wissen

Die Benutzung des Taschenrechners mit der Maus erscheint etwas umständlich. Nutzen Sie doch einfach den Ziffernblock Ihrer Tastatur. Das ist meist viel bequemer. Außerdem lässt sich das Ergebnis über die Windows-Zwischenablage auch in andere Anwendungen übernehmen. Das geht am besten mit Strg+C für Kopieren und Strg+V für Einfügen.

Ziel

Wollen Sie schnell einen kleinen Brief schreiben? Auch dafür hat Windows 7 das richtige Tool mit an Bord. WordPad ist eine einfache Textverarbeitung mit der es möglich ist, kleine Texte zu verfassen. Einfache Textgestaltungen wie Fettdruck, Kursivstellung usw. sind hier möglich. Man darf WordPad jedoch nicht mit einer professionellen Textverarbeitung ergleichen, aber für den Hausgebrauch ist WordPad sehr gut zu gebrauchen.

1. WordPad finden Sie unter ***Startmenü > Alle Programme > Zubehör > WordPad.***

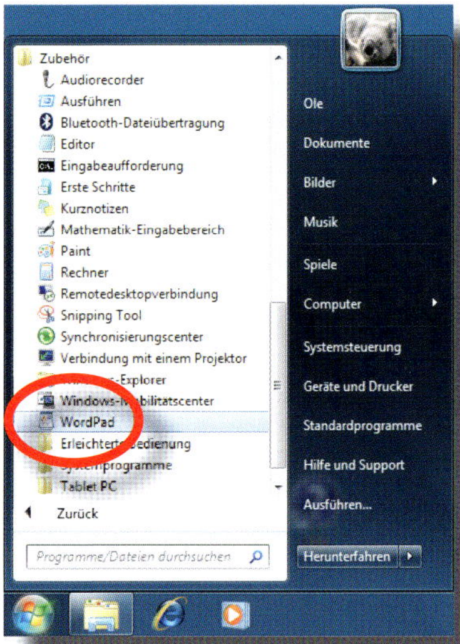

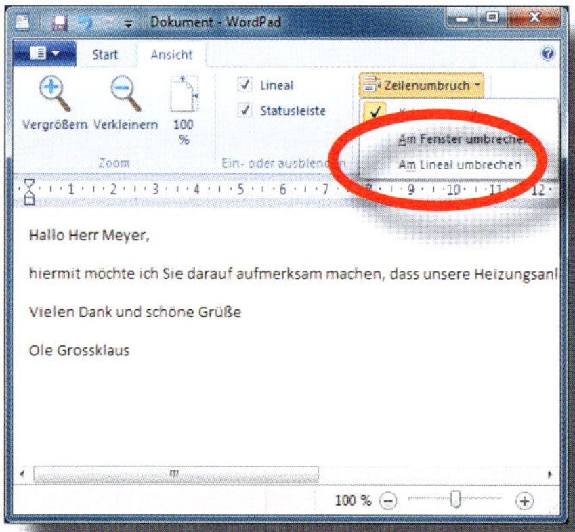

2. Schreiben Sie etwas Text. Sollte der Text rechts über den Fensterrand hinausragen, ist der automatische Zeilenumbruch deaktiviert. Diesen können Sie über ***Ansicht > Zeilenumbruch > Am Lineal umbrechen*** einschalten.

3. Für die Textgestaltung nutzen Sie die Funktionen für ***Schriftgröße ändern***, fett (***F***), kursiv (***K***) oder unterstrichen (***U***). Markieren Sie den Text mit gedrückter Maustaste, und ändern Sie die Gestaltung anschließend über die Symbole in der Funktionsleiste.

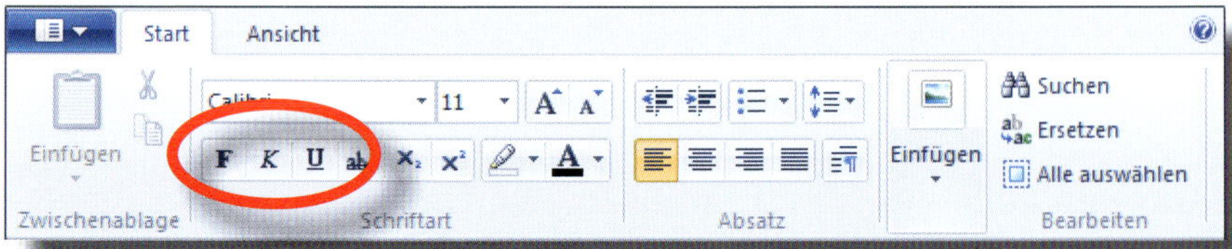

4 Selbst Bilder, Zeichnungen und verschiedene Objekte lassen sich über die Gruppe ***Einfügen*** in Ihren Text integrieren. Ist ein Bild erst einmal eingefügt, können Sie es mit den kleinen Kästchen (den Anfassern) auch noch in der Größe verändern.

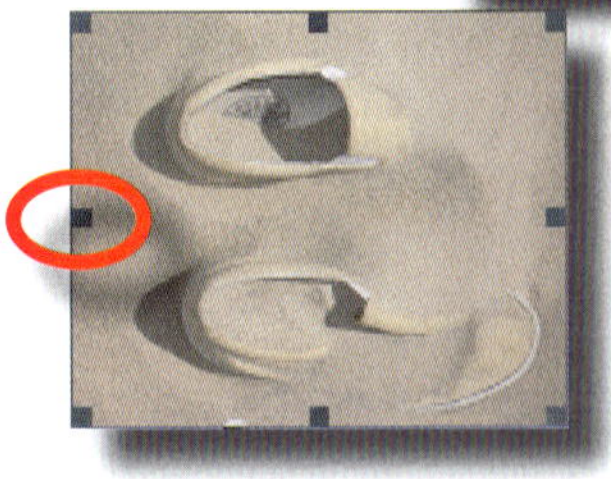

5 Natürlich können Sie nicht nur Bilder in Ihr Dokument einfügen, sondern jedes andere verfügbare Objekt auch z. B. ein Microsoft Office Excel-Arbeitsblatt. Ein Doppelklick auf das Objekt öffnet sofort das Bearbeitungsprogramm – hier Microsoft Excel.

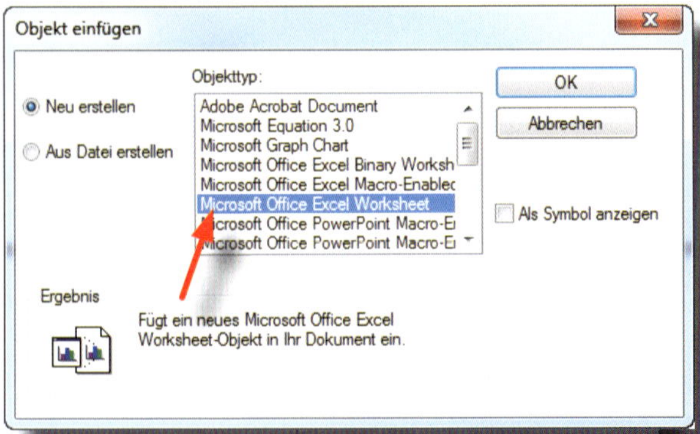

6 Haben Sie Ihr Dokument fertig gestellt, können Sie es ausdrucken und abspeichern. Zum Speichern drücken Sie ***Speichern unter***. In der rechten Seite sehen Sie eine Liste zuletzt bearbeiteter Dokumente.

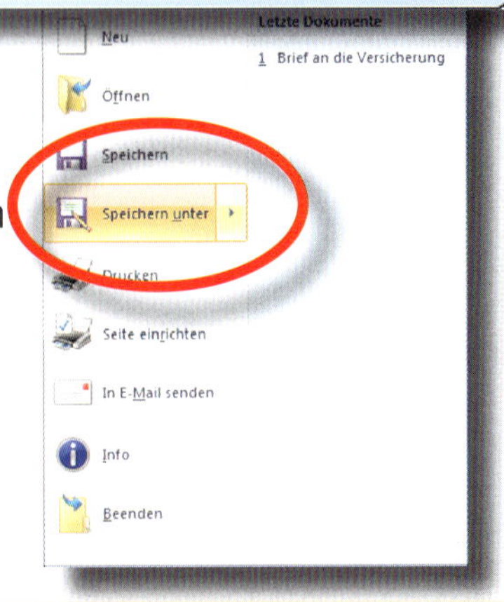

Gut zu wissen

Für einfache Aufgaben ist WordPad sehr gut zu gebrauchen. Man kann normale Briefe gestalten und ansprechend aufbereiten. Durch Grafiken und Objekte lässt sich das Dokument noch weiter aufpeppen. Wenn Sie jedoch mehr von einer Textverarbeitung möchten, wie z. B. automatische Seitennummern, Indexe und Verzeichnisse oder wenn Ihr Dokument Buchgröße annehmen wird, ist eine Textverarbeitung wie Microsoft Word sicherlich die bessere Wahl.

Ziel

Windows 7 bietet die Möglichkeit, eigene Bilder zu erstellen und liefert dazu eine einfache Bildbearbeitung namens Paint mit aus. Paint ist nicht nur dazu geeignet, eigene Bilder zu erstellen, sondern auch vorhandene Bilder und sogar Fotos zu bearbeiten. Mit einfachen Funktionen können Sie Bilder verbessern.

1. Das Programm Paint finden Sie unter ***Startmenü > Alle Programme > Zubehör > Paint***.

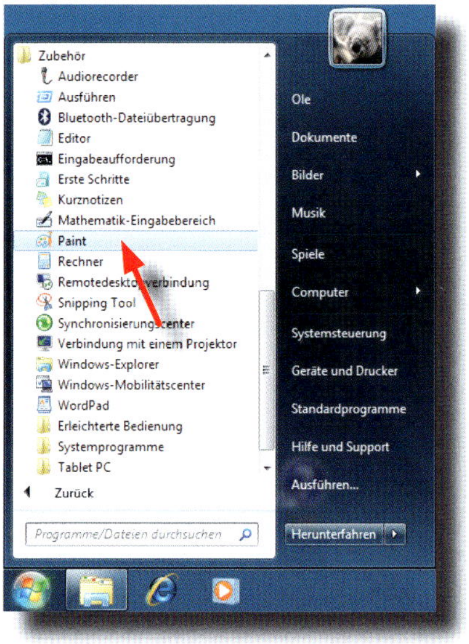

2. In der Werkzeugleiste finden Sie alle Werkzeuge, um in dem Bild zu zeichnen und das Bild zu bearbeiten. Tools, Formen, Linien und Farben stehen Ihnen hier zur Verfügung. Mit den ***Tools*** zeichnen Sie Elemente in Ihrem Arbeitsblatt.

3. Wählen Sie den ***Stift*** aus der Gruppe ***Tools*** und zeichnen Sie ein wenig herum. Gezeichnet wird auf dem (noch) weißen Bereich von Paint.

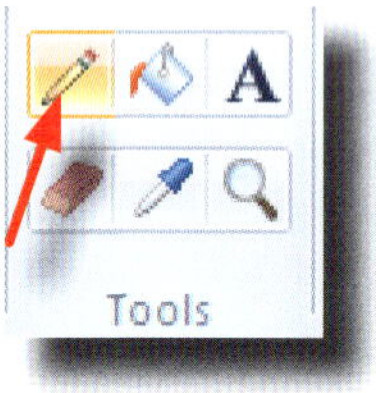

4 Das alleine ist noch nichts Besonderes, deswegen probieren Sie ruhig mal den Pinsel aus. Dieser hat beinahe natürlich anmutende Eigenschaften wie Andruckstärke, Dicke und Farbverlauf.

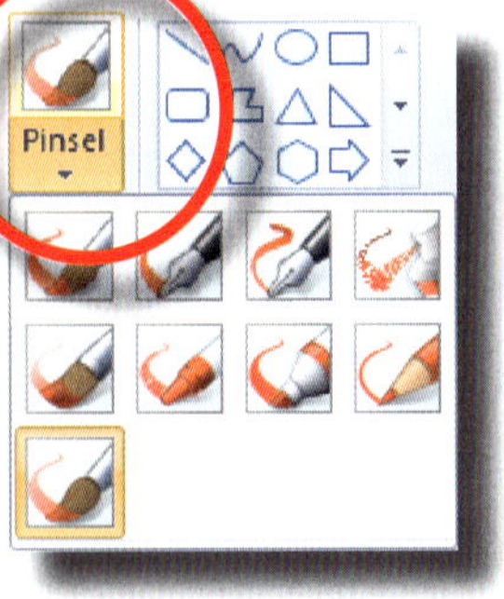

5 Texteingaben können Sie ebenfalls erledigen, indem Sie auf das ***Text***-Werkzeug klicken und im Bild die Position markieren, in die der Text eingefügt werden soll. Die Werkzeugleiste ändert dann ihr Aussehen zu ***Texttools*** und bietet diverse Textgestaltungen an.

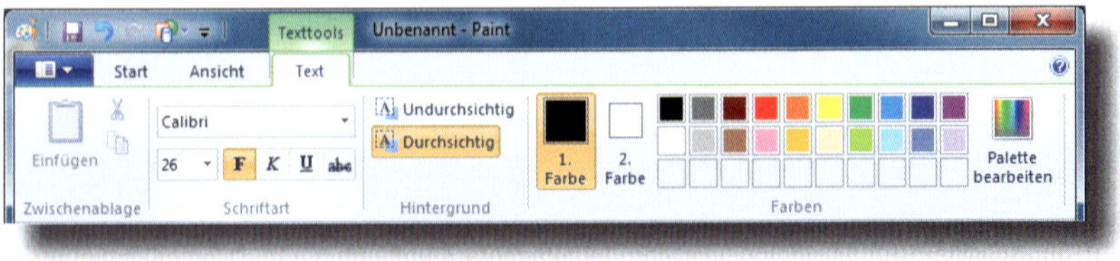

6 Sie können Paint auch dazu nutzen, grundlegende Bildbearbeitungen an Fotos durchzuführen. Drehen, Spiegeln, Zuschneiden und Speichern in anderen Formaten und Farbtiefen ist für Paint kein Problem.

Gut zu wissen

Natürlich ist Paint nur für grundlegende Bildbearbeitungen geeignet und Sie stoßen schnell an die Grenzen dieses Programms. Für weitergehende Bildbearbeitungen gibt es im Internet viele Bildbearbeitungsprogramme. Hier nur einige davon: Paint.NET (***getpaint.net***), Picasa (***picasa.google.de***) bis hin zu Adobe Photoshop (***adobe.com***). Welche Bildbearbeitung für Sie die Richtige ist, hängt von Ihren Anforderungen ab.

Ziel

Manchmal möchten Sie das, was Sie auf Ihrem Bildschirm sehen, jemandem zur Verfügung stellen. Vielleicht ist es mal ein Fehlerdialog oder etwas, was Sie nicht verstehen. Ein Teil des Bildschirms als E-Mail wäre da fein. Auch zur Illustration in Dokumentationen sind Bildschirmausschnitte (sog. Screenshots) sehr gut zu gebrauchen. Das Snipping Tool ist da genau das Richtige für Sie.

1 Das Snipping Tool finden Sie unter ***Startmenü > Alle Programme > Zubehör > Snipping Tool***.

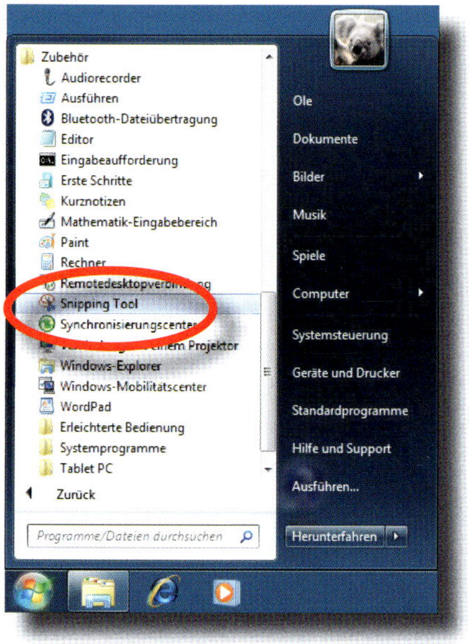

2 Wählen Sie als Erstes die Art des Bildschirmausschnittes, den Sie erstellen möchten. ***Freies Ausschneiden*** ist hier im Beispiel gewählt worden.

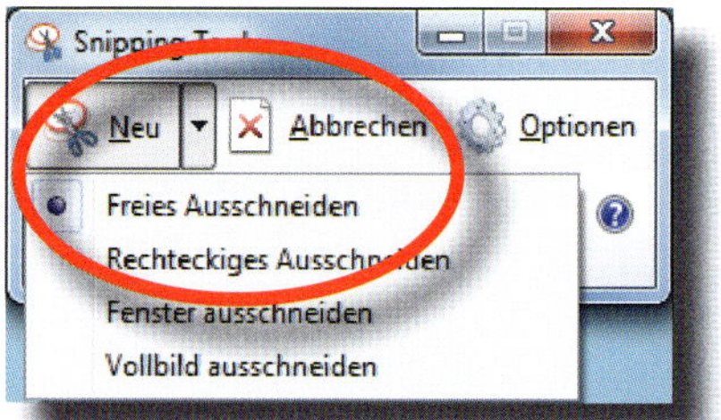

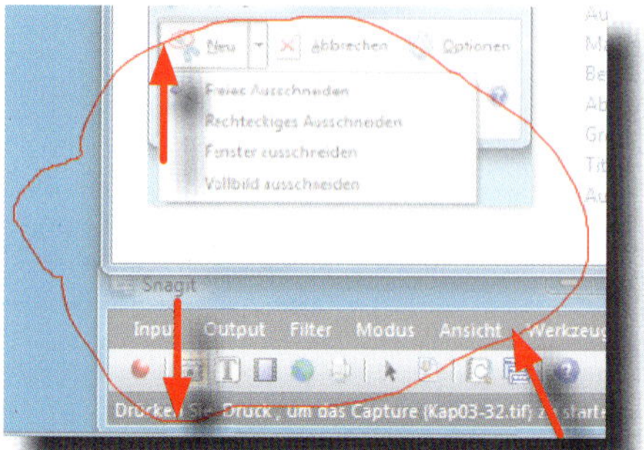

3 Ziehen Sie eine Linie um den Bereich des Bildschirms, den Sie ausschneiden möchten. Das ***Snipping Tool*** kopiert jetzt den markierten Bereich in den Arbeitsbereich des Snipping Tools.

4 Wenn das Bild in Ordnung ist, können Sie es mit Klick auf ***Speichern unter*** direkt abspeichern. Möchten Sie das Bild ändern, schneiden oder ähnliches, sollten Sie dies in Paint tun. Kopieren Sie also das ausgeschnittene Bild über ***Bearbeiten > Kopieren*** (oder mit Strg+C) in die Zwischenablage, öffnen Sie Paint und fügen das Bild mit Strg+V dort wieder ein.

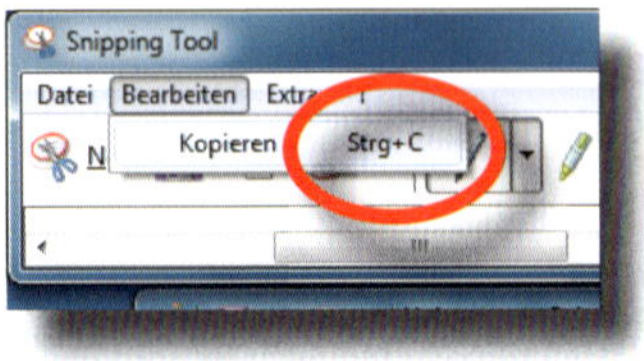

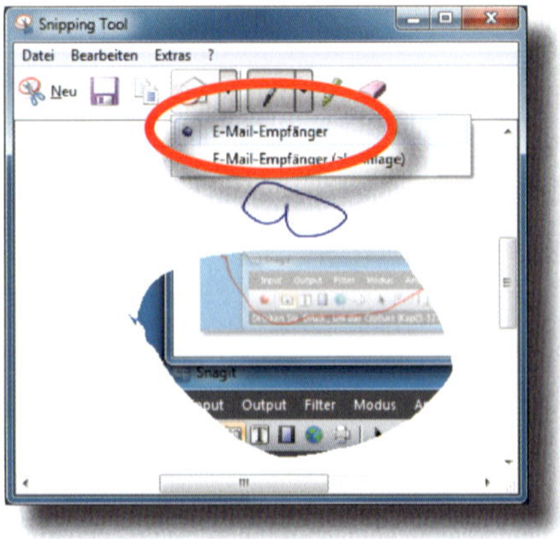

5 Natürlich können Sie das erfasste Bild auch direkt als E-Mail versenden. Wie Sie mit dem Windows Live Mail-Programm umgehen, erfahren Sie in Kapitel 10: ***Windows 7 Live Mail.***

6 Über das Menü ***Extras > Optionen*** können Sie für das Snipping Tool noch einige Einstellungen vornehmen. Wenn Sie z. B. die Option ***Bildschirmüberlappung anzeigen*** einschalten, so wird der Bildschirm im aktiven Snipping-Modus heller aufgeblendet.

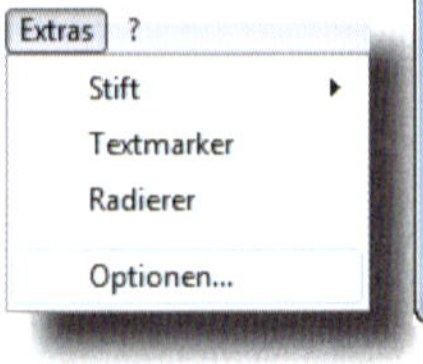

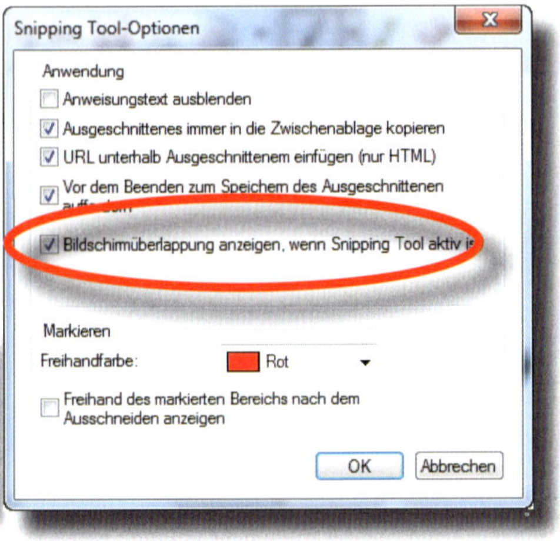

Gut zu wissen

Für gelegentliche Bildschirm-Shots ist das Snipping Tool sicherlich eine gute Wahl. Es ist schnell, handlich und übersichtlich.
Wenn man jedoch viel mit sogenannten Screenshots zu tun hat (vielleicht, weil man ein Buch wie dieses hier schreibt), dann gibt es sicherlich leistungsfähigere Tools dafür. Die Screenshots dieses Buches sind z. B. mit Snagit (***techsmith.de***) gemacht. Pixelgenaues Ausschneiden, zeitverzögerter Shot, bildschirmfüllendes Fadenkreuz und automatische Dateinummerierung sind nur einige Features von Snagit.

Ziel

Was läuft eigentlich gerade auf meinem PC? Diese Frage haben Sie sich sicher auch schon einmal gestellt. Welches Programm benötigt den meisten Speicher? Welches Programm die meiste CPU-Zeit? Und wie sieht es eigentlich mit dem Netzwerk aus? All diese Fragen können Sie im Task-Manager von Windows 7 erkennen und auswerten.

1 Den Task-Manager können Sie aufrufen, indem Sie mit der rechten Maustaste in einen freien Bereich der Taskleiste klicken und aus dem Kontextmenü ***Task-Manager starten*** auswählen.

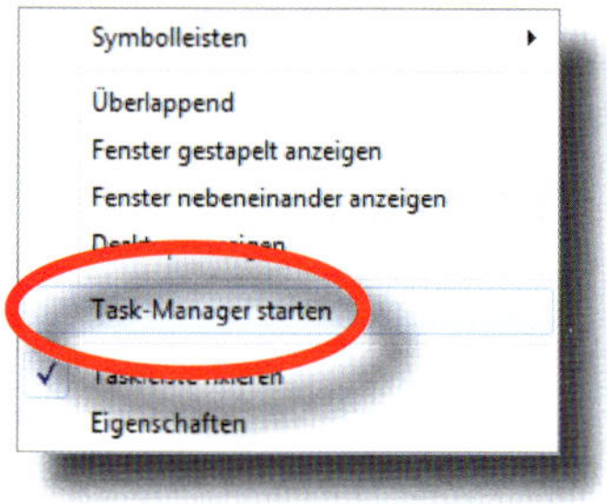

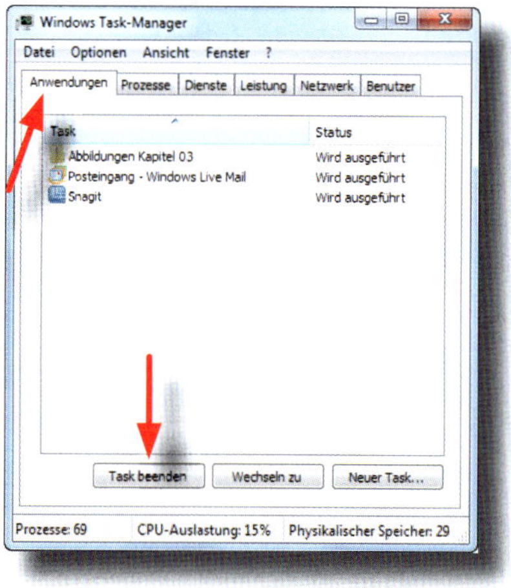

2 Alle laufenden Programme, die Sie gestartet haben, werden hier aufgeführt. Sie können erkennen, um welches Programm es sich handelt und im ***Status*** einsehen, ob es normal ausgeführt wird. Ein nicht mehr reagierendes Programm beenden Sie einfach mit ***Task beenden***.

3 In der Registerkarte ***Prozesse*** sehen Sie darüber hinaus wirklich alle Programme, Dienste und Anwendungen, die zzt. gestartet sind. Ein Klick auf die Spalte ***CPU*** sortiert nach CPU-Last (zweimal nacheinander dreht die Sortierung um), sodass Sie sofort erkennen können, welches Programm gerade sehr aktiv ist. Dasselbe gilt für die Spalte ***Arbeitsspeicher***.

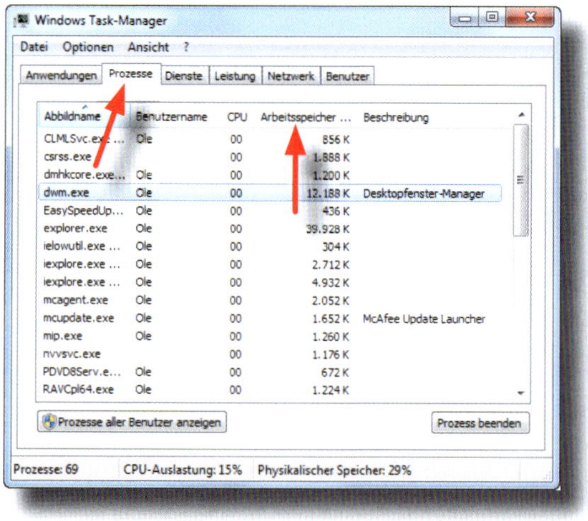

4 Die Leistungsfähigkeit Ihres PCs hängt entscheidend von der CPU und dem Arbeitsspeicher ab. Im Register ***Leistung*** sehen Sie in diesem Beispiel, dass ein Rechner mit Quad-Core CPU nicht wirklich stark ausgelastet ist (15 %). Der Arbeitsspeicher ist mit 1,12 GB ebenfalls noch lange nicht ‚an der Kante'. In diesem Register können Sie noch detailliertere Informationen erhalten, wenn Sie auf ***Ressourcenmonitor*** klicken.

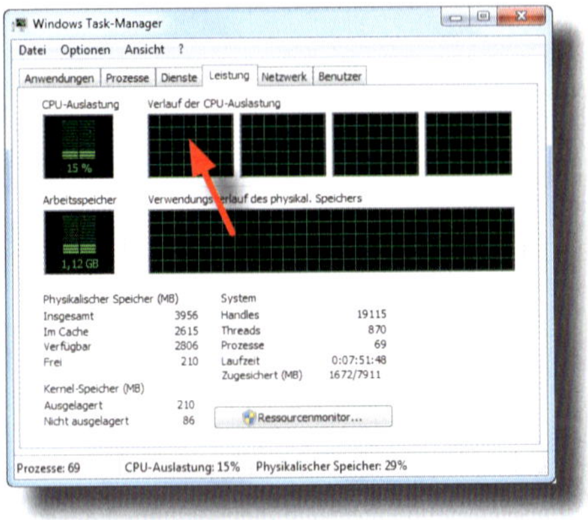

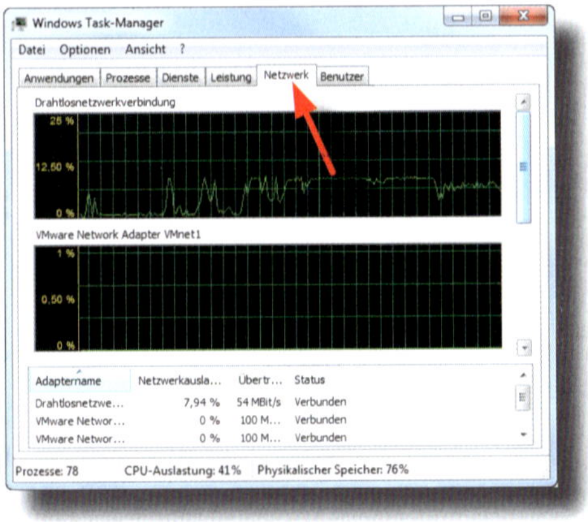

5 Die Netzwerkaktivität überwachen Sie im Register ***Netzwerk***. Hier wird ebenso das Drahtlosnetzwerk angezeigt wie auch die Kabelverbindung über LAN-Kabel.

6 Im Register ***Benutzer*** erkennen Sie alle angemeldeten Benutzer. Jeden Benutzer können Sie über ***Trennen*** oder ***Abmelden*** vom System abhängen, ohne dafür extra das Benutzerkonto zu wechseln.

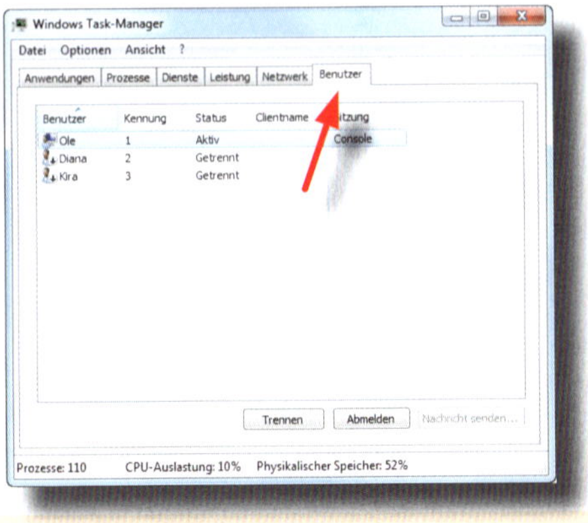

Gut zu wissen

Schaut man sich die Liste der aktiven Prozesse an, fällt auf, dass auch der Task-Manager nicht unerheblich die CPU und den Arbeitsspeicher belastet. Es ist also nicht sinnvoll, ihn ständig zu aktivieren. Außerdem sollten Sie wissen, dass alle Arbeit in einem Programm verloren ist, wenn Sie ein Programm, einen Dienst oder eine Anwendung über ***Task beenden*** aus der Liste laufender Programme entfernen.

Ziel

Auch die Unterhaltung kommt bei Windows 7 nicht zu kurz. Microsoft hat eine kleine, aber sehr interessante Sammlung an Spielen zusammengestellt, die Groß und Klein begeistert. Dabei sind Klassiker wie Solitär, Schach und Mahjong, aber auch Spiele für die Jüngeren unter den Windows-Nutzern wie z. B. Purple Place in der Sammlung enthalten.

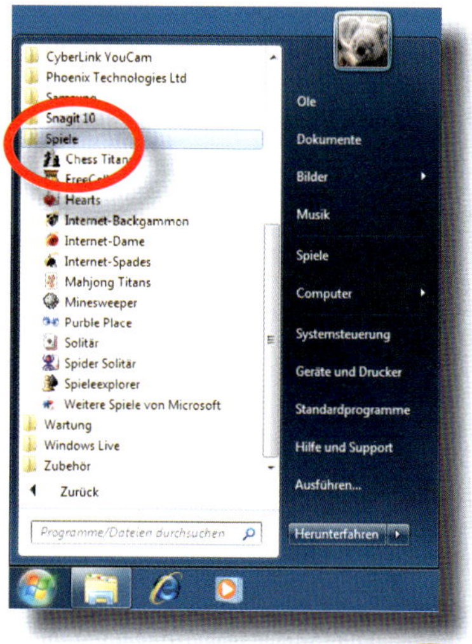

1. Die Spiele finden Sie, wenn Sie auf ***Startmenü > Alle Programme > Spiele*** klicken.

2. Dieses Spiel kennt wohl jeder. Windows 7 bringt hier aber eine sehr schön gelungene 3D-Version des Klassikers ***Schach*** mit. Über das Menü ***Spiel*** können Sie gegen den Computer, aber auch gegen einen realen Gegner spielen.

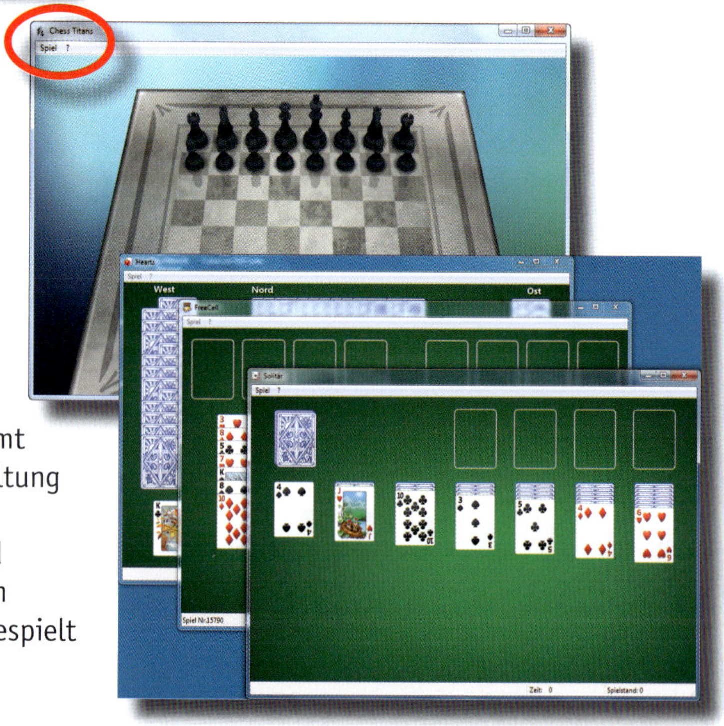

3. Kartenspiele hat Windows 7 gleich drei Stück an Board. Allesamt sind zur Unterhaltung in Pausen sehr gut geeignet und können z. T. auch gegeneinander gespielt werden.

4 Neu sind auch die Internet-Spiele Backgammon, Dame und Spades. Sie spielen gegen einen Gegner im Internet und können währenddessen sogar mit ihm chatten, indem Sie unten im Chatbereich einen Text eingeben und diesen abschicken.

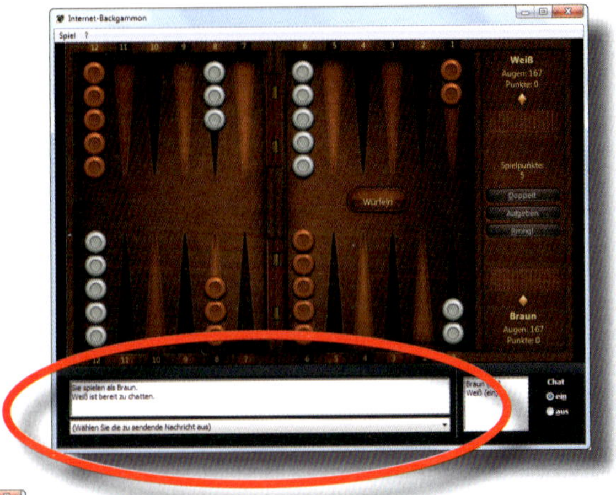

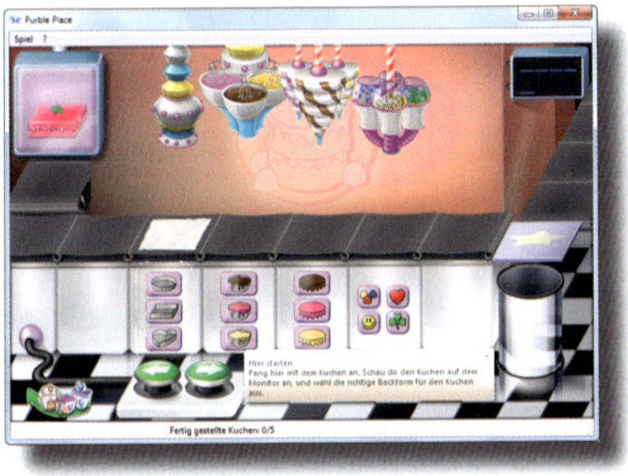

5 Natürlich ist auch an die Kleinen gedacht. Mit Purple Place hat Microsoft ein niedliches Spiel beigefügt, welches die Kinder echt begeistert.

6 Der Spiele-Explorer gibt eine detaillierte Übersicht über alle installierten Spiele und zeigt auch, mit welcher Altersbeschränkung das jeweilige Spiel gespielt werden kann. Von hier aus können Sie auch den Jugendschutz aktivieren, um Ihre Kinder zu schützen.

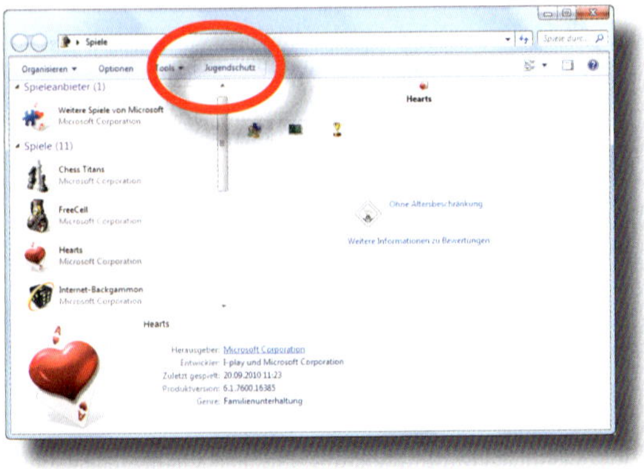

Gut zu wissen

Im Spiele-Explorer gibt es den Auswahlpunkt ***Weitere Spiele von Microsoft***, der Sie ins Internet leitet. Dort können Sie weitere Spiele online spielen oder sich auf den PC herunterladen.
Aber Vorsicht: Nicht alle Spieleanbieter integrieren ihr Spiel in das Bewertungssystem von Microsoft zur Altersbegrenzung. Es ist also immer Aufmerksamkeit geboten, wenn Ihre Kinder neue Spiele installieren und spielen wollen.

Wichtige Begriffe

Cursor-Tasten: Die Cursor-Tasten sind auf der Tastatur die Pfeiltasten, mit denen der Zeiger (auch Cursor genannt) innerhalb eines Dokuments oder Fensters bewegt werden kann.

Screenshot: Ein Foto eines Bildschirmausschnittes oder eines Fensters, welcher als Bild abgespeichert wird und als E-Mail versendet werden kann.

Scrollen: Als Scrollen bezeichnet man das Verschieben des Fensterinhalts mittels Bildlaufleisten in horizontaler und vertikaler Richtung. Die Bildlaufleisten oder Scrollbalken werden automatisch eingeblendet, sobald der Bildinhalt nicht mehr vollständig im Fenster dargestellt werden kann.

Task: Jedes Programm, jeder geladene Treiber und jedes laufende Hintergrundprogramm wird im einzelnen als Task bezeichnet. Der Task-Manager listet diese Programme alle auf, sodass man Einfluss darauf nehmen kann.

TrueType-Font: Eine Sammlung gleichartiger Zeichen, die zu einem Schriftsatz zusammengefasst sind. TrueType-Fonts sind in jeder beliebigen Größe in ihrer Qualität und Kantenschärfe makellos.

Webdings, Wingdings: Mit Windows mitgelieferte Zeichensätze, die eine Fülle von Sonderzeichen zur besseren Gestaltung von Text enthalten.

4

Ordner und Dateien

In diesem Kapitel lernen Sie:

- ☑ den Windows-Explorer kennen
- ☑ das Verzeichnis Eigene Dateien kennen
- ☑ Ordner anzulegen oder zu löschen
- ☑ Ordner und Dateien zu verschieben und zu kopieren
- ☑ den Windows-Explorer anzupassen
- ☑ den Papierkorb zu benutzen
- ☑ eine Daten-CD/-DVD zu brennen

Ziel

Mit dem Windows-Explorer werden alle Dateien, Dokumente, Bilder, Programme und alles, was sonst noch auf dem Rechner gespeichert ist, verwaltet. Dokumente lassen sich in Ordner einsortieren, Bilder sortieren und benennen, Musik organisieren und vieles mehr. Wie Sie den Explorer nutzen, lernen Sie in diesem Kapitel.

1 Der Windows-Explorer wird über ***Startmenü > Alle Programme > Zubehör*** gestartet. Schneller geht es mit der Tastenkombination → + E.

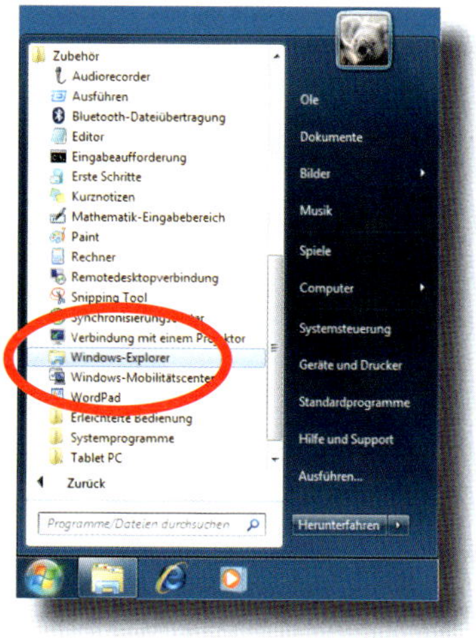

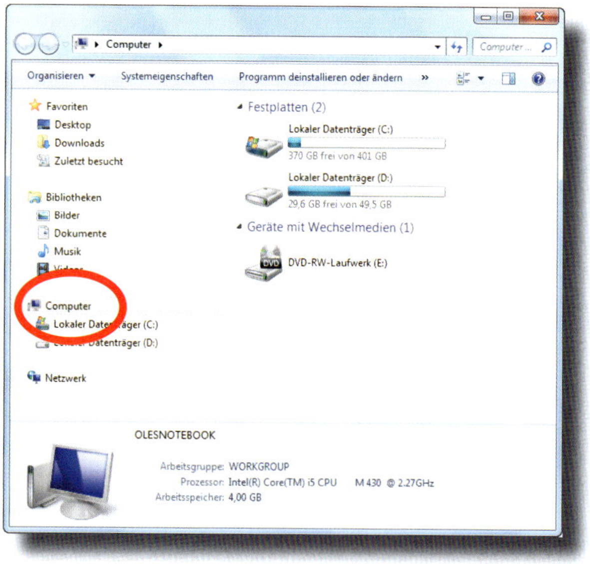

2 Der Explorer zeigt im linken Teil die Favoriten, die Bibliotheken und den Computer – oder besser: die Laufwerke des Computers. Im rechten Bereich werden weitere Details zum ausgewählten Punkt angezeigt. Wenn ***Computer*** angewählt ist, werden hier alle Laufwerke angezeigt.

3 Zur Navigation bietet der Explorer oben links zwei Buttons, mit denen vor- oder zurückgeblättert wird.

4 In der Adresszeile wird angezeigt, in welchem Ordnerbaum Sie sich gerade befinden. Wenn Sie in der Adresszeile hinter einem Ordnernamen den Pfeil klicken, öffnet sich der Inhalt dieser Ordnerebene.

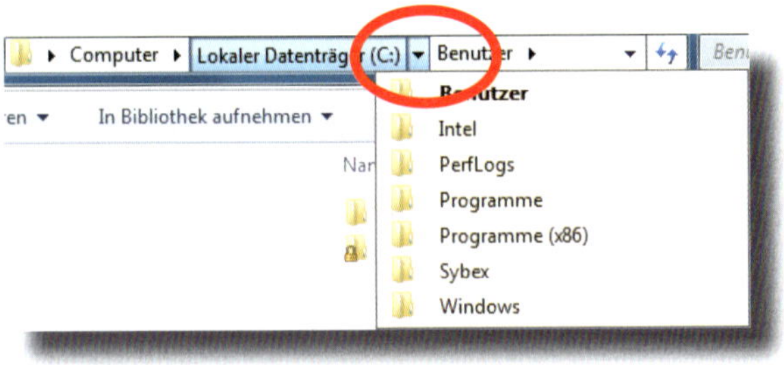

5 Den größten Teil des Explorer-Fensters nimmt die ***Datei- und Ordner-Liste*** ein. Hier werden immer alle im aufgerufenen Ordner befindlichen Dateien und Unterordner angezeigt. Im Beispiel navigieren wir in den Ordner ***Eigene Bilder***.

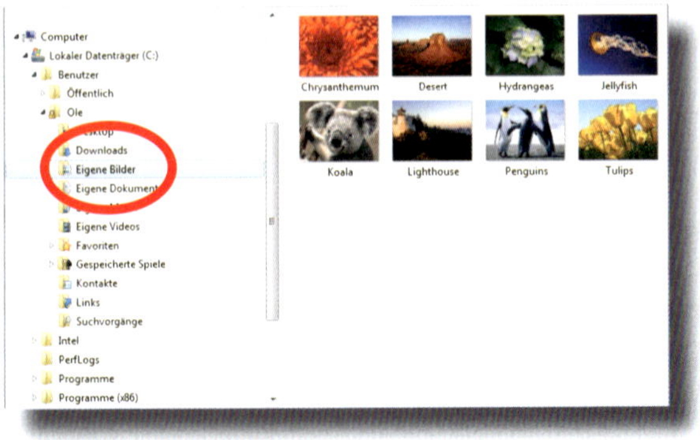

6 Eine Besonderheit des Windows-Explorers ist die ***Symbolleiste***. Sie passt sich automatisch dem Ordnerinhalt an. Es werden nur Funktionen angeboten, die auch genutzt werden können. Bei einem Bilder-Ordner erscheint z. B. zusätzlich die Schaltfläche ***Diashow***, die bei einem Ordner mit Textdokumenten nicht verfügbar ist.

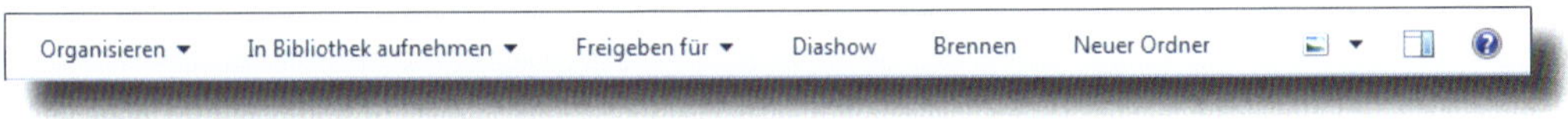

Gut zu wissen

Über ***Ansicht ändern*** rechts oben in der Symbolleiste können Sie die Darstellung in der ***Datei- und Ordnerliste*** Ihrem persönlichen Geschmack anpassen. Sie können dort neben vielen anderen Darstellungen sowohl Miniaturansichten von Bildern anzeigen lassen als auch kompakte Listen von Dateien und über das eingeblendete Vorschaufenster sogar eine vergrößerte Ansicht einer ausgewählten Datei.

Ziel

Wenn Sie einen Ordner öffnen, sehen Sie eine Liste der dort enthaltenen Dateien. Sie können einzelne Dateien auswählen, aber auch eine ganze Liste von Dateien markieren. Markierte Dateien werden farbig hinterlegt und Ihre Aktion (z. B. Bilder verschieben) wird nur auf die markierten Dateien bezogen.

1. Einzelne Bilder markieren Sie einfach, indem Sie mit der Maus das Bild anklicken. Das Bild wird farbig markiert – es ist ausgewählt. Ein erneutes Klicken auf das Bild entfernt dieses wieder aus der Markierung.

2. Möchten Sie gezielt mehrere einzelne Bilder markieren, so wiederholen Sie den Mausklick auf jedem Bild und halten dabei die Strg-Taste gedrückt. Sie stellen sich somit eine Liste von Dateien zusammen, die Sie bearbeiten möchten.

3. Um viele Bilder, die in der Ansicht sichtbar sind, können Sie auch einfach einen Markierungsrahmen ziehen. Klicken Sie mit der Maus in einen freien Bereich zwischen oder unter den Dateien und ziehen die Maus über die zu markierenden Dateien hinweg. Automatisch werden alle Bilder markiert, die – wenn auch nur zum Teil – innerhalb des Rahmens liegen.

4 Zum Markieren aller Dateien in einem Ordner betätigen Sie einfach die Tastenkombination [Strg]+[A].

5 Um eine Markierung komplett wieder zu entfernen, klicken Sie irgendwo in einem freien Bereich zwischen oder unter den Dateien.

6 Nachdem die Bilder ausgewählt wurden, kann jetzt die Aktion durchgeführt werden. Nutzen Sie dazu entweder die Funktionsleiste (z. B. ***Brennen***) oder das Kontextmenü (z. B. ***Drucken***). Das Kontextmenü erreichen Sie nur, wenn Sie direkt auf ein ausgewähltes Element rechtsklicken.

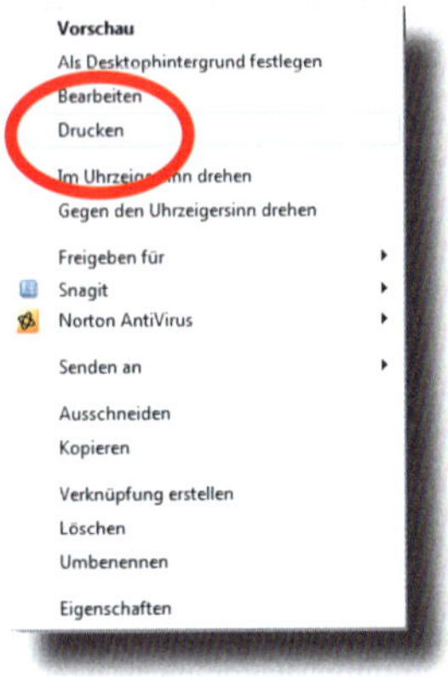

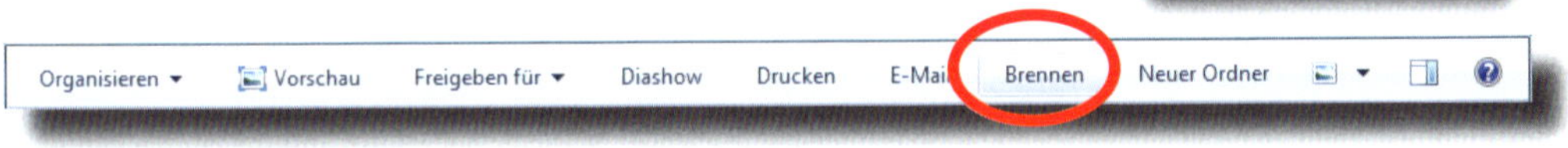

Gut zu wissen

Markierte Dateien lassen sich per Ziehen und Ablegen (engl.: ***Drag & Drop***) an einen anderen Ort verschieben oder kopieren. Ob Windows dabei die Aktion ***Verschieben*** oder die Aktion ***Kopieren*** ausführt, hängt davon ab, ob Sie die Dateien auf demselben Laufwerk oder auf einem anderen Laufwerk ablegen wollen. Achten Sie auf die Aktionsbeschreibung, die am Mauszeiger hängt während Sie ***Ziehen und Ablegen*** nutzen. Mit gedrückter [⇧]-Taste wird grundsätzlich ***Verschieben*** aktiviert. Das vermeidet doppelte Dateien desselben Bildes und sollte grundsätzlich beim Sortieren von Bildern so genutzt werden.

Ziel

Für jeden Benutzer des Computers wird ein eigener Bereich eingerichtet. Dieser wird unter dem Ordner ***Benutzer*** angelegt und trägt den Namen des Benutzers. Man nennt diesen Ordner auch ***Heimverzeichnis***. Alle Dokumente und Dateien können hier abgelegt werden. Für jeden Bereich gibt es einzelne Unterordner, die für eigene Bilder, eigene Videos, eigene Musik und vieles mehr vorgesehen sind.

1 Klicken Sie im ***Startmenü*** auf Ihren Namen, um Ihr Heimverzeichnis zu öffnen.

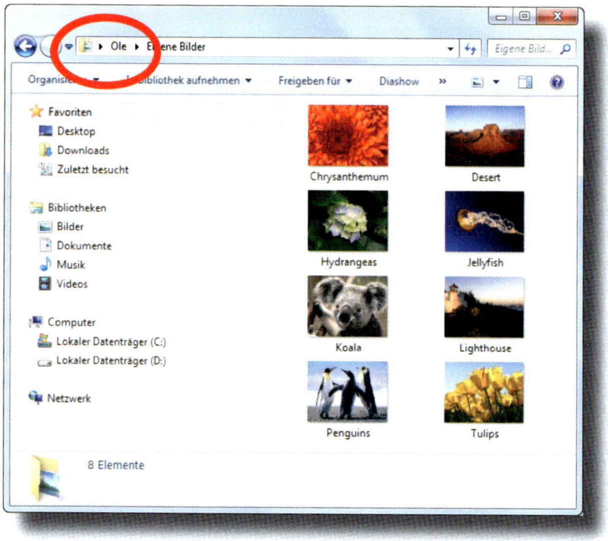

2 In der Adresszeile erkennen Sie, dass Sie sich jetzt in Ihrem Heimverzeichnis befinden. Hier legen Sie alle Ihre persönlichen Dokumente – sortiert nach Kategorie – ab.

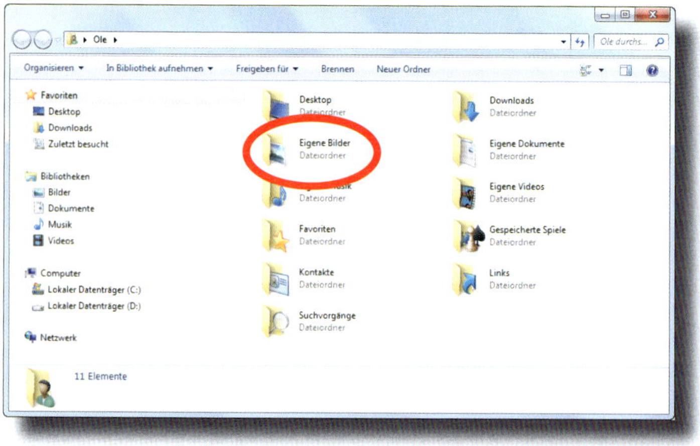

3 Von hier aus gelangen Sie mit einem Doppelklick z. B. in den Ordner für ***Eigene Bilder,*** in dem Sie Ihre Digitalfotos ablegen können.

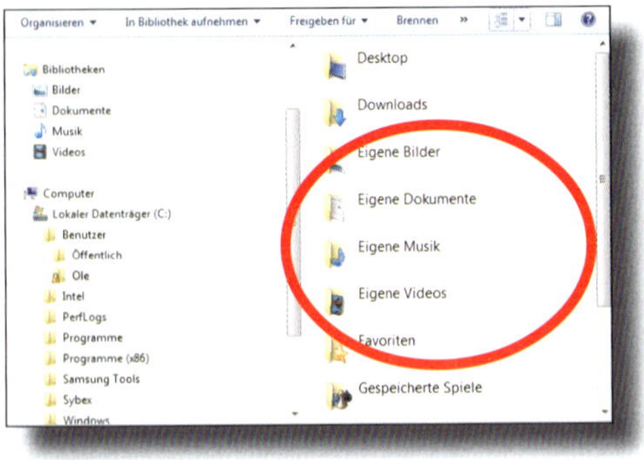

4 Da viele Programme automatisch auf diese Ordner zugreifen, ist es empfehlenswert, die Dateien direkt richtig einzusortieren. Eine Bildbearbeitung nutzt z. B. ***Eigene Bilder***, ein Musik-Programm ***Eigene Musik*** usw.

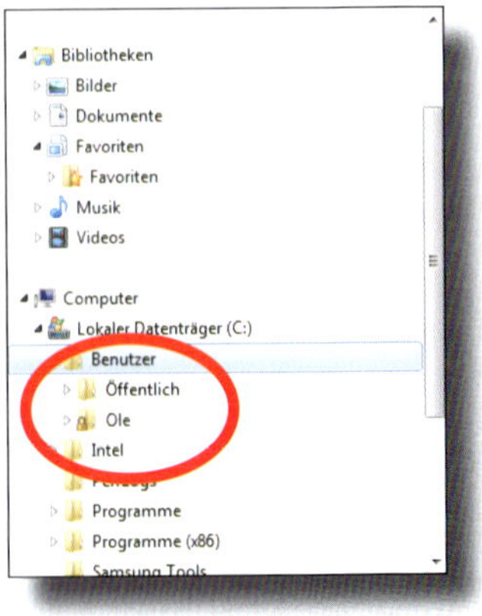

5 Da der Bereich des Benutzers nur für ihn selbst zugänglich ist, gibt es einen weiteren Bereich ***Öffentlich***. Wenn Bilder, Musik oder Videos mit anderen Benutzern ausgetauscht werden sollen, müssen sie in diesem Bereich abgelegt werden.

6 Auch der öffentliche Bereich ist in Bilder, Musik und Videos unterteilt. Beide Bereiche (***Öffentliche Bilder*** und ***Eigene Bilder***) werden in der Bibliothek zu einem Bereich zusammengefasst.

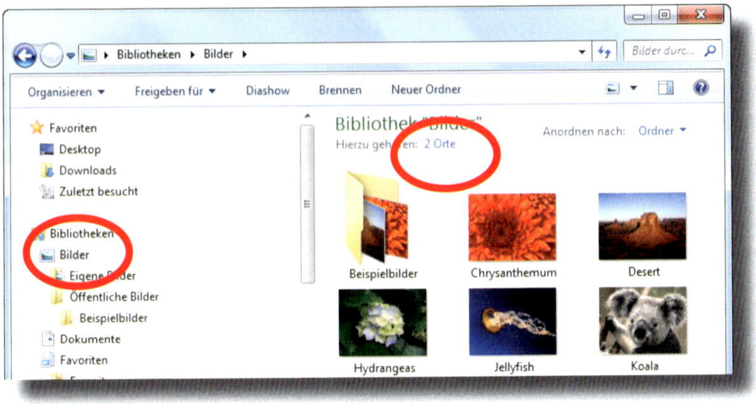

Gut zu wissen

Viele Programme legen bei der Installation im Heimverzeichnis weitere Ordner an, in denen sie eigene Informationen hinterlegen. Spiele legen dort z. B. aktuelle Spielstände oder Konfigurationen ab. Sollten dort einmal Ordner auftauchen, die Sie nicht selbst angelegt haben, so belassen Sie diese dort.

Ziel

Da sich im Laufe der Zeit eine große Zahl von Dateien ansammeln wird, ist es wichtig, diese von Anfang an in Ordner einzusortieren – genauso wie Sie es mit Ihrem Schriftverkehr zu Hause tun. Bilder gehören in Fotoalben, Musik in den Musikschrank, Briefe und Papier in Ringordner. Um Ordnung in Ihren Dateien zu halten, benötigen Sie Ordner. Am Beispiel einer Bildersammlung wird das Vorgehen hier beschrieben.

1. Navigieren Sie in den Ordner ***Eigene Bilder***.

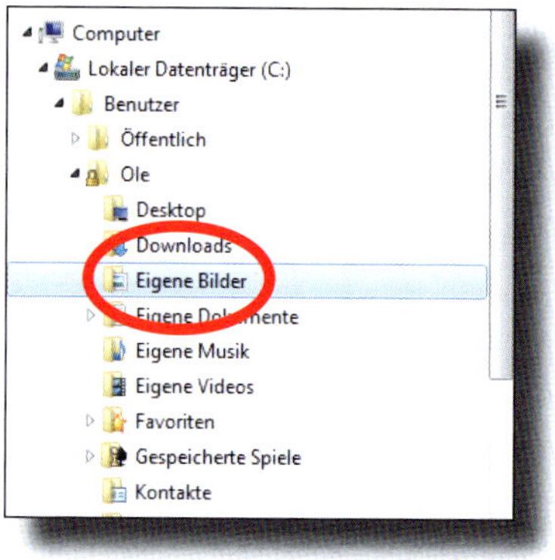

2. Wählen Sie in der Funktionsleiste den Punkt ***Neuer Ordner***. Es wird ein neuer Ordner mit der Bezeichnung ***Neuer Ordner*** angelegt.

3. Der Name ist blau hinterlegt, sodass Sie direkt einen sinnvollen Namen vergeben können. Schreiben Sie ***Sommerurlaub 2010***. Wiederholen Sie diese Schritte für ***Winterurlaub 2010***.

4 Wenn der Name nicht (mehr) blau hinterlegt ist, können Sie mit einem Rechtsklick auf den Ordner und einem Klick auf ***Umbenennen*** dasselbe erreichen.

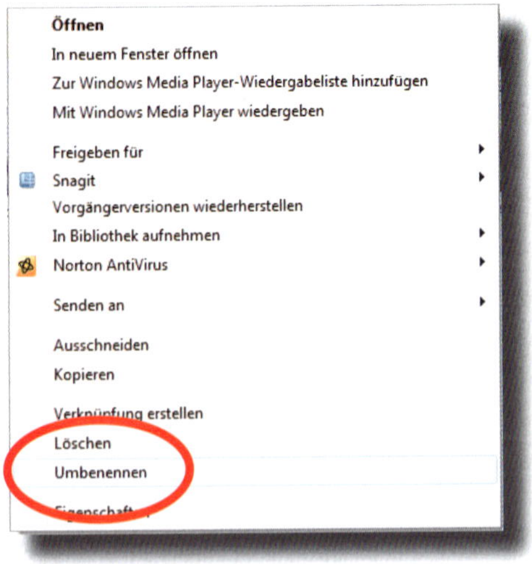

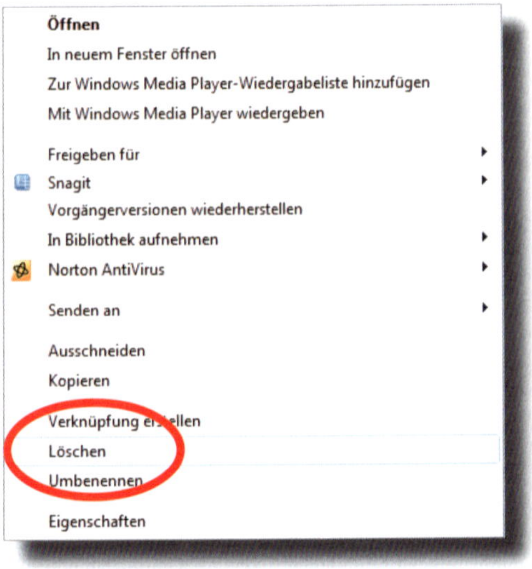

5 Haben Sie sich vertan und möchten den Ordner wieder los werden, so erledigen Sie das ebenfalls mit einem Rechtsklick und der Auswahl ***Löschen***. Aber Vorsicht: Der gesamte Ordnerinhalt wird dann mit gelöscht.

6 Es ist sinnvoll, einen Gesamtordner ***Urlaub 2010*** anzulegen und die beiden Urlaube dort einzusortieren. Klicken Sie den Sommerurlaub an und ziehen ihn mit gedrückter Maustaste in den Ordner ***Urlaub 2010***. Es erscheint ein Hinweis ***Nach Urlaub 2010 verschieben***. Dasselbe erledigen Sie mit dem Winterurlaub.

Gut zu wissen

Ordner können auch ineinander geschachtelt werden. Im Beispiel könnte ***Urlaub 2010*** nicht ausreichend sein, denn dann werden alle Bilder – ob Sommerurlaub oder Winterurlaub – in einem Ordner abgelegt. Doppelklicken Sie auf den Ordner ***Urlaub 2010***, um diesen zu öffnen und wiederholen Sie diese Anleitung für zwei Unterordner – nämlich ***Sommerurlaub 2010*** und ***Winterurlaub 2010***.

Ziel

Wie Dateien mit Ziehen und Ablegen bewegt werden, wurde bereits erläutert. Handlicher ist jedoch oft das Ausschneiden oder Kopieren mittels der Windows-Zwischenablage. Dieser Vorgang wird oft auch Cut & Paste genannt (engl.: für Ausschneiden und Kopieren). Die Zwischenablage ist dafür hervorragend geeignet. Leider kann man diese nicht direkt sehen, aber alles (nicht nur Dateien) lässt sich in der Zwischenablage vorübergehend unterbringen, um es an anderer Stelle wiederzuverwenden.

1 Zur Verdeutlichung legen Sie im Ordner ***Eigene Bilder*** zwei Unterordner an: ***Pflanzen*** und ***Tiere***, sodass die Beispielbilder einsortiert werden können. Die Bilder sollen verschoben werden.

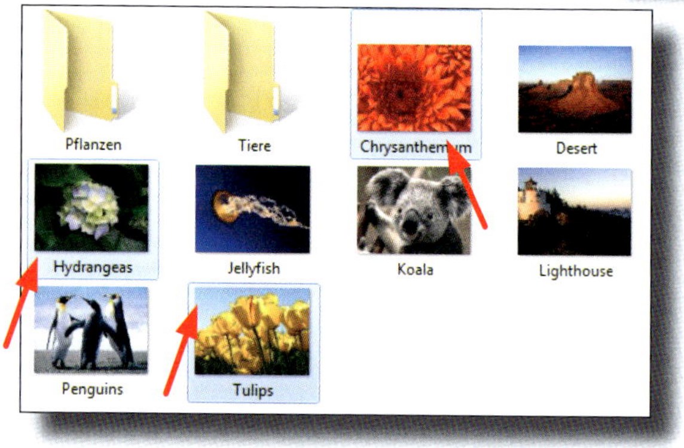

2 Klicken Sie das erste Pflanzenbild an. Drücken Sie die Strg-Taste und wählen Sie das zweite und dritte Pflanzenbild aus.

3 Mit einem Rechtsklick auf einen der markierten Bilder öffnen Sie das Kontextmenü. Wählen Sie dort ***Ausschneiden***, denn Sie wollen die Bilder aus diesem Ordner entfernen und in einem anderen Ordner ablegen (und nicht eine Kopie der Bilder im neuen Ordner ablegen). Wichtig zu wissen: Ausgeschnitten wird aber jetzt noch nicht, sondern erst, wenn die Dokumente woanders eingefügt werden.

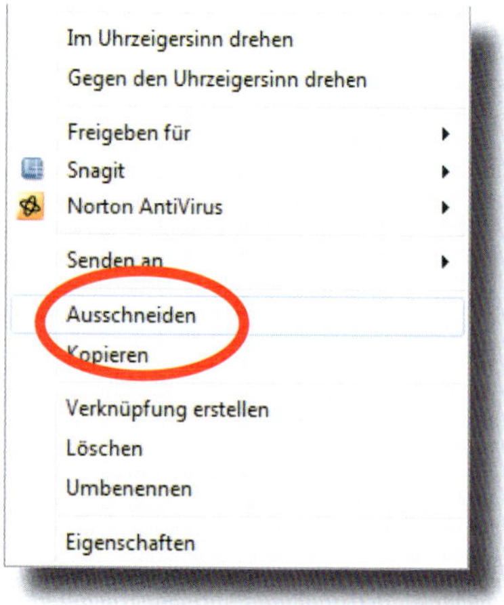

4 Mit einem Doppelklick auf den Zielordner wird dieser geöffnet. Die Bilder befinden sich noch in der Zwischenablage. Mit einem Rechtsklick in diesem noch leeren Ordner öffnen Sie das Kontextmenü. Wählen Sie ***Einfügen***. Erst jetzt wird das Dokument aus dem Quellordner ausgeschnitten und hier eingefügt.

5 Jetzt sind die Bilder der Pflanzen alle in einem eigenen Ordner untergebracht.

6 Wenn Sie zurücknavigieren in den Ordner ***Eigene Bilder,*** sehen Sie, dass der Ordner ***Pflanzen*** nicht mehr leer ist, sondern Bilder enthält. Diese schauen aus dem Ordner hervor. Wiederholen Sie diese 6 Schritte für die Tiere.

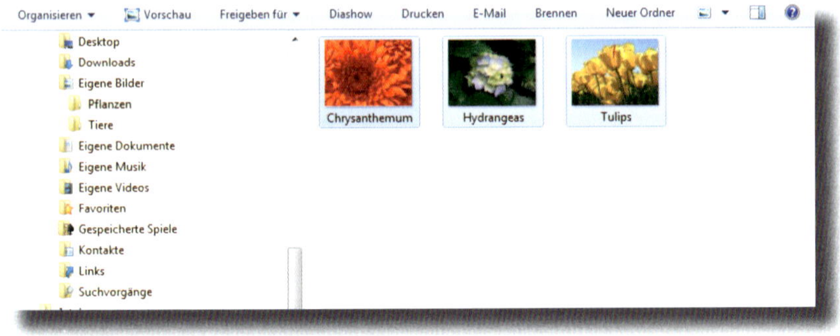

Gut zu wissen

Bedenken Sie beim Kopieren Strg+C oder Ausschneiden Strg+X und späterem Einfügen Strg+V an anderer Stelle, dass Sie entweder eine Kopie des Originals anfertigen, also dasselbe Bild oder Dokument danach zweimal an unterschiedlicher Stelle vorliegen haben, oder dass das Dokument an den Zielordner tatsächlich verschoben wird und damit im Quellordner nicht mehr vorliegt. Je nachdem, was Sie mit dem Dokument anstellen wollen, ist entweder Kopieren oder Ausschneiden die richtige Wahl.

Ziel

Zum Ordnung halten gehört auch das Aufräumen. Dateien, die man nicht mehr benötigt, sollte man von Zeit zu Zeit löschen. Beim Löschen werden die Dateien in den Papierkorb verschoben, bevor sie endgültig gelöscht werden. Versehendlich gelöschte Dateien lassen sich auch wieder aus dem Papierkorb herausholen. Der Umgang mit dem Papierkorb wird hier nachfolgend erklärt.

1. Der Papierkorb befindet sich direkt auf dem Desktop. Ob der Papierkorb voll oder leer ist, können Sie am Bild erkennen.

2. Ein Rechtsklick auf den Papierkorb öffnet das Kontextmenü. Von hier aus können Sie den ***Papierkorb leeren***.

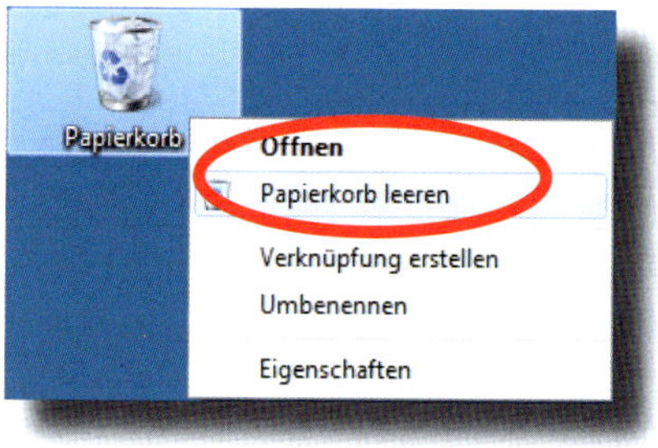

3. Wenn Sie aus dem Kontextmenü des Papierkorbes ***Öffnen*** auswählen, können Sie in den Papierkorb hineinsehen. Dateien, die Sie versehendlich gelöscht haben, lassen sich mit einem Rechtsklick retten, indem Sie auf ***Wiederherstellen*** klicken.

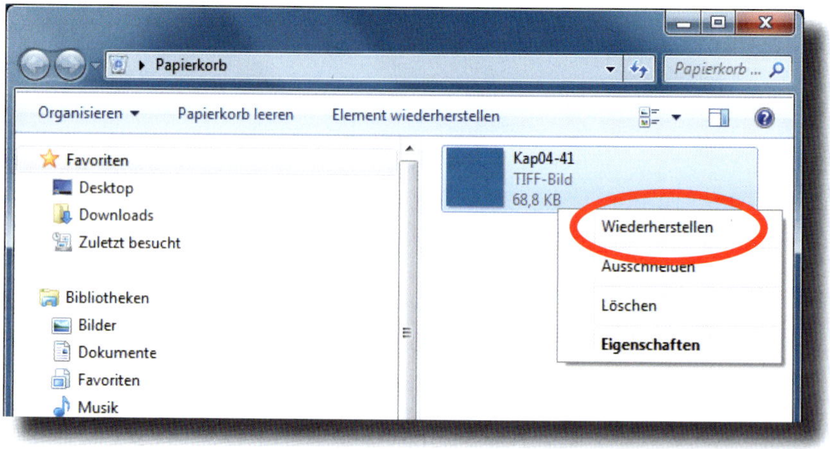

4 Um den Papierkorb Ihren Bedürfnissen anzupassen, wählen Sie ***Eigenschaften*** aus dem Kontextmenü.

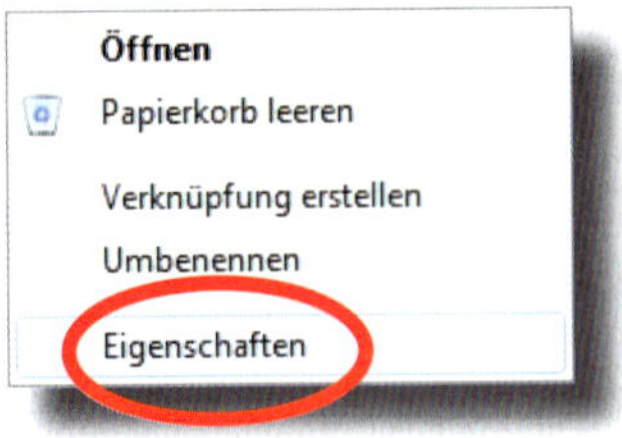

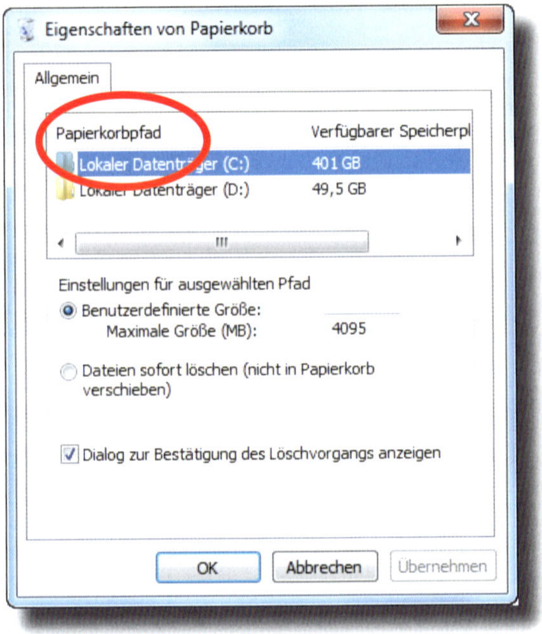

5 Im Dialog ***Eigenschaften von Papierkorb*** sehen Sie, auf welchen Laufwerken der Papierkorb abgelegt ist und wie viel Speicher er dort verbraucht. Diese Einstellungen sind normalerweise okay und brauchen nicht geändert zu werden.

6 Sie können den Papierkorb auch abstellen, sodass gelöschte Dateien auch wirklich sofort gelöscht werden. Ob Sie den Vorgang noch bestätigen möchten, entscheiden Sie mit der Option ***Dialog zur Bestätigung des Löschvorgangs anzeigen***.

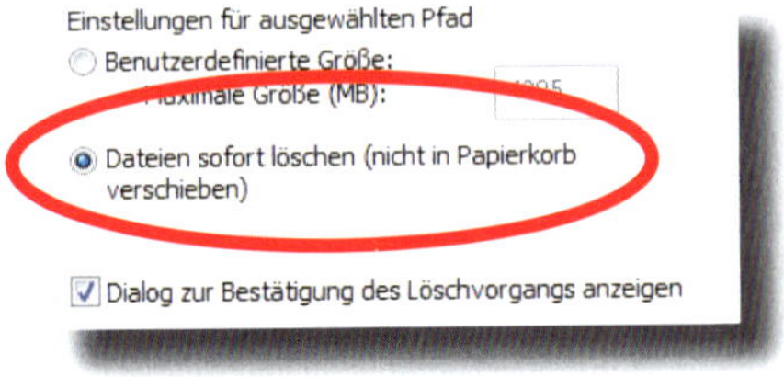

Gut zu wissen

Der Papierkorb kann nicht überlaufen. Wenn Sie Dateien löschen und der Platz im Papierkorb reicht für den Löschvorgang nicht mehr aus, werden die ältesten Dokumente im Papierkorb automatisch und endgültig gelöscht.

Ziel

Für jeden Ordner und für jede Datei gibt es ein Symbol. Je nach Typ des Ordners (Bilderordner, Musikordner etc.) oder je nach Typ des Dokumentes (Bild, Brief, Musikstück etc.) sind die Bilder (man nennt sie auch Icons) unterschiedlich. Sie können sich diese Bilder nach Ihrem Geschmack einstellen.

1 Jeder Ordner hat – je nach Inhalt – ein unterschiedliches Icon. Musikordner z. B. haben eine Note, Bilderordner ein Bild. Diese Symbole können Sie anpassen.

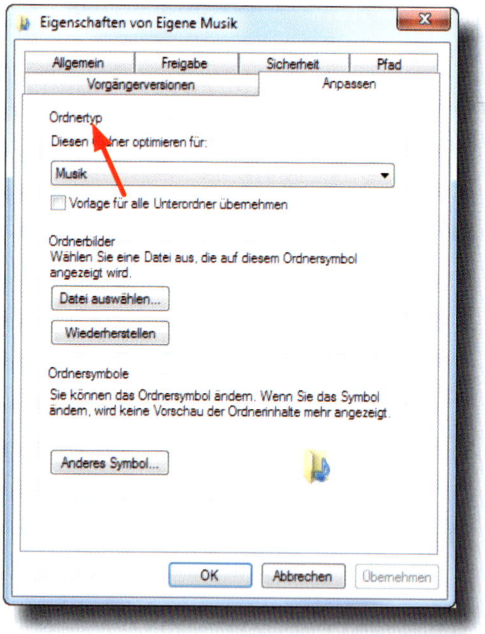

2 Durch einen Rechtsklick auf den Ordner ***Eigene Musik*** öffnen Sie dessen ***Eigenschaften***-Dialog. In diesem Dialog im Register ***Anpassen*** können Sie den Typ des Ordners festlegen. Der Ordner enthält Musik.

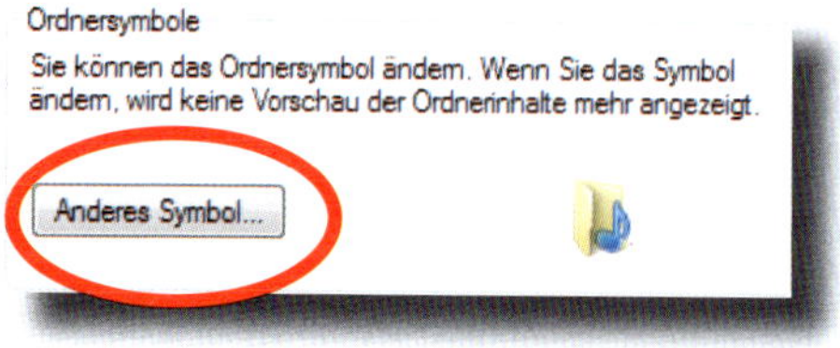

3 Wählen Sie die Schaltfläche ***Anderes Symbol,*** um ein neues Symbol für diesen Ordner festzulegen.

4 Symbole sind in Windows 7 in einer Datei hinterlegt, die man im Eingabefeld festlegen kann. Die Datei ***shell32.dll*** ist bereits vorbelegt und enthält eine Fülle von Symbolen.

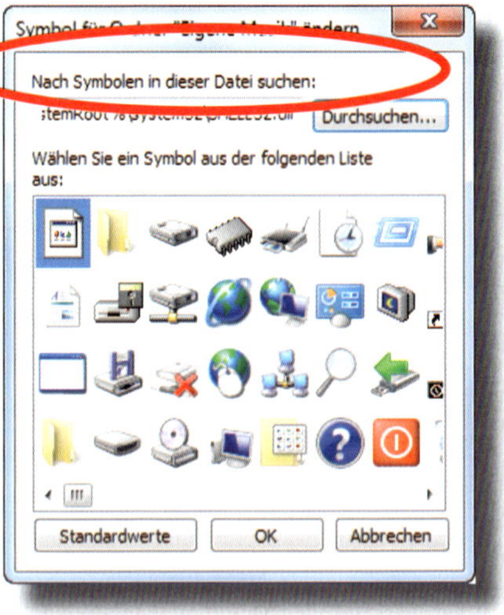

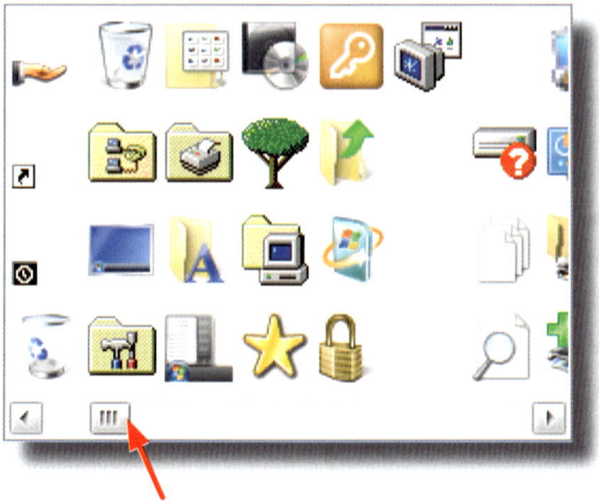

5 Die Liste können Sie durchblättern, indem Sie den horizontalen Schieber nach rechts bewegen.

6 Wählen Sie ein neues Symbol, indem Sie es anklicken und damit markieren. Drücken Sie dann auf ***OK***. Sie sehen, dass das Symbol geändert wurde. Schließen Sie den Dialog mit ***OK***.

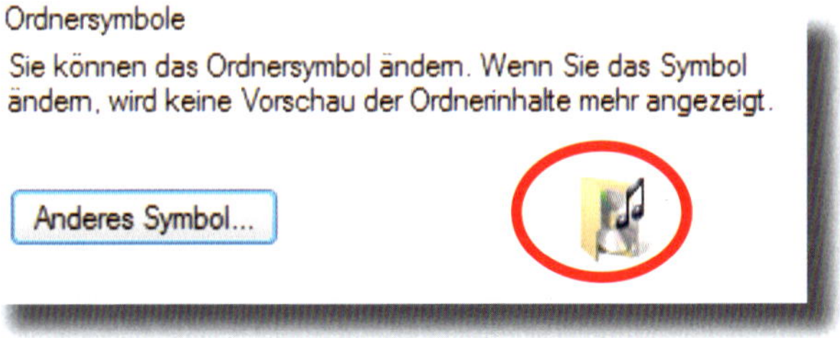

Gut zu wissen

Sollte Ihnen das gewählte Symbol später einmal nicht mehr zusagen und Sie möchten doch lieber wieder das Originalbild einstellen, so gehen Sie in den Dialog ***Eigenschaften von Musik***, wählen ***Anderes Symbol*** und dann die Schaltfläche ***Standardwerte***.

Ziel

Jedes Dokument, jedes Bild, jedes Musikstück und alles, was Sie sonst noch auf Ihrem Rechner speichern werden, ist einem bestimmten Typ zugeordnet und damit auch einem bestimmten Programm. Ein Brief (Dokument) z. B. ist einer Textverarbeitung zugeordnet (z. B. WordPad). Ein Musikstück ist dem Media Player zugeordnet. Ein Bild ist evtl. Paint zugeordnet. Diese Zuordnungen wurden sinnvoll vorgegeben, aber Sie können das auch ändern. In dieser Anleitung wird die Zuordnung des Programms für Bilder und Fotos geändert.

1. Navigieren Sie in den Ordner ***Eigene Bilder*** und öffnen Sie mit einem Rechtsklick das Kontextmenü auf einem Bild. Wählen Sie ***Eigenschaften.***

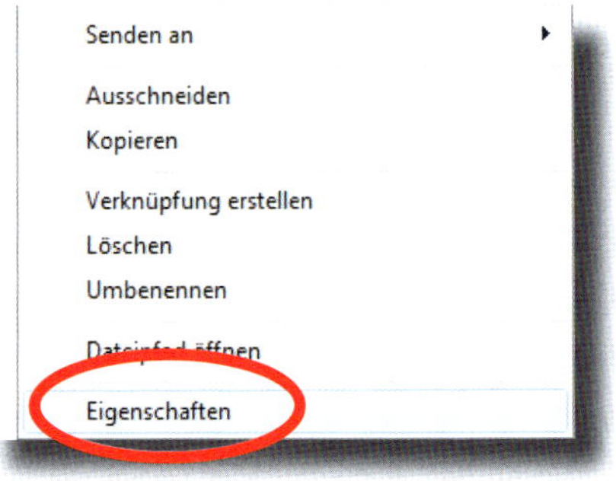

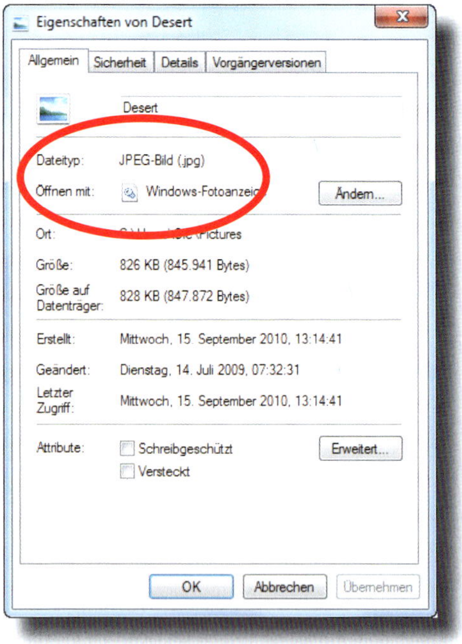

2. In diesem Dialog sehen Sie im Register ***Allgemein***, dass die Datei ein ***JPEG***-Bild ***(.jpg)*** ist und dass das zugeordnete Programm die ***Windows-Fotoanzeige*** ist. Wenn Sie auf das Bild doppelklicken, wird automatisch dieses Programm gestartet und das Bild angezeigt.

3. Sie können auch ein anderes Programm zuordnen. Klicken Sie dazu auf ***Ändern***.

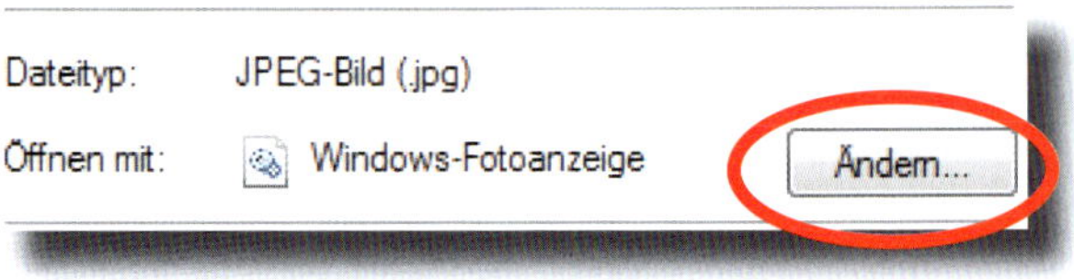

4 Im Dialog ***Öffnen mit*** werden für Bilder passende Programme angezeigt – die ***Empfohlenen Programme***. Hier können Sie ein passendes Programm – z. B. Paint – auswählen. Diesen Dialog erreichen Sie auch über Kontextmenü und der Auswahl ***Öffnen mit > Standardprogramm auswählen***.

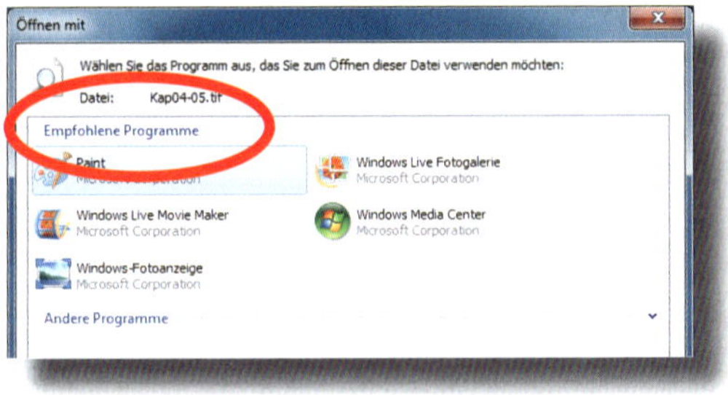

5 Rechts neben ***Andere Programme*** sehen Sie ein kleines, nach unten gerichtetes Dreieck. Wenn Sie auf dieses Dreieck klicken, sehen Sie weitere Programme, die zum Öffnen von Bildern geeignet sind.

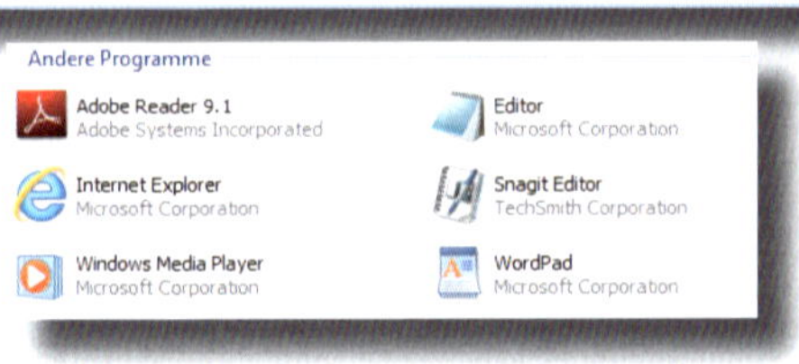

6 Haben Sie eine eigene Bildbearbeitung installiert, dann können Sie über ***Durchsuchen*** dieses Programm über den Explorer suchen und zuordnen.

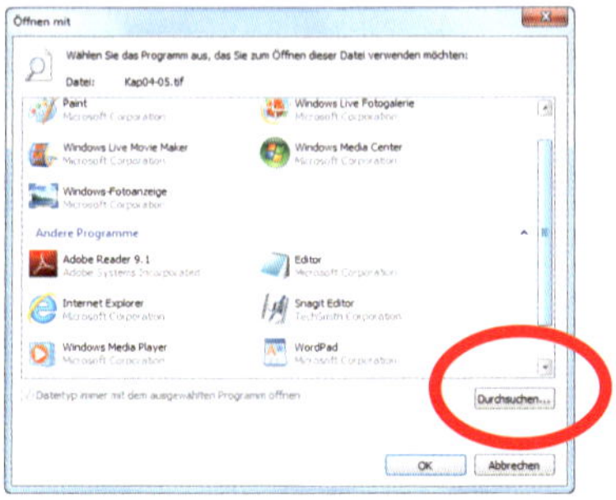

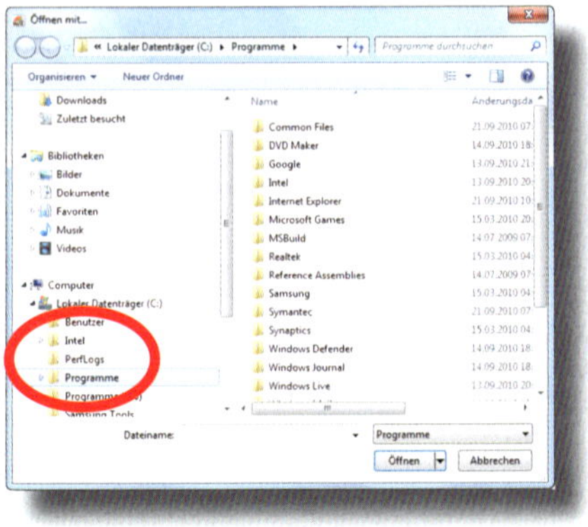

Gut zu wissen

Da jeder Dateityp separat eingestellt werden muss, ist es gerade bei Bildern erforderlich, die o. g. Schritte zu wiederholen. Gängige Bildformate sind ***.jpg***, ***.bmp***, ***.tif***, ***.png*** und einige mehr. Für jeden Bildtyp können Sie ein eigenes Programm zuordnen.
Auch bei Text-Dokumenten gilt das Gleiche: ***.rtf*** (Rich Text Format). Diese Texte sind WordPad zugeordnet, ***.doc*** und ***.docx*** z. B. sind der Textverarbeitung Microsoft Word zugeordnet.

Ziel

Gerade bei Digitalfotos kommt es oft vor, dass Sie jemand fragt, ob Sie die Bilder weitergeben können. Sie haben die Bilder erfolgreich aus der Kamera in Ihren Ordner ***Eigene Dateien > Eigene Bilder*** kopiert, aber nun? Diese Anleitung zeigt Ihnen mit den Beispielbildern, wie Sie diese auf eine CD oder DVD kopieren können.

1 Navigieren Sie in den Ordner ***Eigene Bilder***. In diesem Beispiel werden Sie alle Tierbilder auf CD oder DVD brennen. Wählen Sie mit [Strg]-Linksklick nacheinander alle Tierbilder aus, sodass diese blau hinterlegt sind.

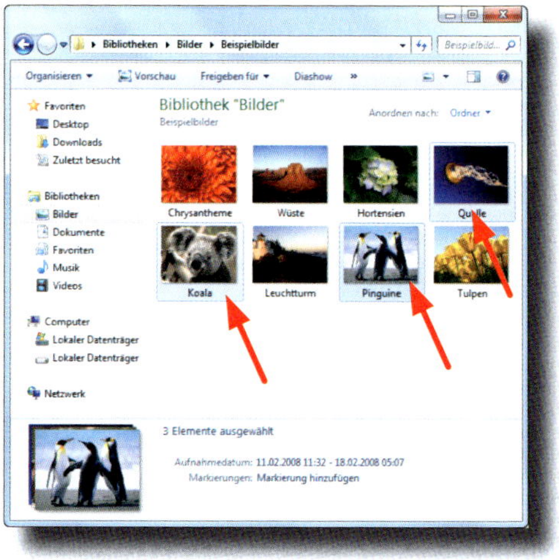

2 Aus der Funktionsleiste wählen Sie ***Brennen***. Sie werden aufgefordert, einen leeren Datenträger (CD oder DVD) einzulegen und Ihr Laufwerk springt automatisch auf.

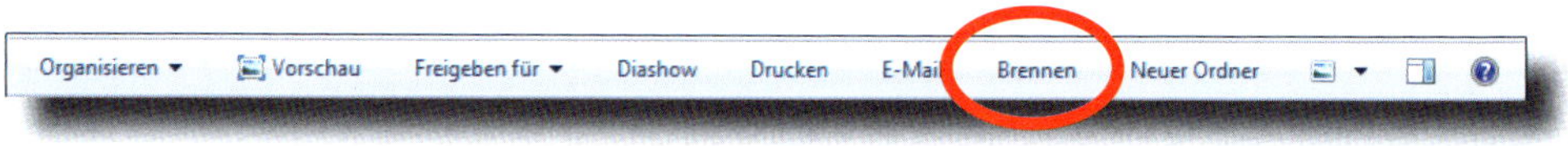

3 Bei der Auswahl des richtigen Datenträgers hilft Ihnen eine ausführliche Beschreibung über ***Entscheidungshilfe bei der Auswahl des Datenträgers***.

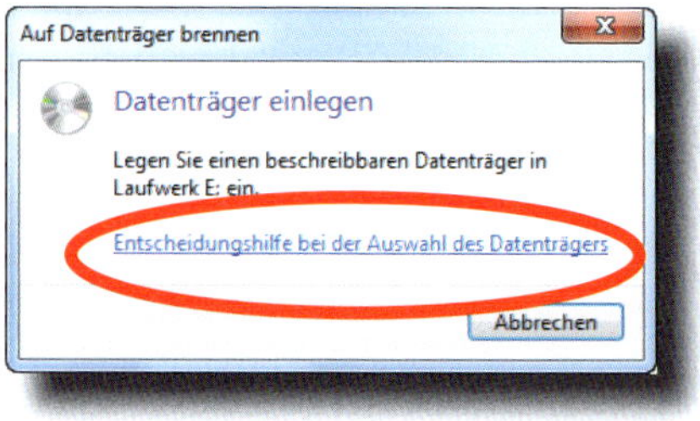

4 Vergeben Sie für die CD/DVD einen sinnvollen Titel. Da Sie die Bilder weitergeben möchten, müssen Sie das Brennen auf ***Mit einem CD/DVD-Player*** stellen.

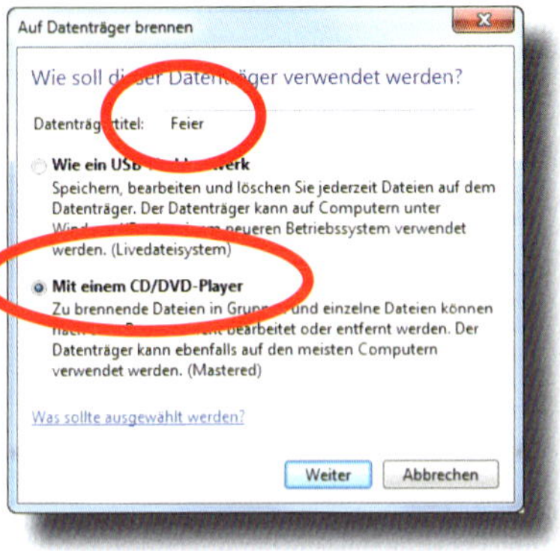

5 Nun werden die Daten gesammelt und für das Brennen vorbereitet. Sie können noch weitere Bilder hinzufügen. Abschließend, wenn Ihre Sammlung vollständig ist, wählen Sie aus der Funktionsleiste ***Auf Datenträger brennen***.

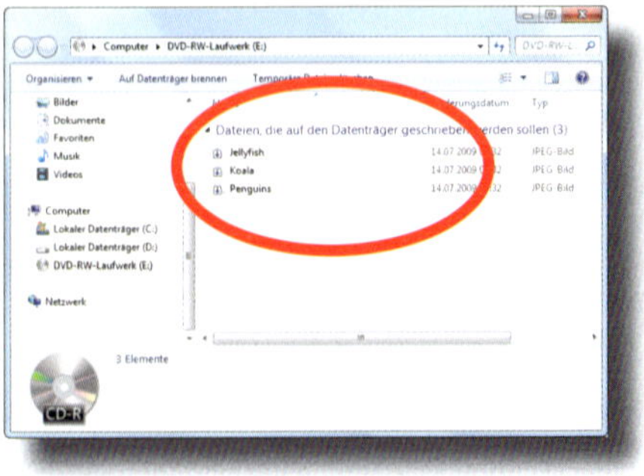

6 Der Brennvorgang wird durchgeführt. Die Aufnahmegeschwindigkeit wird vorgegeben und ist generell okay so. Nach Abschluss des Brennvorgangs öffnet sich das Laufwerk und die fertige CD/DVD wird ausgeworfen.

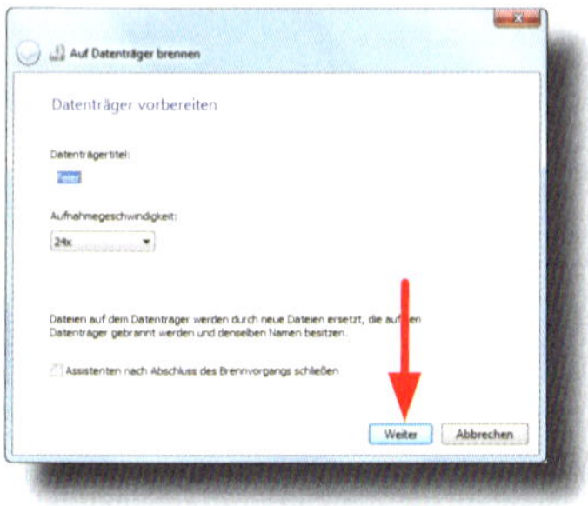

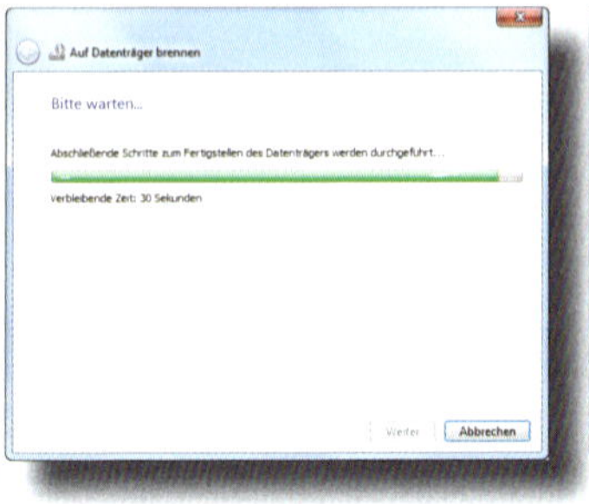

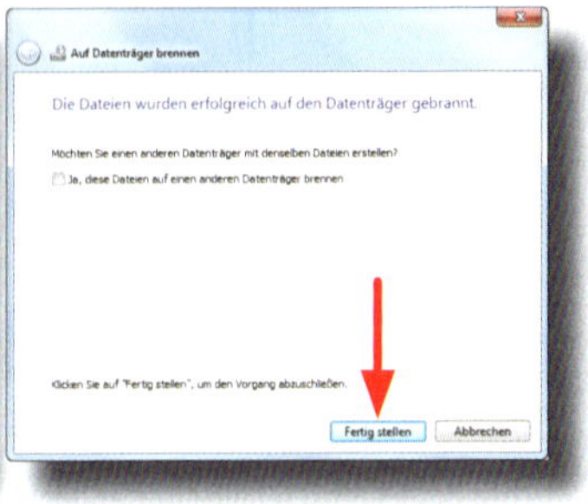

Gut zu wissen

Ob Sie einen CD- oder DVD Rohling einlegen müssen, hängt von Ihrem Laufwerk ab. CD-ROM-Laufwerke können keine DVDs brennen. Am besten ist es, wenn man ein DVD-Laufwerk besitzt. Dann können beide Rohlinge beschrieben werden, was der Brennvorgang dann automatisch erkennt. Achten Sie auch auf die Größe der Daten, die gebrannt werden sollen. Übersteigt diese 700 MB, ist die Kapazität eines CD-Rohlings überschritten, und Sie müssen zum DVD-Rohling greifen.

Wichtige Begriffe

CD-ROM: (Compact-Disc Read Only Memory): Mit CD-ROM bezeichnet man einen Datenträger (Memory), der nur einmal beschrieben werden kann und von dem man die Daten nur lesend (Read Only) beliebig oft abrufen kann.

Cut & Paste: Mit Cut & Paste (Ausschneiden und Einfügen) bezeichnet man den Vorgang, ein Dokument oder etwas Markiertes von einem Ort auszuschneiden und woanders wieder einzufügen. Man kann Bilder, Dokumente, Textausschnitte und vieles mehr mit Cut & Paste an einen anderen Ort versetzen.

Drag & Drop: Mit Drag & Drop (ziehen und fallenlassen) bezeichnet man den Vorgang, ein Objekt (ein Bild, Dokument oder Sonstiges) mit der Maus durch Drücken der linken Maustaste anzufassen, woanders hinzuziehen und dort fallen zu lassen.

DVD-ROM: Digital Versatile Disc: Eine DVD-ROM ist ebenfalls ein einmal beschreibbarer Datenträger, der jedoch deutlich mehr Daten aufnehmen kann als eine CD.

Linkfavorit: Ein Linkfavorit ist eine Verknüpfung eines Ordners, der im Windows-Explorer im oberen linken Bereich eingebunden werden kann, sodass man diesen Ordner, wenn man ihn oft benötigt, sehr schnell und bequem erreichen kann.

5 Software installieren

In diesem Kapitel lernen Sie:

- ☑ Software von einer CD oder DVD zu installieren
- ☑ alte Programme im Kompatibilitätsmodus laufen zu lassen
- ☑ die richtige Deinstallation zu nutzen
- ☑ Programme aus dem Internet zu installieren
- ☑ neue Spiele zu installieren

Ziel

Wenn Sie sich ein neues Programm gekauft haben, wird dieses meistens auf CD oder DVD ausgeliefert. Um dieses zu installieren, müssen Sie die CD/DVD in Ihren Rechner einlegen und dieses Programm installieren. Windows 7 erkennt, dass eine CD/DVD eingelegt wird und startet diese automatisch.

1 Wenn Sie die CD/DVD in Ihr Laufwerk einlegen, erkennt Windows 7 diese Aktion und startet automatisch die CD mit dem ***Automatische Wiedergabe***-Dialog. Sie installieren in diesem Beispiel die Brennersoftware ***WinOnCD***.

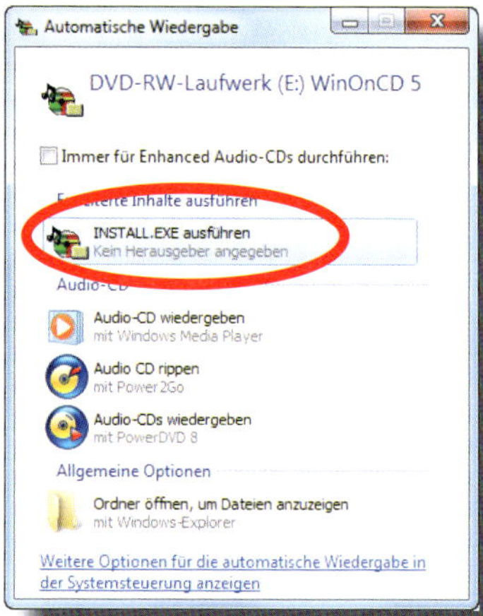

2 Nachdem Sie die Benutzerkontensteuerung mit ***Ja*** bestätigt haben, erscheint der Hauptbildschirm des Installationsprogramms. Wählen Sie aus dem ***Autostart***-Dialog den Punkt ***install.exe ausführen***. Bei anderen Programmen könnte dort auch ***setup.exe***, ***start.exe*** oder Ähnliches stehen.

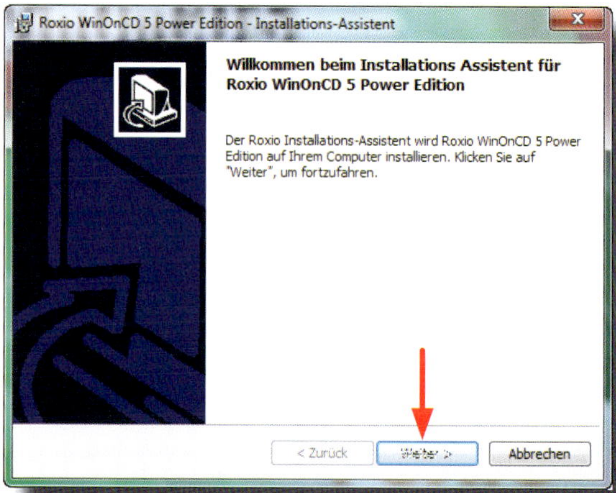

3 Es erscheint der Installations-Assistent. Bestätigen Sie mit ***Weiter***.

4 Oft erscheint danach ein Bildschirm mit den Lizenzbestimmungen. Wählen Sie hier ***Ich akzeptiere die Bedingungen der Lizenzvereinbarung***. Erst dann können Sie auf ***Weiter*** klicken.

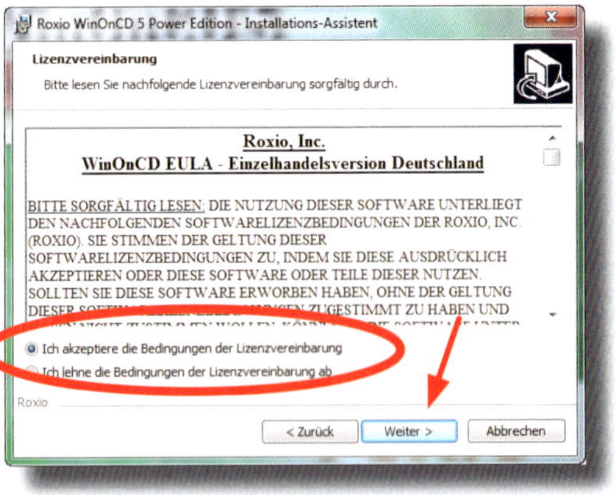

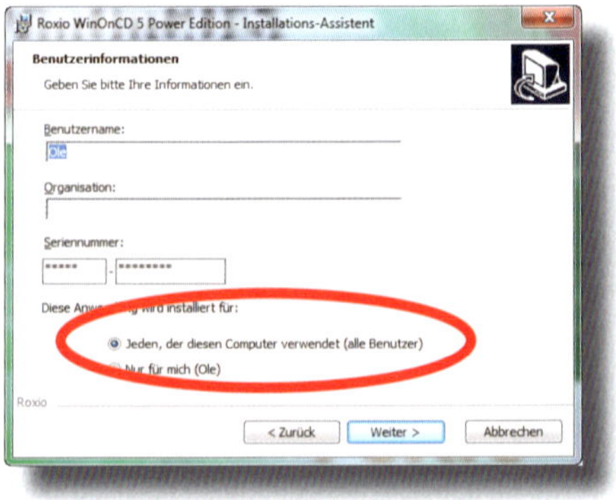

5 Geben Sie die Seriennummer des Produktes ein. Entscheiden Sie sich, ob das Programm nur für Sie installiert werden soll oder für alle Benutzer des Rechners.

6 Eine vollständige Installation ist in der Regel eine gute Wahl. Bestätigen Sie mit ***Weiter***. Nun wird noch angezeigt, in welchem Zielverzeichnis das Programm installiert wird. Drücken Sie auf ***Installieren***, dann auf ***Fertig stellen***. Neue Programme erscheinen im Startmenü farbig hinterlegt.

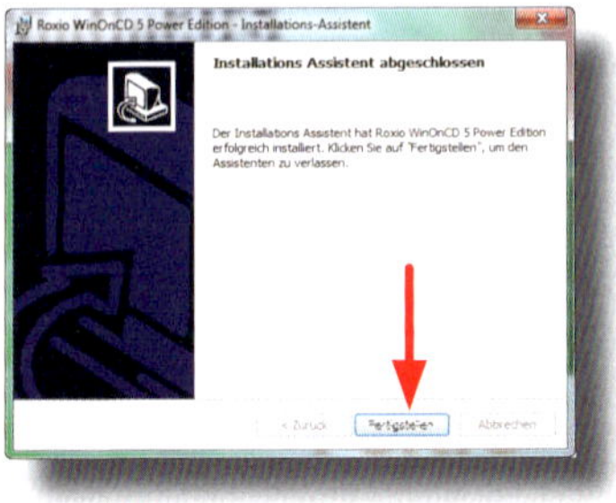

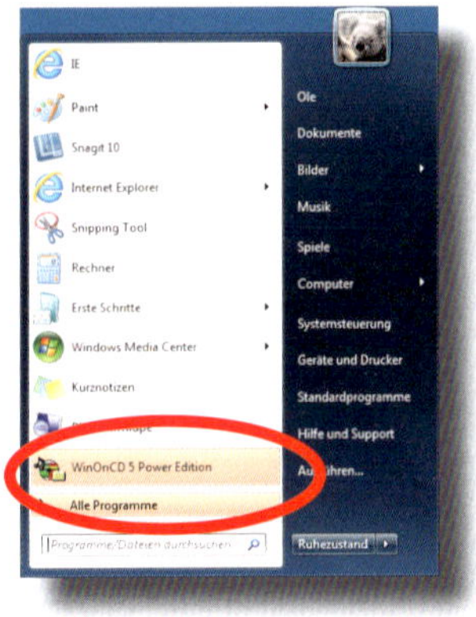

Gut zu wissen

Da jeder Softwarelieferant seine eigenen Installationsroutinen zur Verfügung stellt, sehen die Bildschirme immer unterschiedlich aus. Aber eines haben alle gemeinsam: Sie fragen nach den Installations-Parametern wie Seriennummer (sofern es eine gibt), Installationsziel, Desktop-Verknüpfung und anderes und installieren anschließend die Software.

Ziel

Manchmal möchte man ein installiertes Programm auch wieder deinstallieren. Dazu reicht es nicht aus, den Ordner, in dem das Programm installiert ist, zu löschen. Es ist wichtig, dass Sie eine ordentliche Deinstallation durchführen, damit Ihr System von allem bereinigt wird, was während der Installation auf Ihren Rechner kopiert und konfiguriert wurde. Wie Sie dazu vorgehen, lernen Sie in diesem Abschnitt.

1. Wählen Sie über ***Startmenü > Systemsteuerung*** den Punkt ***Programme und Funktionen***.

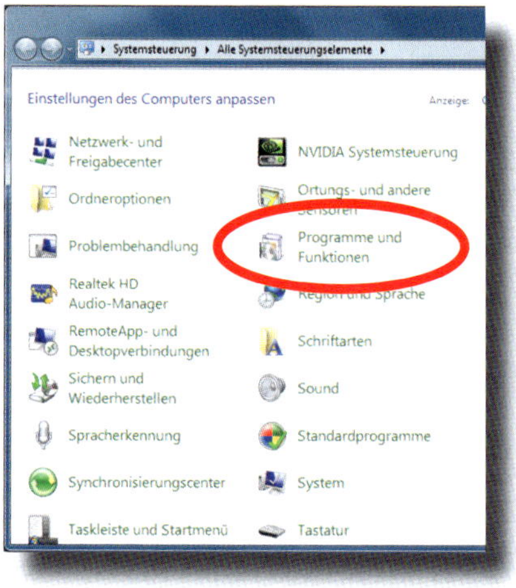

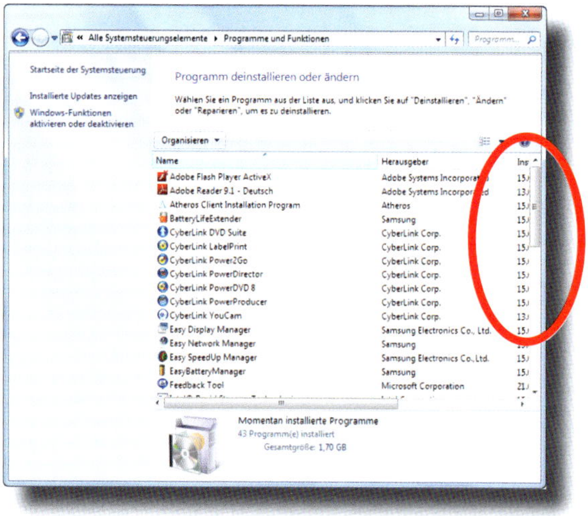

2. Sie erhalten eine Liste aller Programme, die auf Ihrem Rechner zurzeit installiert sind. Sollten Sie nicht alle Programme sehen, blättern Sie mit dem Schieber am rechten Rand nach unten.

3. Markieren Sie das Programm, welches Sie deinstallieren möchten. Im Beispiel ist es ***Roxio WinOnCD 5 Power Edition***.

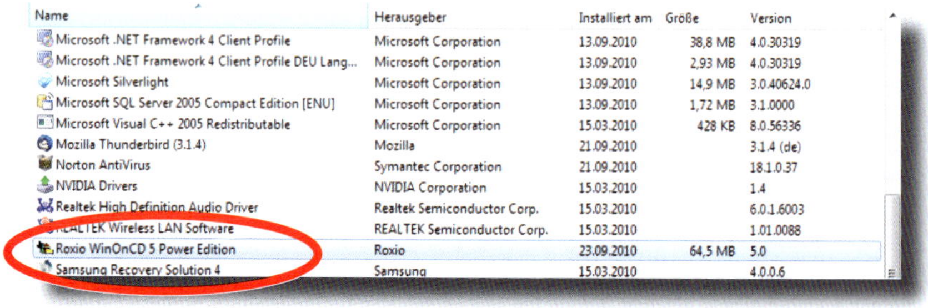

4 Die Funktionsleiste über den installierten Programmen hat sich angepasst. Klicken Sie hier auf ***Deinstallieren***.

5 Sie werden zur Sicherheit gefragt, ob Sie dieses Programm wirklich deinstallieren möchten. Bestätigen Sie das mit ***Ja***. Die Deinstallation wird vorbereitet und durchgeführt.

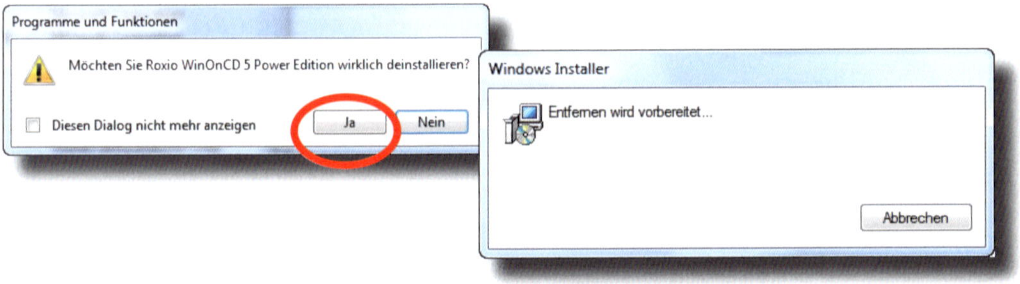

6 Das Programm und alle eine Daten und Konfigurationen werden entfernt. Das dauert je nach Programm unterschiedlich lange. Bei einigen Programmen muss zum Abschluss der PC einmal neu gestartet werden. Bestätigen Sie das mit ***Ja***, damit die Deinstallation beendet werden kann.

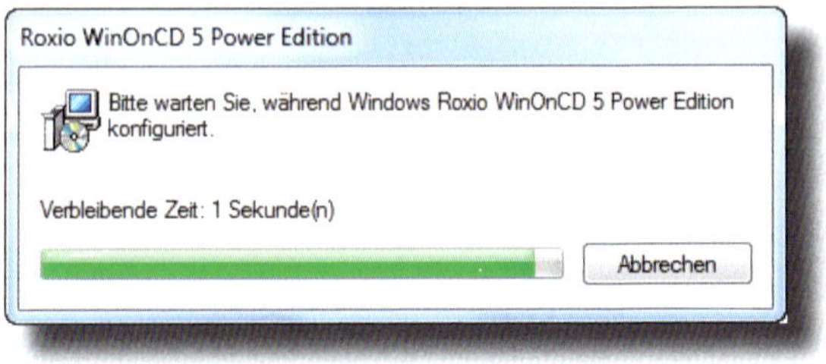

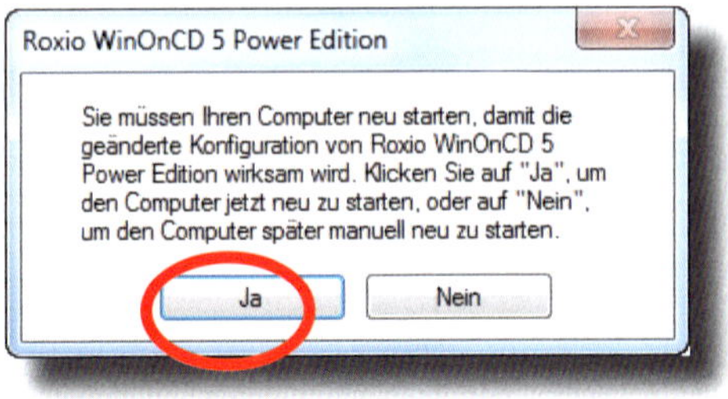

Gut zu wissen

Genauso wie bei der Installation, ist auch die Deinstallation von Hersteller zu Hersteller unterschiedlich. Wenn Sie sich bei einem Schritt nicht sicher sein sollten, so ist es normalerweise gut, wenn Sie die voreingestellten Werte und Auswahlen einfach bestätigen.

Ziel

Ältere Programme, die für eine frühere Version von Windows geschrieben wurden, sind vielleicht für Windows 7 nicht geeignet und verweigern teilweise oder gar vollständig ihren Dienst. Mit einem Trick können Sie aber auch viele ältere Programme in Windows 7 zum Laufen bringen.

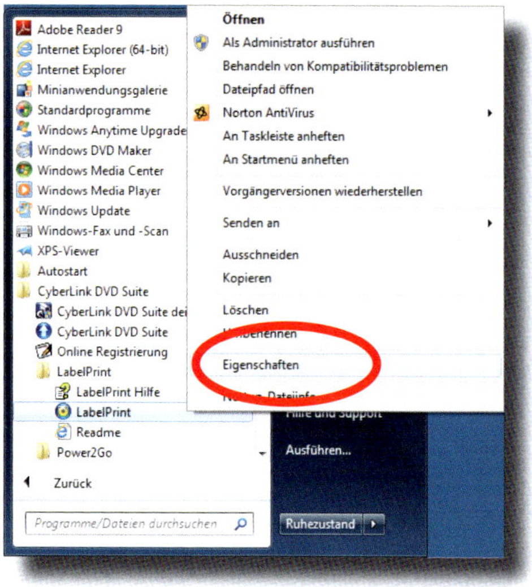

1 Nachdem Sie das Programm installiert haben, öffnen Sie ***Startmenü > Alle Programme > (Ihr Programm)*** und klicken direkt im ***Startmenü*** mit der rechten Maustaste auf das Programm.

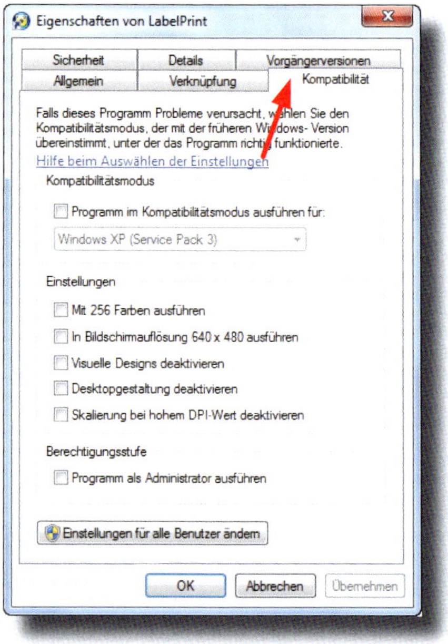

2 Es öffnet sich der Dialog ***Eigenschaften***. Hier wählen Sie das Register ***Kompatibilität***.

3 Setzen Sie ein Häkchen bei ***Programm im Kompatibilitätsmodus ausführen***. Dann können Sie wählen, für welches Betriebssystem das Programm ursprünglich geschrieben worden ist. Wählen Sie dieses aus.

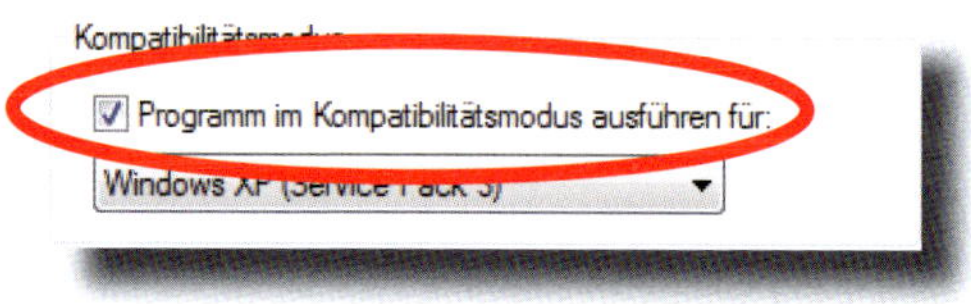

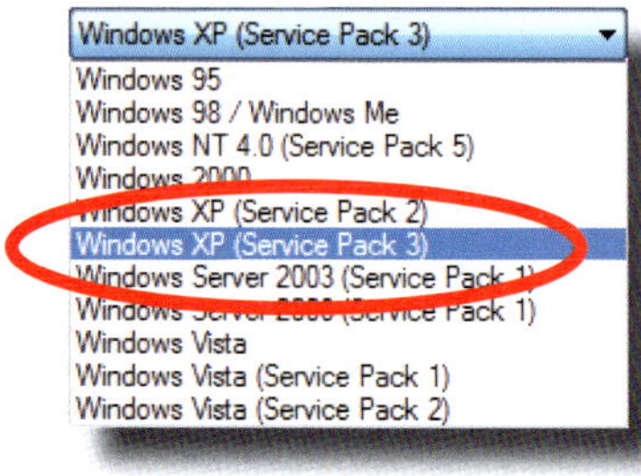

4 Hier können Sie noch weitere Einstellungen vornehmen, die für das Programm evtl. nötig sind. Einzelheiten können Sie der Verpackung des Programms entnehmen oder Sie probieren es einfach aus.

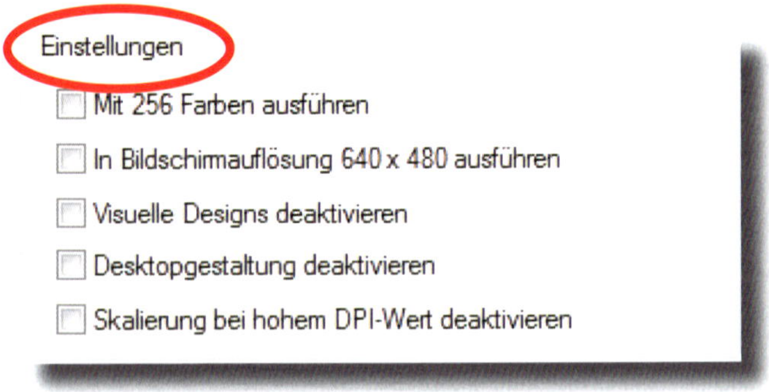

5 Da einige Programme Administratorrechte benötigen, um zu funktionieren, können Sie hier festlegen, ob Sie dem Programm Admin-Rechte zuordnen wollen. Außerdem können Sie festlegen, ob diese Einstellungen nur für Sie gelten oder für alle Benutzer des Computers.

6 Zum Speichern der Einstellungen wählen Sie ***OK***.

Gut zu wissen

Sollten Sie Ihr Programm nicht im Startmenü finden, können Sie auch über die Suchfunktion nach dem Programm Ausschau halten. Sollte das auch nicht helfen, öffnen Sie den Windows-Explorer, navigieren in den Ordner, in dem Sie das Programm installiert haben, und suchen dort nach einem Programm bzw. einer Anwendung. Auf dieses Programm können Sie dann rechtsklicken und die beschriebenen Einstellungen durchführen.

Ziel

Im Internet können Sie nicht nur Musik und Bilder, sondern auch Programme herunterladen, die Sie dann anschließend auf Ihrem Rechner installieren und ausführen können. Lesen Sie nachfolgend, wie Sie aus dem Programmangebot von Chip.de ein kostenloses Programm herunterladen und auf Ihrem Computer speichern.

1. Rufen Sie eine Seite wie ***www.chip.de*** auf und wechseln Sie in den Downloadbereich des Webangebots, wo Ihnen Programme aus den unterschiedlichsten Bereichen zum Download angeboten werden.

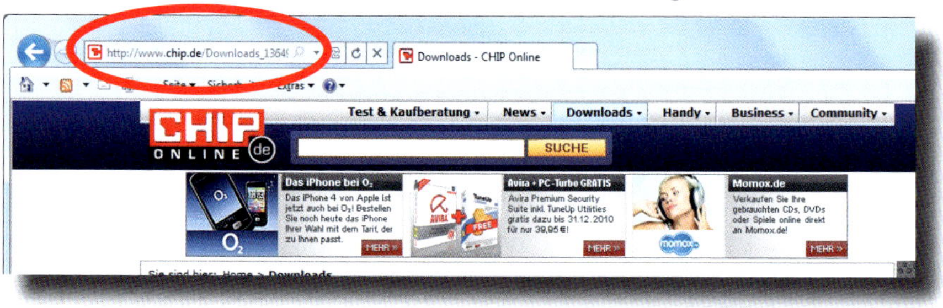

2. Haben Sie ein Programm gefunden, das laut der Beschreibung Windows 7 kompatibel ist und das Sie sich gerne herunterladen würden, klicken Sie auf den dazugehörigen Download-Link.

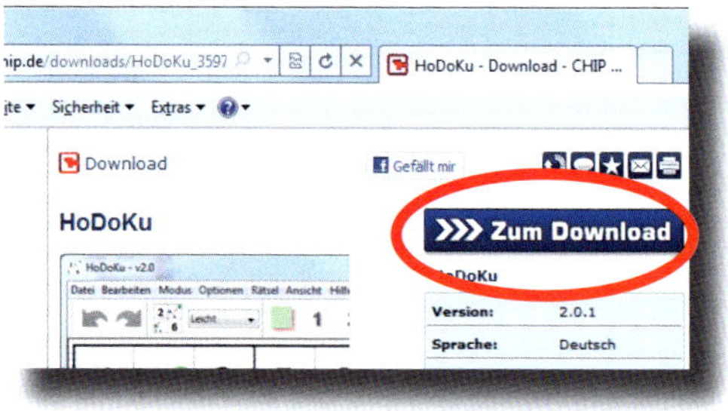

3. Folgen Sie den Anweisungen auf dem Bildschirm, die Sie oftmals über ein paar Werbeseiten zum tatsächlichen Download-Link führen. Nachdem Sie diesen angeklickt haben, meldet sich im unteren Teil des Fensters der Downloadmanager des Internet Explorers 9 zu Wort.

4 Wählen Sie hier die Option ***Speichern***, wird die Datei in den Grundeinstellungen automatisch in den Benutzerordner ***Downloads*** gesichert. Wollen Sie ein anderes Verzeichnis als Ziel auswählen, klicken Sie dazu auf den neben der ***Speichern***-Schaltfläche befindlichen Pfeil und wählen die Option ***Speichern unter***.

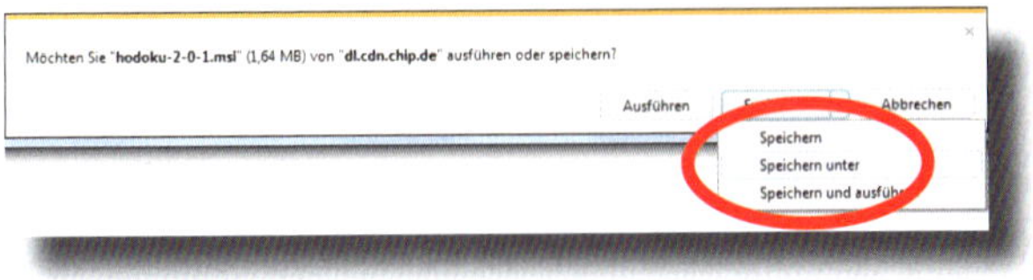

5 Nachdem Sie Ihre Wahl getroffen haben, beginnt auch schon der eigentliche Download. Sobald die Datei vollständig heruntergeladen wurde, erscheint eine entsprechende Meldung.

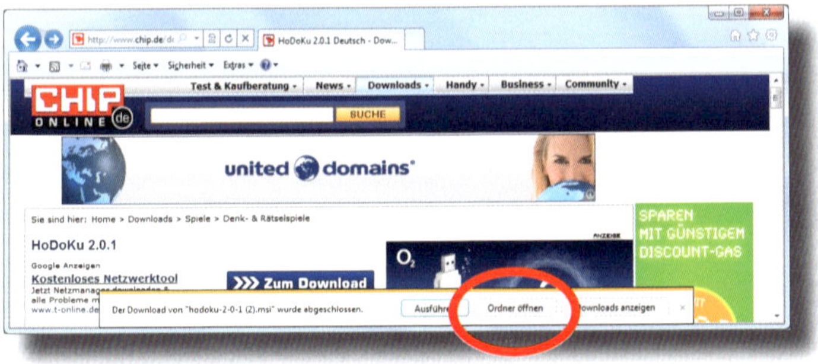

6 Nach einem Klick auf die ***Ordner öffnen***-Schaltfläche lässt sich der Speicherordner der Datei umgehend öffnen.

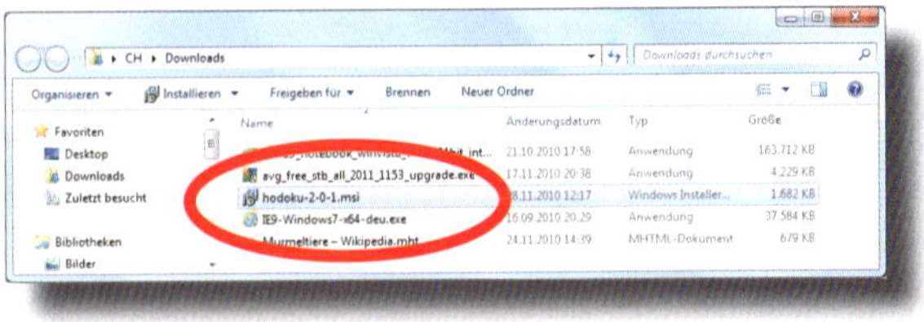

Gut zu wissen

Je nachdem, von welcher Quelle der Download stammt, kann es sein, dass dieser nach einem Klick auf den Download-Link nicht automatisch gestartet wird. Kontrollieren Sie in diesem Fall, ob im Browserfenster eine Informationsleiste mit einem Sicherheitshinweis erschienen ist. Falls ja, müssen Sie den Download in diesem Fall erst per Auswahl der entsprechenden Option zunächst explizit genehmigen. Ansonsten können Sie über die Tastenkombination Strg+J oder nach einem Klick auf das ***Zahnrad***-Symbol in der Menüleiste des Internet Explorers 9 über die Option ***Downloads anzeigen*** auch stets eine Übersicht der bisher angeforderten Downloads aufrufen.

Ziel

Die bereits installierten Microsoft-Spiele sind natürlich nur eine kleine Auswahl an interessanten oder lustigen Spielen für Groß und Klein. Das Internet bietet deutlich mehr Spieleauswahl. Am Beispiel von FreeSudoku erklärt dieser Abschnitt, wie Sie dieses Spiel aus dem Internet installieren.

1. Öffnen Sie den Internet Explorer und geben Sie in der Adress-Zeile die Internetadresse ***http://www.freeware-download.com/downloaddetails/7644.html*** ein.

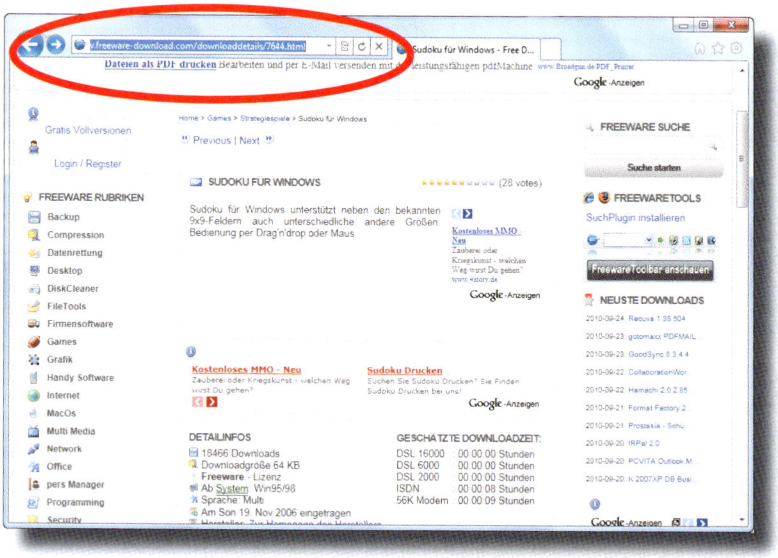

2. Scrollen Sie das Fenster etwas nach unten, bis Sie ***Download now*** sehen. Klicken Sie darauf.

3. Scrollen Sie nun herunter bis Sie ***Jetzt starten*** sehen und klicken Sie darauf.

4 Im unteren Bereich wird der Download angezeigt, den Sie mit ***Run*** bestätigen müssen. Im darauffolgenden Fenster klicken Sie erneut auf ***Run***.

5 SimpleSudoku startet direkt nach dem Download im Modus 9x9 Felder. Über das Menü ***Größe*** können Sie verschiedene Spielfelder einstellen und mit ***Schwierigkeit*** können Sie Ihr Talent auf die Probe stellen.

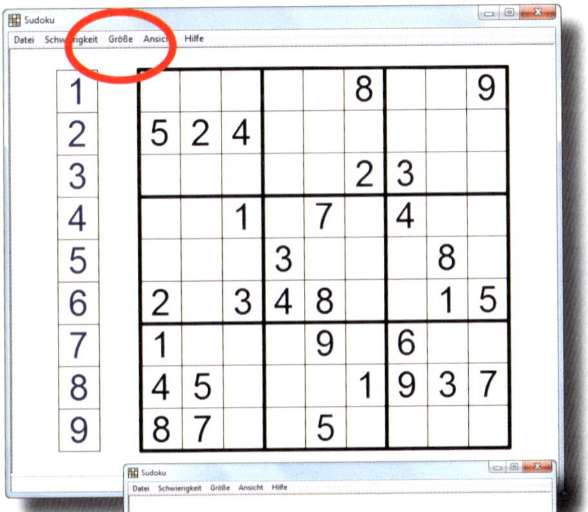

6 Diese Version von Sudoku hat interessante Spielevarianten. Probieren Sie einmal die Spielfeldgröße 6x6 aus.

Gut zu wissen

Wenn Sie kein Sudoku-Freund sind, können Sie auf der Website ***http://www.freeware-download.com*** jede Menge anderer Spiele, Programme und Tools für Ihren Computer herunterladen. Geben Sie im Suchfeld rechts oben einen Suchbegriff für Ihr Spiel oder Tool ein und laden Sie das gefundene Programm wie oben beschrieben herunter. Wenn Sie die Suche über diese Website hinaus ausdehnen möchten, geben Sie Ihre Suche einfach bei ***Google.de*** (z. B. ‚Freeware Spiel TicTacToe') ein.

Wichtige Begriffe

Admin: Der Administrator eines Computers ist die Person, die auf dem Computer alle Rechte hat, Einstellungen vorzunehmen, Programme zu installieren oder zu deinstallieren und die Konten und Rechte der Mitbenutzer zu verwalten. Ein Standardbenutzer hat diese Rechte nicht und muss den Administrator bitten, Änderungen durchzuführen.

Download: Mit dem Begriff Download bezeichnet man das Herunterladen von Programmen oder Dateien aus dem Internet. Die Dateien werden nach dem Download direkt auf Ihrem Computer gespeichert. Downloads sollten grundsätzlich durch einen Virenscanner überprüft werden, bevor Sie die Datei oder das Programm nutzen.

Kompatibilität: Mit dem Begriff Kompatibilität bezeichnet man die Situation, dass ein bestimmtes Programm auf einer bestimmten Version von Windows lauffähig ist, ohne dabei Probleme zu machen. Man spricht dann von ***Das Programm XYZ ist kompatibel zu Windows 7***.

Update: Wenn ein Programm auf Ihrem Rechner installiert ist, wird es beim Hersteller parallel weiterentwickelt. Ihr Programm ist dann irgendwann veraltet und es gibt eine neuere Version. Wenn Sie diese herunterladen und installieren, dann spricht man von einem Update oder einer Aktualisierung. Heutzutage haben viele Programme automatische Update-Mechanismen.

Virenscanner: Ein Virenscanner ist ein Programm, welches darauf spezialisiert ist, Dateien auf Ihrem Rechner daraufhin zu überprüfen, ob diese so programmiert sind, dass sie einen Schaden anrichten können. Der Virenscanner blockiert dann das Ausführen dieser Datei oder dieses Programms.

6

Hardware einrichten

In diesem Kapitel lernen Sie:

- ☑ den Geräte-Manager kennen und nutzen
- ☑ Treiber für Geräte zu installieren und zu aktualisieren
- ☑ das Wartungscenter zu nutzen
- ☑ die Einrichtung eines neuen Druckers
- ☑ Einstellungen für Ihren Drucker zu optimieren

Ziel

Dass an Ihren Computer einige Geräte angeschlossen oder eingebaut sind, ist nichts Neues. Was aber genau verfügbar ist und ob diese Komponenten einwandfrei installiert und damit betriebsbereit sind, kann man oft nur ahnen. Um hier Gewissheit zu bekommen, lernen Sie in diesem Abschnitt den Geräte-Manager kennen.

1. Den Geräte-Manager öffnen Sie, indem Sie auf ***Startmenü* > *Systemsteuerung* > *Geräte-Manager*** klicken. In dieser Ansicht werden alle Gerätegruppen angezeigt, die an Ihren Computer an- oder eingebaut sind.

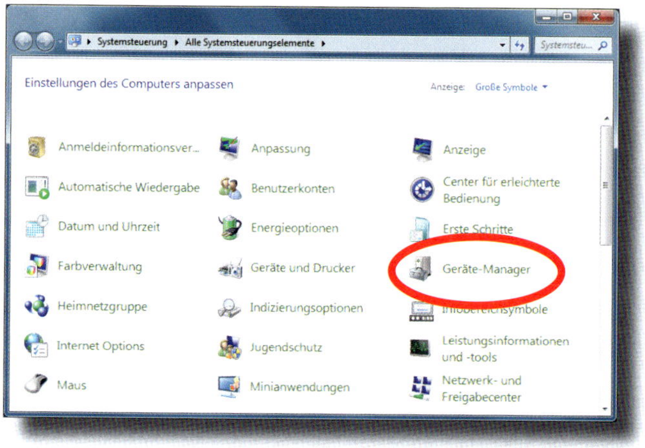

2. Wenn Sie auf das kleine Dreieck vor der Gruppe klicken, dann öffnet sich eine Liste aller angeschlossenen Geräte. Im Beispiel ist das die Liste der Netzwerkadapter.

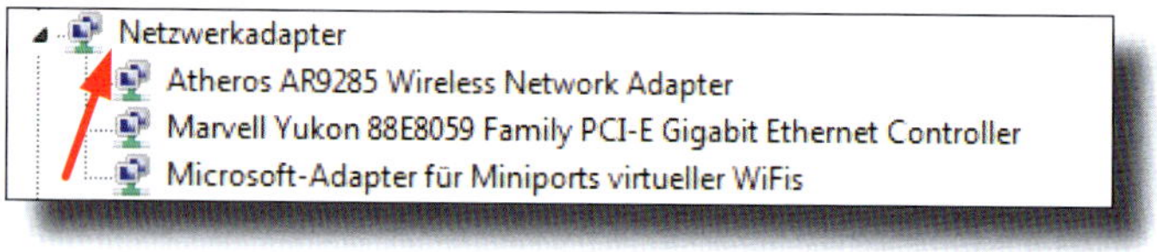

3. Vor jedem Gerät sehen Sie ein kleines Symbol. Jedes Symbol zeigt den aktuellen Zustand. Ein kleiner Pfeil an einem Netzwerkadapter zeigt, dass dieser deaktiviert ist. Ein gelbes Ausrufezeichen gibt an, dass diese Komponente nicht einwandfrei funktioniert.

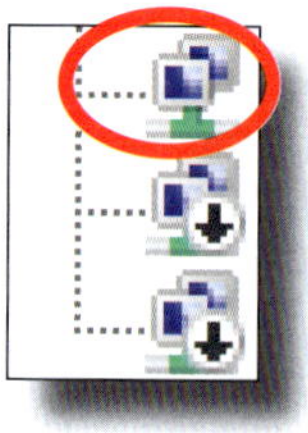

4 Ein Rechtsklick auf ein Gerät öffnet das Kontextmenü. Wählen Sie ***Eigenschaften***, um nähere Informationen über das Gerät zu bekommen.

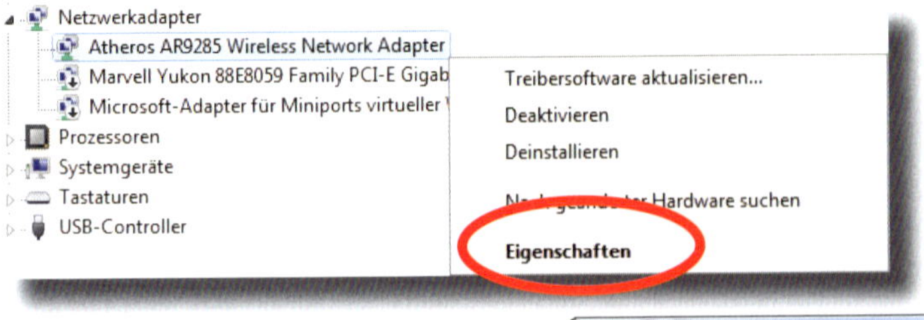

5 Wenn Sie im ***Eigenschaften***-Dialog auf das Register ***Ressourcen*** klicken, sehen Sie, ob das Gerät mit anderen Geräten in Konflikt steht.

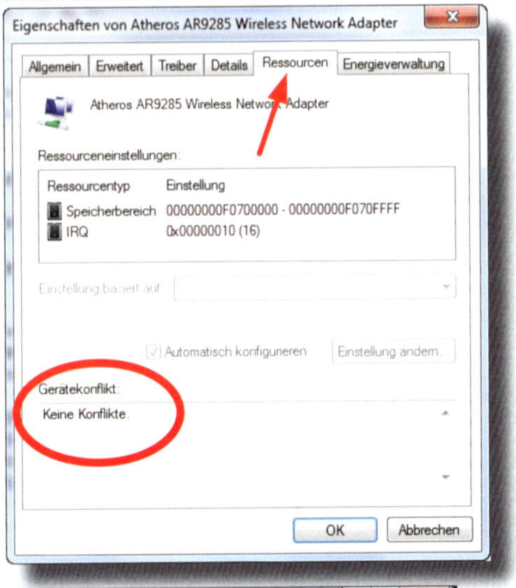

6 Wenn Sie neue Geräte angeschlossen haben und diese nicht automatisch erkannt und installiert wurden, können Sie über diesen Button die Suche nach geänderter Hardware manuell anstoßen.

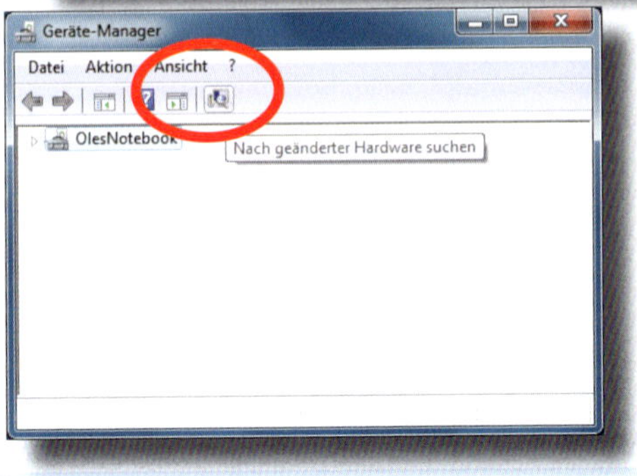

Gut zu wissen

Da der Geräte-Manager sehr nahe an der Konfiguration aller einzelnen Gerätekomponenten arbeitet, ist natürlich Vorsicht angebracht. Ein Fehler im Geräte-Manager könnte dazu führen, dass Sie entweder das Gerät oder evtl. sogar den ganzen Computer nicht mehr nutzen können. Eine Neuinstallation wäre dann unumgänglich.

Ziel

Zur Installation eines neuen Gerätes ist auch immer ein Treiber nötig. Ein Treiber ist ein Programm, welches das Gerät mit dem Computer verbindet. Ohne Treiber würde das Gerät nicht mit dem Computer funktionieren. Daher wird jedes Gerät mit einer Treiber-CD (oder auch einfach: Installations-CD) ausgeliefert. Am Beispiel eines WLAN-USB-Adapters wird der Ablauf hier dargestellt.

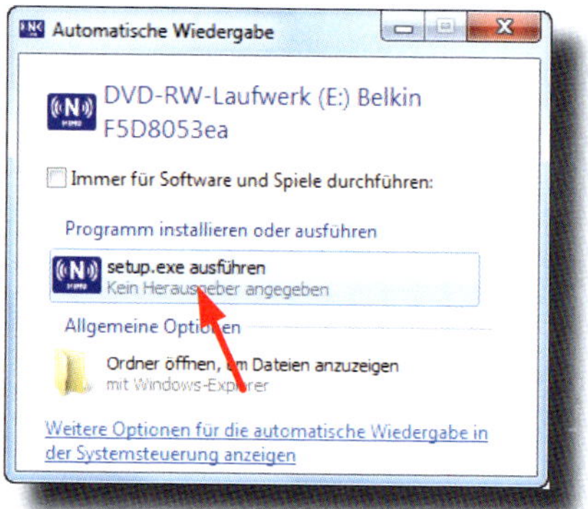

1. Wenn Sie die CD in das Laufwerk einlegen, öffnet sich der Dialog ***Automatische Wiedergabe***. Wählen Sie die Aufgabe ***setup.exe***.

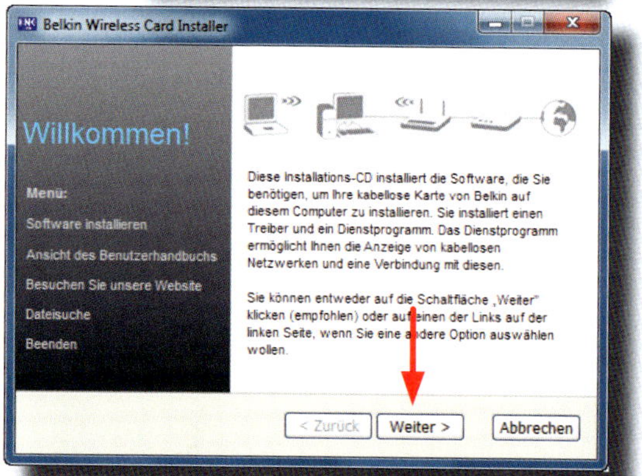

2. Die CD enthält oft ein Menü zur Auswahl. Hier heißt es ***Software installieren***, bei anderen Herstellern kann dort etwas Ähnliches stehen. Klicken Sie auf ***Weiter***.

3. Der Installationslauf wird gestartet. Sie können hier noch den Pfad angeben, wohin das Programm installiert werden soll.

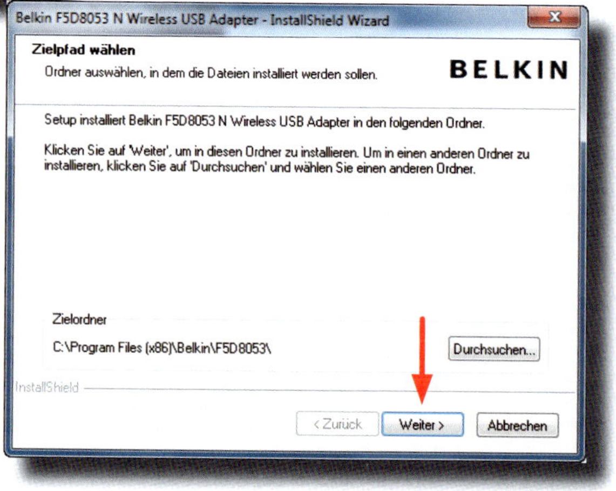

4 Sie werden während der Installation gebeten, das neue Gerät anzustecken. Schließen Sie deshalb das Gerät an den PC an.

5 Die neue Komponente und ihre Treiber sowie Betriebssoftware wurden erfolgreich installiert.

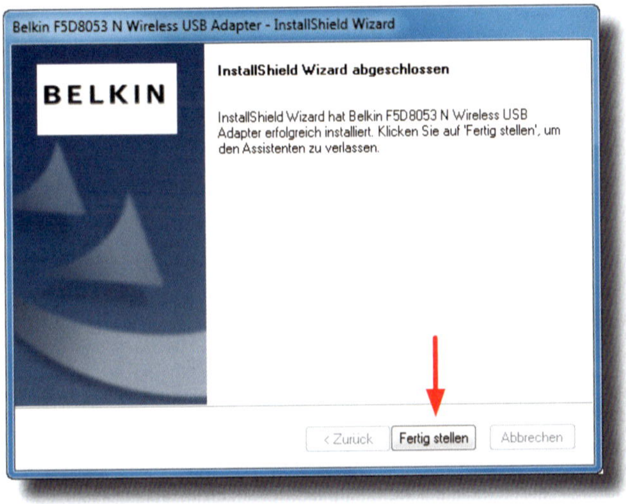

6 Das Installationsprogramm gibt Ihnen noch die Möglichkeit, die Website des Herstellers zu besuchen oder das Handbuch einzusehen. Wenn Sie fertig sind, klicken Sie auf ***Fertig stellen***.

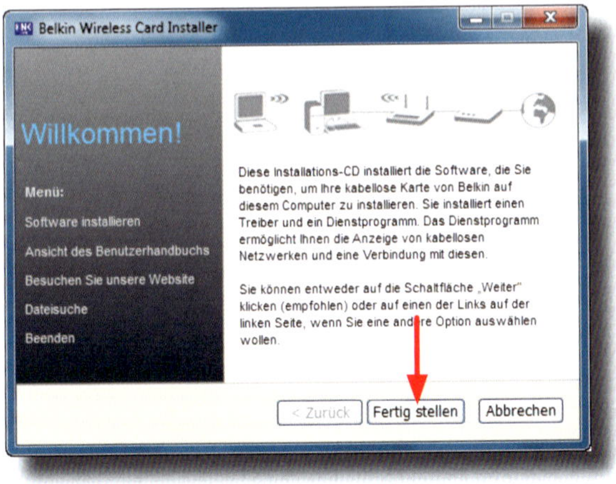

Gut zu wissen

Die Treiber werden mit der CD mitgeliefert und über ***Setup.exe*** installiert. Viele Hersteller von Hardware-Komponenten liefern im Rahmen dieses Setups deutlich mehr Software und Programme aus, die gleich mit installiert werden. Für den WLAN-Adapter wurde hier auch noch eine Bedienoberfläche (User-Frontend) zur Konfiguration des Adapters mit installiert.

Ziel

Treiber werden weiterentwickelt und verbessert. Jeder Hersteller passt seine Treiber an neuere Gegebenheiten an und verbessert das Produkt. Das führt dazu, dass die Treiber auf Ihrem Computer, auch wenn sie einwandfrei funktionieren, bald nicht mehr dem aktuellen Entwicklungsstand entsprechen und aktualisiert werden müssten. Auch wenn Sie das Gefühl haben, dass ein Gerät nicht einwandfrei funktioniert (ein Monitor flackert oder ein Drucker produziert kein sauberes Druckbild), dann können Sie versuchen, mit einem Treiberupdate dieses Problem zu beheben.

1 Öffnen Sie über ***Startmenü > Systemsteuerung > Geräte-Manager*** das Gerät, für das Sie den Treiber aktualisieren möchten. Im Kontextmenü klicken Sie auf ***Treibersoftware aktualisieren***.

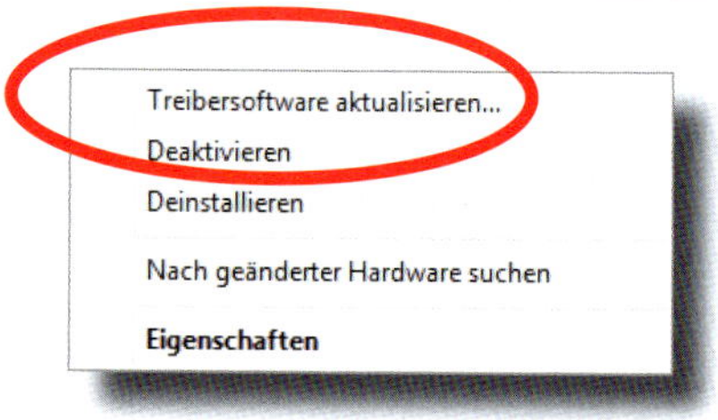

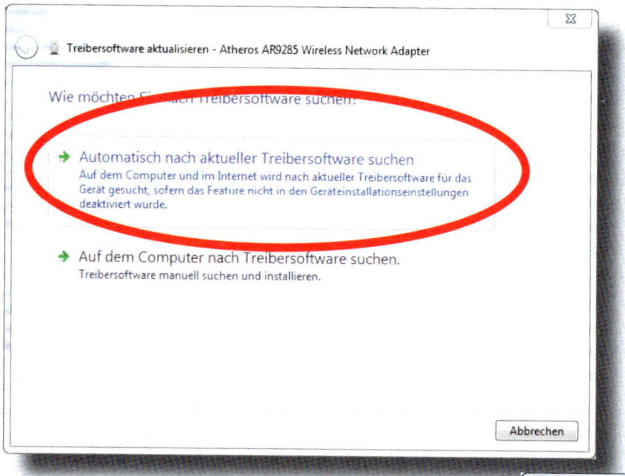

2 Lassen Sie Windows automatisch nach einem aktuellen Treiber suchen, indem Sie auf ***Automatisch nach aktueller Treibersoftware suchen*** klicken.

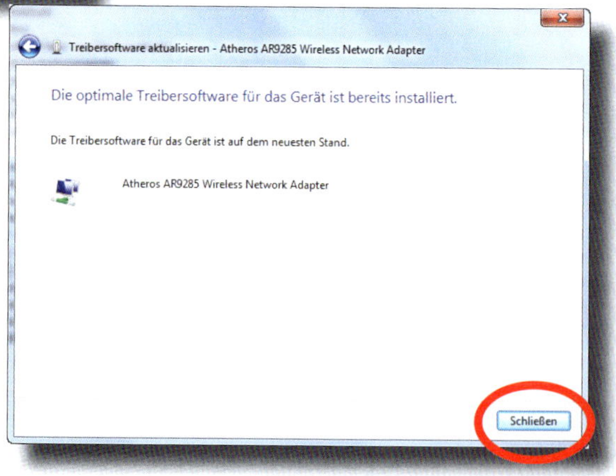

3 Für das hier ausgewählte Gerät ist der Treiber aktuell (laut Treiberliste bei Microsoft). Es könnte aber auch sein, dass ...

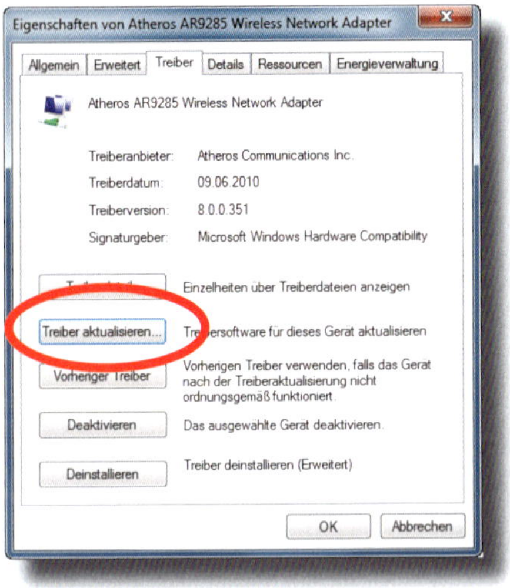

4 ... der Hersteller selbst aktuellere Treiber anbietet, die Microsoft noch nicht vorliegen. Laden Sie diesen dann von der Webseite des Herstellers auf Ihren Computer herunter. Im Kontextmenü des Gerätes klicken Sie ***Eigenschaften*** und dann das Register ***Treiber*** an.

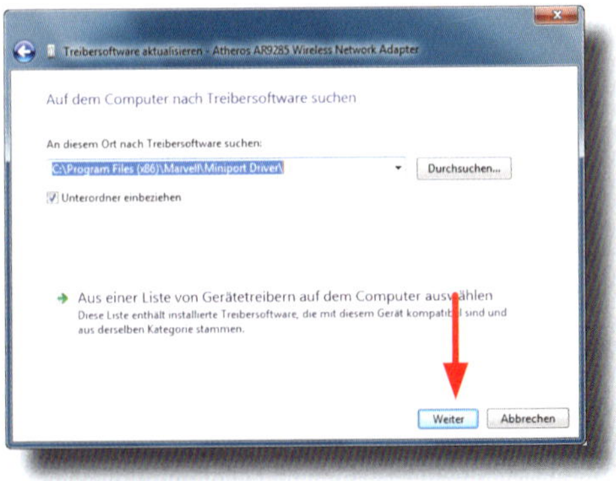

5 Nachdem Sie auf ***Treiber aktualisieren*** geklickt haben und sich für ***Auf dem Computer nach Treibersoftware suchen*** entschieden haben, können Sie den Ordner, in den Sie den Treiber heruntergeladen haben, auswählen.

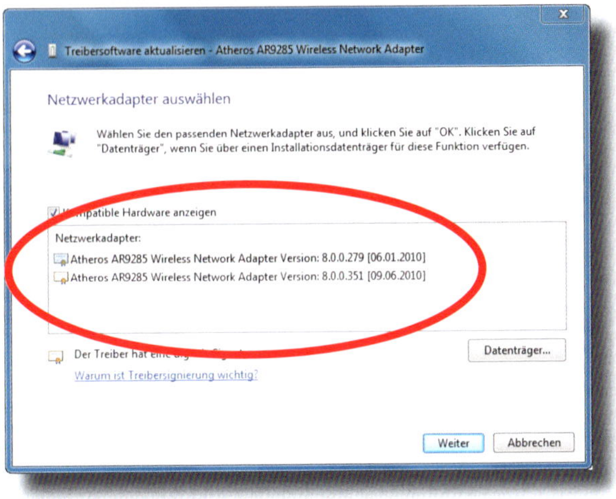

6 Wenn Sie unter Punkt 5 stattdessen auf ***Aus einer Liste von Gerätetreibern auf dem Computer auswählen*** klicken, können Sie verschiedene Versionen des Treibers auswählen und installieren.

Gut zu wissen

Wenn Sie ein Treiberupdate durchgeführt haben und das Ergebnis entspricht nicht Ihren Vorstellungen, dann können Sie über den Dialog ***Eigenschaften von <Gerät>*** im Register ***Treiber*** auch den vorherigen Treiber wieder zurückbekommen. Klicken Sie dazu einfach auf ***Vorheriger Treiber*** und schon ist der alte Zustand wieder hergestellt.

Ziel

Eine wichtige Komponente in Windows 7 ist das Wartungscenter. Hier werden wichtige Informationen über die Sicherheit des Computers gesammelt und angezeigt. Sollten Sie einmal versehentlich ein Sicherheits-Feature abgestellt haben (wie in diesem Beispiel die Windows-Firewall), werden Sie darüber informiert und es werden Lösungsvorschläge angeboten. Über das Wartungscenter können Sie diese Probleme ansehen und beheben.

1. Im Systemtray unten rechts in der Startleiste läuft das Wartungscenter ständig mit und überwacht das System. Es hat eine wichtige Meldung.

2. Über das Kontextmenü dieses Symbols können Sie das Wartungscenter öffnen. Mit einem senkrechten, roten Balken signalisiert das Wartungscenter das erkannte Problem.

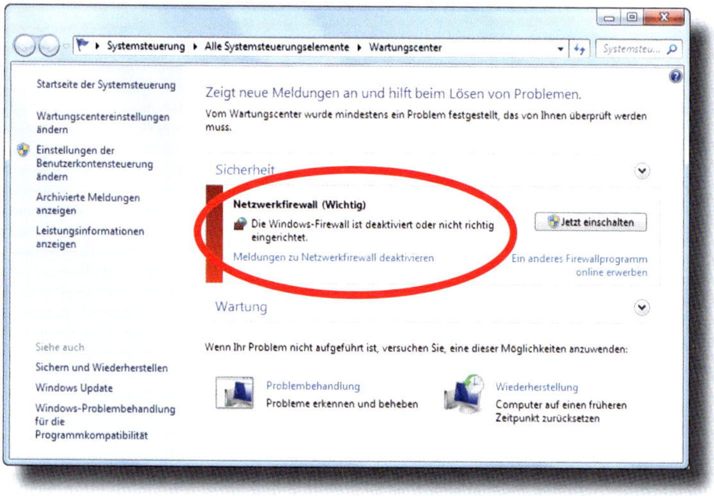

3. Das Wartungscenter zeigt nicht nur an, dass ein Problem vorliegt, sondern macht auch einen Vorschlag, was zu tun ist, um dieses Problem wieder zu beheben. In diesem Fall soll die Windows-Firewall mit ***Jetzt einschalten*** wieder aktiviert werden. Klicken Sie auf diese Schaltfläche.

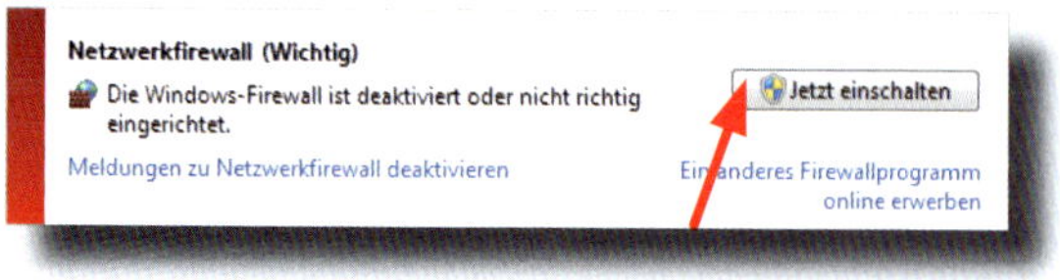

4. Wenn Sie nun den Bereich ***Sicherheit*** öffnen, indem Sie auf das kleine Dreieck rechts klicken, sehen Sie, dass das Problem behoben wurde und die Windows-Firewall wieder eingeschaltet ist. Ihr Computer ist jetzt wieder geschützt.

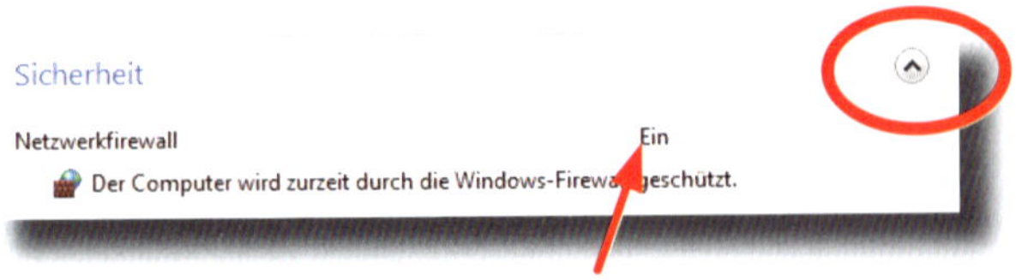

5. Welche Bereiche das Wartungscenter überwacht und ob der jeweilige Bereich aktiviert ist, sehen Sie, wenn Sie auf ***Wartungscentereinstellungen ändern*** klicken.

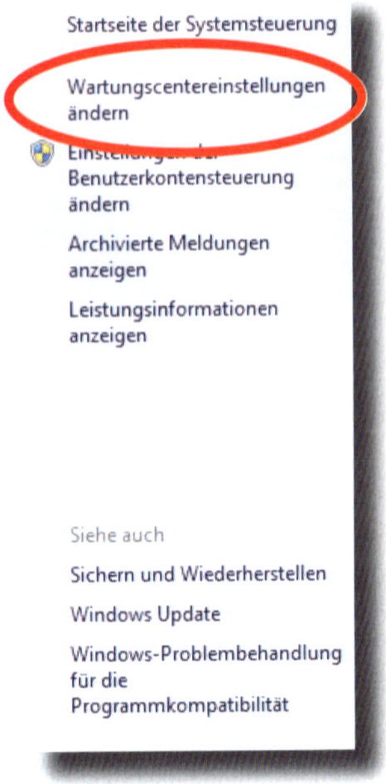

6. Im Bereich ***Sicherheitsmeldungen*** können Sie entscheiden, welche Bereiche durch das Wartungscenter überwacht werden sollen. Setzen Sie ein Häkchen vor jeden Bereich, den Sie überwacht haben möchten.

Gut zu wissen

Das Wartungscenter überwacht nicht nur die Windows-eigenen Programme wie die Windows-Firewall oder den Windows-Defender, sondern kontrolliert auch dann diese Funktionsbereiche, wenn Programme von Drittanbietern installiert wurden wie z. B. ZoneAlarm oder Norton AntiVirus.

Ziel

Früher oder später möchte man seine Dokumente ausdrucken. Ein besonders schönes Foto ist dazu genauso geeignet wie ein Brief oder eine Tabelle. Für diesen Zweck muss dem Computer ein Drucker hinzugefügt werden, den man entweder direkt mit einem USB-Kabel an den PC anschließt oder einen im Netzwerk verfügbaren Drucker installiert.

1. Öffnen Sie den Dialog ***Geräte und Drucker*** über ***Startmenü > Geräte und Drucker***.

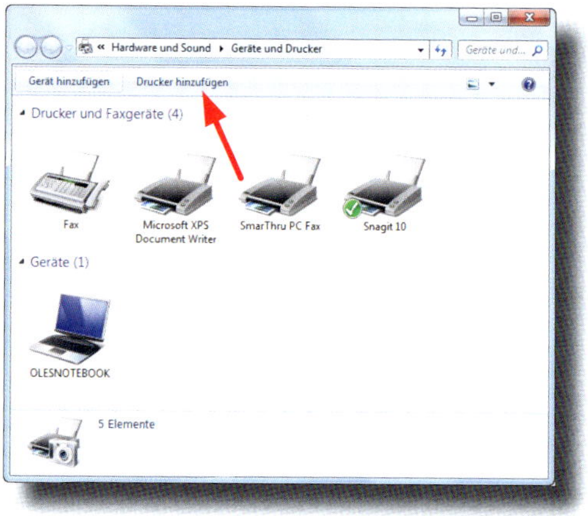

2. Wählen Sie aus der Funktionsleiste den Punkt ***Drucker hinzufügen*** aus.

3. Wählen Sie – je nach Typ Ihres Druckers – den Punkt für einen lokalen Drucker oder einen Netzwerkdrucker aus. In diesem Beispiel wird ein Netzwerkdrucker installiert.

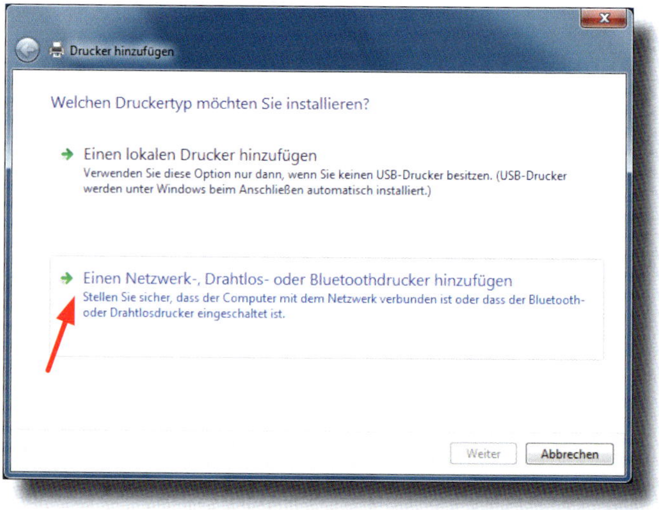

4 Nach einem Moment Suchen werden alle verfügbaren Drucker angezeigt, sodass Sie Ihren Drucker auswählen können. Markieren Sie Ihren Drucker und klicken Sie auf ***Weiter***.

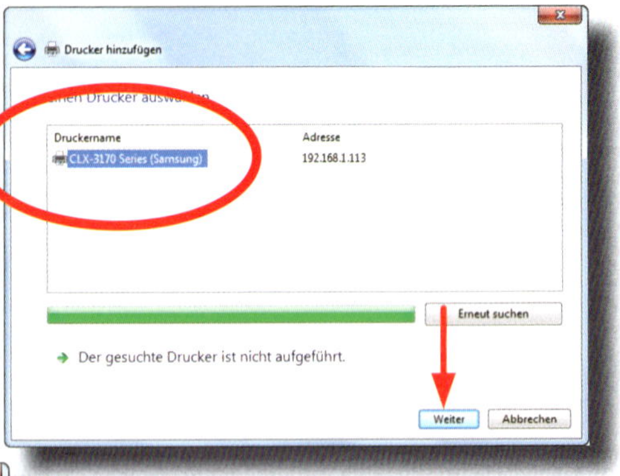

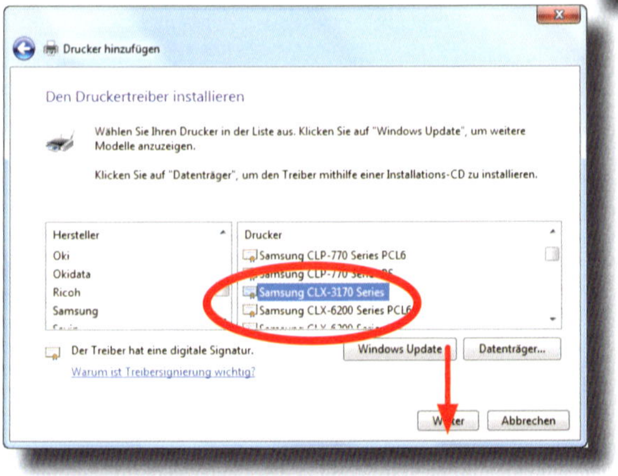

5 Wählen Sie den Hersteller und dann den Drucker aus der Liste aus. Klicken Sie danach auf ***Weiter***.

6 Vergeben Sie einen aussagekräftigen Namen für den Drucker, sodass Sie ihn später wiederfinden. Sie können abschließend eine Testseite drucken, um die Installation zu überprüfen. Der Drucker ist nun eingerichtet und auch gleich zum Standarddrucker erklärt worden.

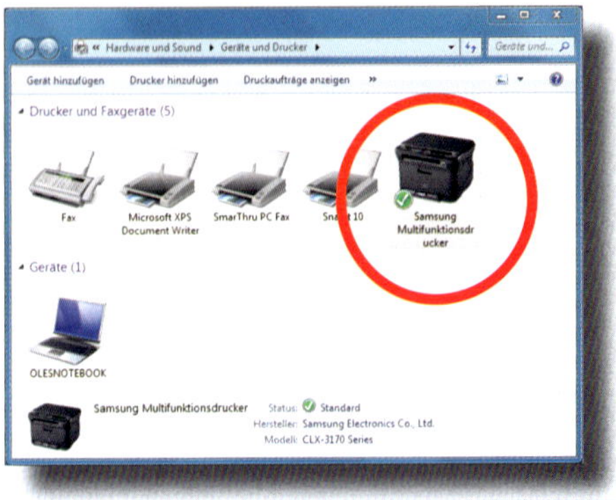

Gut zu wissen

Sie können mehrere Drucker gleichzeitig installieren, aber immer nur einen Drucker als ***Standarddrucker*** einstellen. Der Standarddrucker ist der Drucker, auf dem gedruckt wird, wenn Sie nicht explizit ein anderes Druckziel beim Druckauftrag auswählen. Auch Faxgeräte sind aus Sicht des Computers Drucker, an die Sie etwas schicken können. Das Gerät versendet das Dokument dann als Fax. Sie können also direkt aus einer Textverarbeitung auch Faxe versenden, indem Sie einfach drucken, sofern Ihr Drucker das Faxen unterstützt.

Ziel

Nach der Installation des Druckers sind die Einstellungen des Druckers für die gängigsten Druckaufträge voreingestellt. Sie können die Einstellungen aber auch anpassen, um die Druckqualität zu verbessern. Ein Brief hat andere Ansprüche an den Druck als ein Bild, welches vielleicht mit sehr hoher Auflösung für ein bestes Druckergebnis gedruckt werden muss.

1 Öffnen Sie das Kontextmenü des Druckers und wählen Sie ***Druckeinstellungen***. Hinweis: Der Dialog für die Druckeinstellungen variiert je nach installiertem Druckermodell.

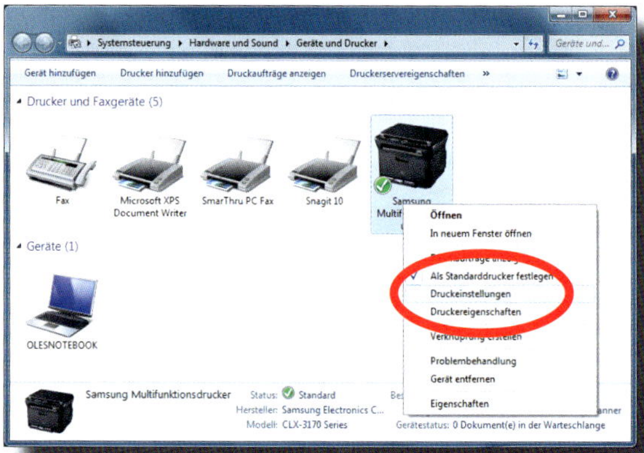

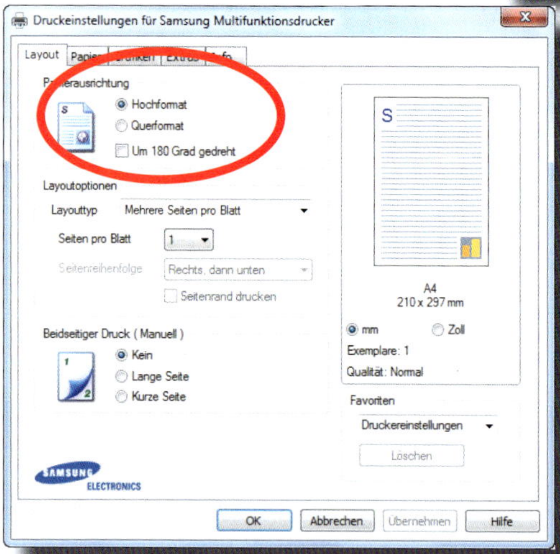

2 Im Register ***Layout*** können Sie einstellen, ob der Ausdruck im Hoch- oder Querformat erfolgen soll. Wählen Sie dazu in der Gruppe ***Papierausrichtung*** die passende Option.

3 Im Register ***Papier*** können Sie unter ***Exemplare*** angeben, wie viel Kopien der Druckauftrag von Ihrem Dokument erzeugen und auf welchem Papier gedruckt werden soll.

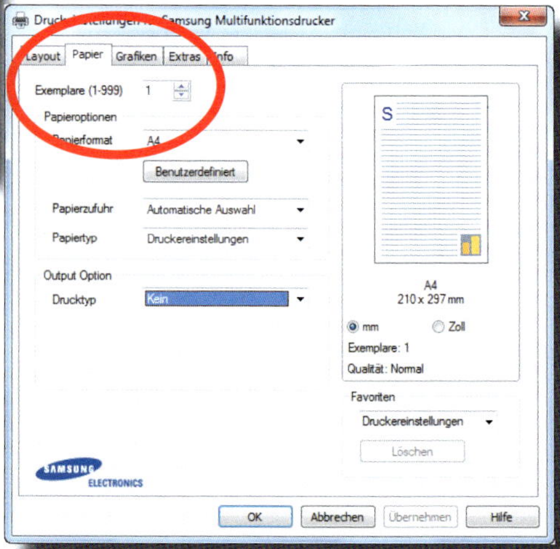

4 Über das Register ***Grafiken*** stellen Sie ein, ob die Qualität gut oder normal sein soll. Für Probeausdrucke spart das teure Tinte. Sparsam können Sie auch in Graustufen drucken.

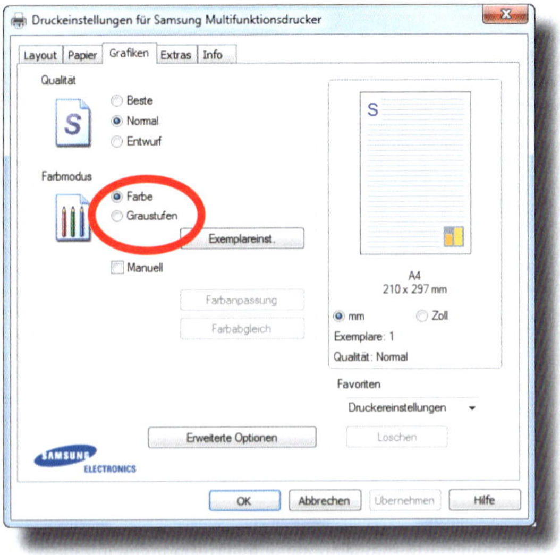

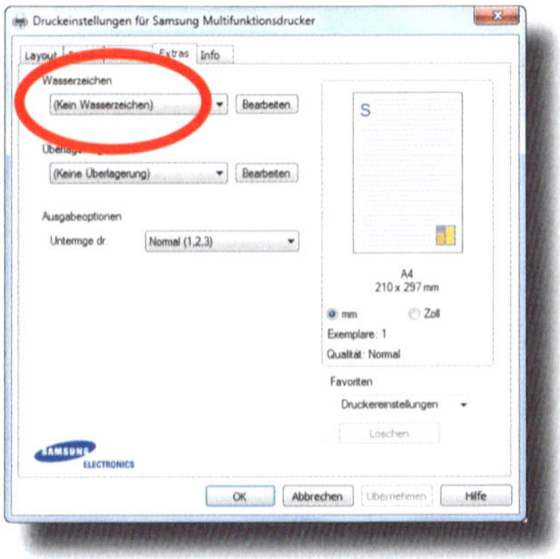

5 Einige Drucker erlauben das Hinterlegen mit einem Wasserzeichen. Wählen Sie dazu über ***Bearbeiten*** den Dialog aus und legen Sie einen Text (z. B. Vertraulich) fest. Dieser wird dann auf jeder Druckseite im Ausdruck hinterlegt.

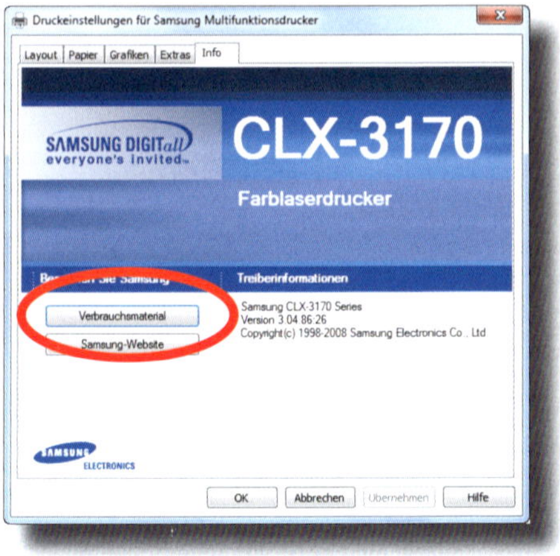

6 Über das Register ***Info*** können Sie Verbrauchsmaterialien bestellen oder die Hersteller-Web-Site besuchen.

Gut zu wissen

Die Druckeinstellungen an dieser Stelle konfigurieren den Drucker dauerhaft für alle folgenden Druckaufträge so, wie Sie es hier einstellen. Wenn Sie die Änderungen nur an dem nächsten Druckauftrag geändert haben möchten, so drucken Sie das Dokument aus der Bild- oder Textverarbeitung aus und öffnen im Druck-Dialog über die Schaltfläche ***Einstellungen*** ebenfalls diesen hier beschriebenen Konfigurationsdialog. Die Einstellungen wirken sich dann nur auf den nächsten Druckauftrag aus.

Wichtige Begriffe

Frontend: Mit Frontend wird der Dialog bezeichnet, den der Benutzer sozusagen ‚an der Front' angezeigt bekommt, um Einstellungen vorzunehmen oder allgemein mit einem Programm zu arbeiten.

Netzwerkadapter: Der Netzwerkadapter ist ein Stück Hardware (z. B. eine Einsteckkarte für den PC), das dafür entwickelt wurde, den Computer mit einem Netzwerk zu verbinden. Auch WLAN-USB-Sticks sind Netzwerkadapter.

Spyware: Als Spyware bezeichnet man bösartige Programme, die dazu programmiert wurden, den Benutzer auszuspionieren. Derartige Programme protokollieren Tastatureingaben mit, um z. B. an Passworte für eBay, Paypal oder Online-Banking heranzukommen. Dagegen muss man sich schützen.

Systemtray: Der Systemtray ist der rechte Bereich in der Startleiste, in dem sich Programme, die im Hintergrund mitlaufen, durch ein kleines Symbol eintragen.

Treiber: Ein Treiber ist ein Programm, das dazu dient, angeschlossene Geräte und Komponenten anzusprechen. Der Treiber verbindet das angeschlossene Gerät mit dem Computer.

USB: Universal Serial Bus: USB ist eine Verbindungsmöglichkeit an Ihrem Computer, an den Sie diverse externe Geräte (oft USB-Sticks, Digitalcameras usw.) anschließen können.

Virenscanner: Ein Programm zur Abwehr bösartiger Software. Diese Software wird deswegen als Virus bezeichnet, weil sie sich selbstständig in der Computerwelt verbreitet und man sich unbemerkt ‚anstecken' kann. Ein Virus kann extremen Schaden anrichten und deswegen ist es sehr wichtig, einen Schutz dagegen zu installieren.

WLAN: Wireless Local Area Network: Computer, die über eine Funkstrecke kabellos in ein Netzwerk integriert wurden, sind Mitglied eines WLAN's.

7 Digitale Fotos

In diesem Kapitel lernen Sie:

- ☑ Fotos von der Digitalkamera in den PC zu übertragen
- ☑ Fotos zu sortieren und zu bewerten
- ☑ die Bilder in der Fotoanzeige zu betrachten
- ☑ die Live Fotogalerie zu nutzen
- ☑ aus den Fotos eine Diashow herzustellen
- ☑ Fotos zu bearbeiten, um diese zu verbessern
- ☑ Rote Augen zu entfernen
- ☑ Fotos per E-Mail zu versenden
- ☑ Ausdrucke von Fotos herzustellen
- ☑ Fotos online zur Entwicklung zu schicken
- ☑ eine Foto-DVD herzustellen

Ziel

Mit einer Digitalkamera ist es schnell erledigt, ein paar schöne Fotos zu schießen. Da die Fotografie heutzutage nicht mehr viel kostet, werden mehr Fotos und Schnappschüsse angefertigt denn je. Diese Bilder aber sinnvoll zu nutzen, erfordert einen PC, in den man die Bilder überträgt und dann weiter verarbeitet. Wie Sie die Bilder aus der Kamera übertragen, erfahren Sie in diesem Abschnitt.

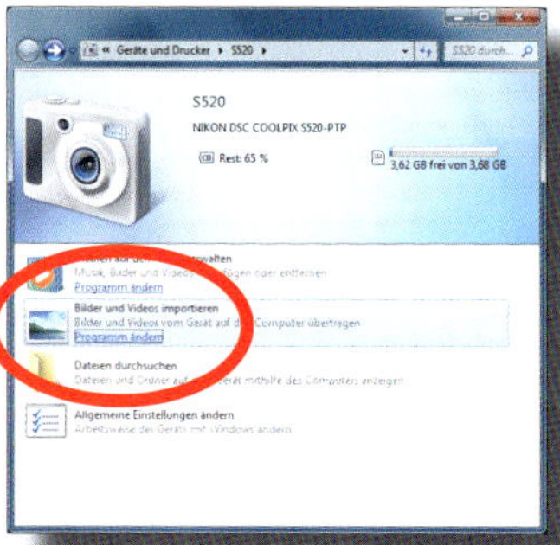

1 Schalten Sie die Kamera ein und verbinden Sie diese mit einem USB-Kabel mit dem Computer. Windows 7 erkennt die Digitalkamera und bietet entsprechende Möglichkeiten an. Wählen Sie ***Bilder und Videos importieren*** aus.

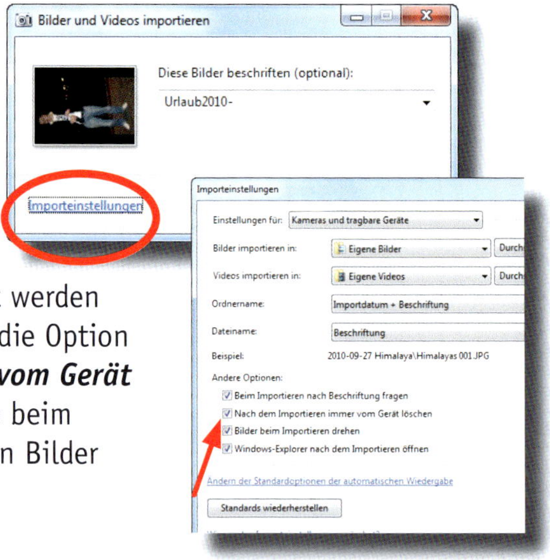

2 Ihre Kamera wird nach Bildern und Videos abgesucht. Klicken Sie auf ***Importeinstellungen***, um festzulegen, wohin die Bilder importiert werden und wie die Dateien beschriftet werden sollen. Wichtig: Setzen Sie vor die Option ***Nach dem Importieren immer vom Gerät löschen*** ein Häkchen, damit Sie beim nächsten Import nicht dieselben Bilder nochmals importieren.

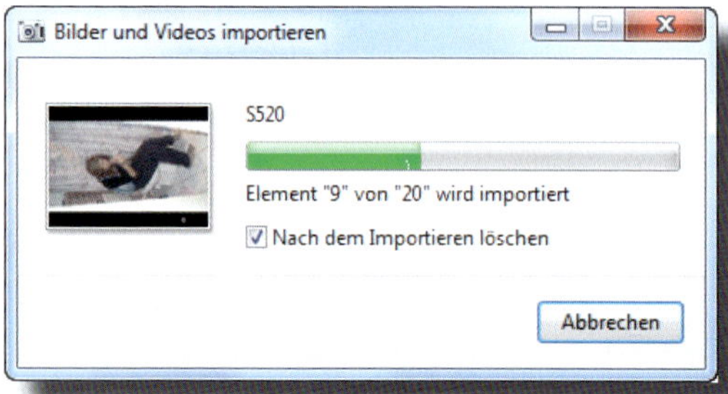

3 Nun können Sie (optional) die zu importierenden Bilder umbenennen. Geben Sie dazu einen aussagekräftigen Namen ein z. B. ***Urlaub2010-***. (Das abschließende ‚-'Zeichen ist wichtig, da die Bilder noch nummeriert werden). Klicken Sie auf ***Importieren***.

4 Die Bilder befinden sich anschließend im Ordner ***Eigene Bilder***. Am Dateinamen erkennen Sie, dass die Bilder automatisch durchnummeriert wurden.

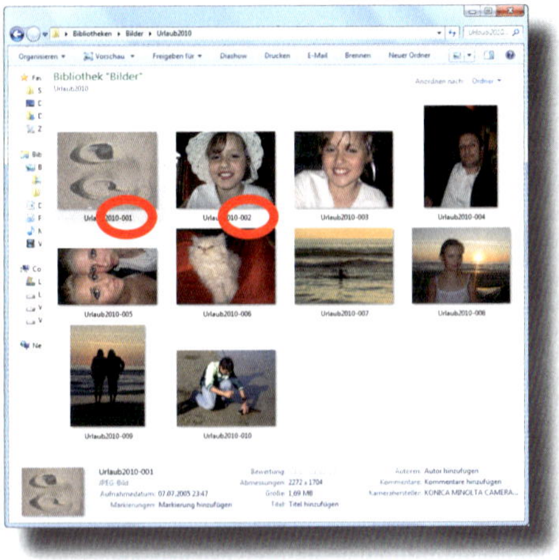

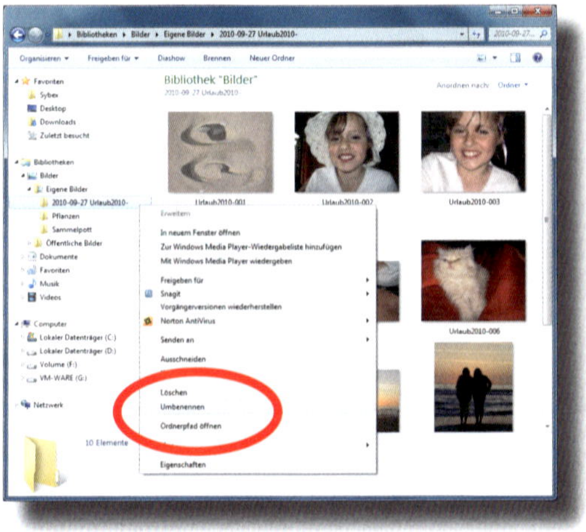

5 Sie können den Import-Ordner noch umbenennen. Öffnen Sie dazu das Kontextmenü und wählen ***Umbenennen***. Schreiben Sie ***Urlaub2010*** und drücken Sie Enter.

6 Ein schneller Blick zeigt, dass einige Bilder ‚liegen'. Mit einem Rechtsklick und der Auswahl ***Im Uhrzeigersinn drehen*** können Sie das Bild aufrecht stellen.

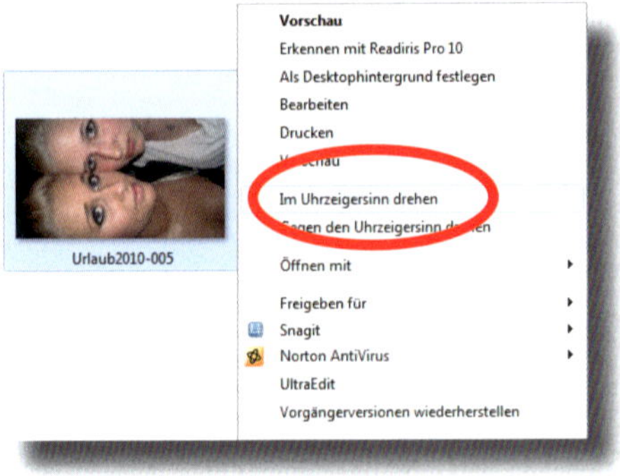

Gut zu wissen

Die importierten Bilder sind das Rohmaterial Ihrer Fotokünste. Die Sammlung an Bildern muss nun durchsortiert und organisiert werden. Bilder drehen und schlechte Bilder löschen ist das Mindeste, was Sie an dieser Stelle erledigen sollten, aber auch Beschriften und Bewerten ist wichtig. Achten Sie darauf, dass Sie Ordnung in Ihren Bildern halten, also Unterordner für eine Foto-Session oder ein Thema anlegen und die Bilder dort einsortieren.

Ziel

Das Rohmaterial haben Sie nun im Ordner ***Eigenen Bilder*** und dort in einen Ordner einsortiert. Damit Sie die Bilder später auch wiederfinden und zeigen können, sollten Sie diese noch mit Kommentaren und Bewertungen versehen, auf die Sie später einen Filter setzen können. Das geht bequem direkt im Bilderordner. Dieser Abschnitt gibt Ihnen einige Anregungen dazu.

1. Sie haben sicherlich mehrere Events auf einer Fotosession z. B. – Urlaub und eine Feier. Diese können Sie schnell nach Datum auseinanderhalten. Klicken Sie dazu oben rechts auf ***Anordnen nach: Monat***.

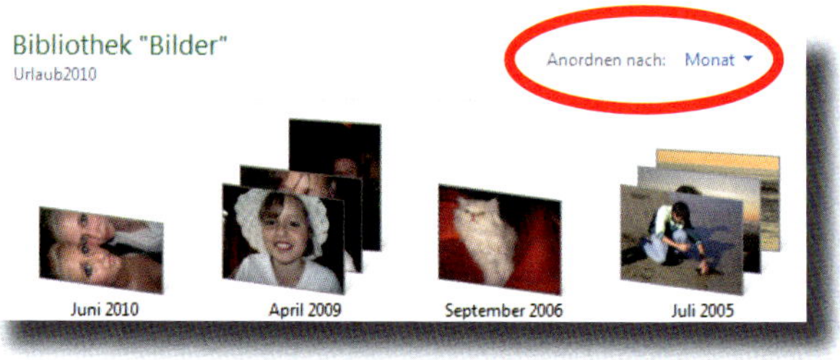

2. Die Ansicht eines einzelnen Ordners lässt sich einstellen, indem Sie auf der Funktionsleiste über den Bildern das Symbol zur Ansicht auswählen und dann im Kontextmenü eine Ansicht Ihrer Wahl einstellen.

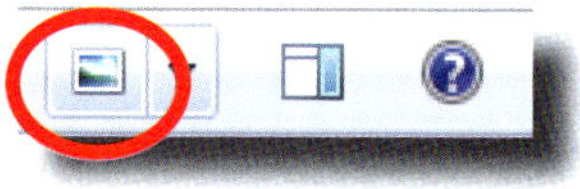

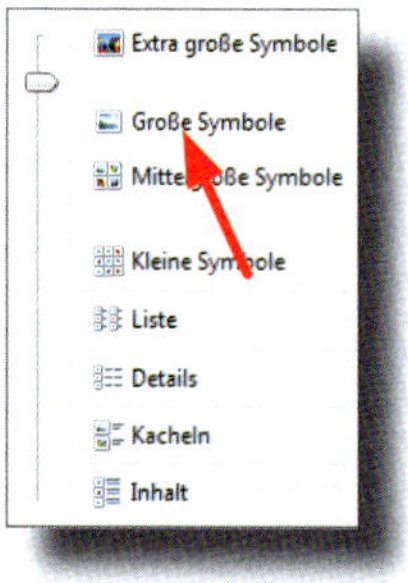

3. Öffnen Sie den Dialog ***Eigenschaften*** eines Bildes mit einem Rechtsklick und wählen Sie das Register ***Details***. Dort klicken Sie in den weißen Bereich hinter ***Titel***. Beschriften Sie das Bild sinnvoll.

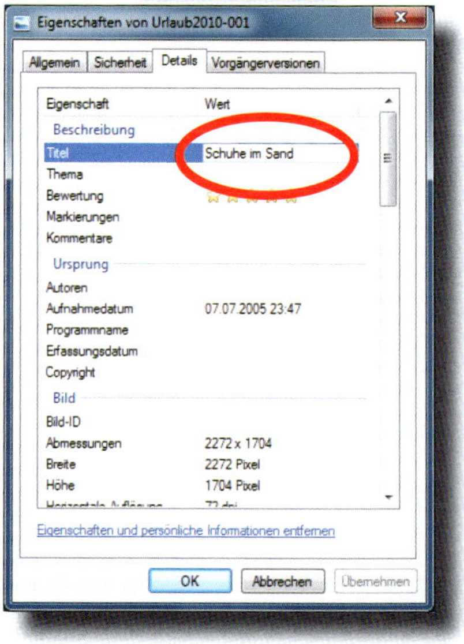

4. Wiederholen Sie den Vorgang mit ***Thema*** und ***Markierungen.*** Auch eine Bewertung ist sehr hilfreich für die spätere Sortierung. Klicken Sie auf einen von fünf Sternen.

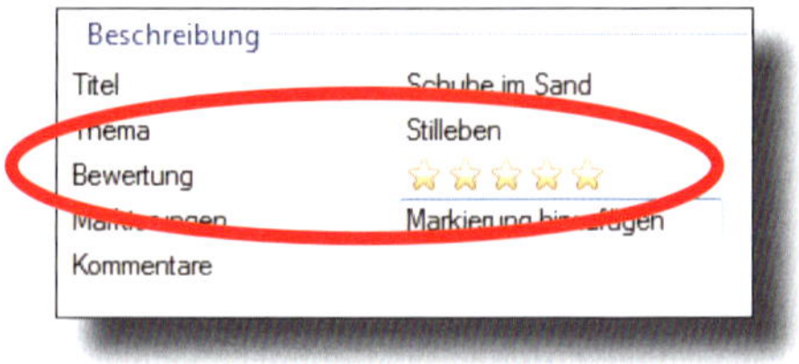

5. Wenn Sie das Foto veröffentlichen wollen, klicken Sie rechts von Copyright und tragen sich als Autor ein. Klicken Sie abschließend auf ***Übernehmen*** und ***OK***.

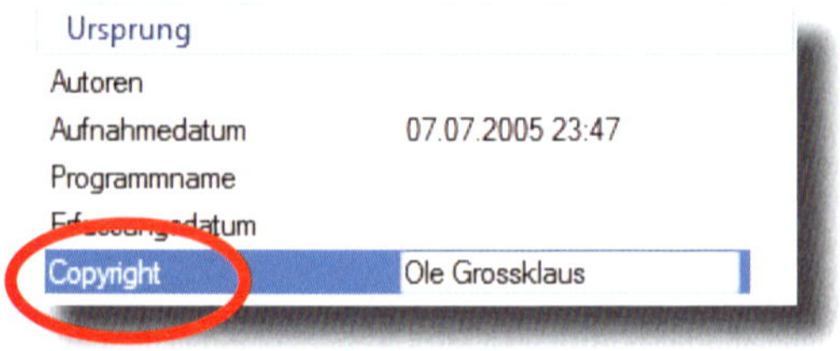

6. Nun können Sie die Bilder z. B. nach der Bewertung sortieren. Klicken Sie auf ***Anordnen nach: Bewertung*** und die Bilder werden umsortiert. Klicken Sie auf das kleine Dreieck links der Gruppe, so können Sie diese öffnen oder schließen.

Gut zu wissen

Wenn Sie auf den übergeordneten Ordner ***Eigene Bilder*** klicken und dann ***Anordnen nach: Bewertung*** ausführen, werden alle Bilder – auch die aus den Unterordnern – nach Bewertung zusammengefasst dargestellt. So können Sie schnell alle Ihre Lieblingsbilder auffinden.

Ziel

Jetzt wollen Sie endlich Ihre gesammelten Werke in Ruhe betrachten, und zwar nicht als Miniaturansicht, sondern wirklich als bildschirmfüllendes Foto. Dazu dient die Fotoanzeige. Dieser Abschnitt erklärt Ihnen, wie Sie dazu vorgehen und was Sie mit der Fotoanzeige noch erledigen können.

1. Nach einem Doppelklick auf das erste Foto Ihrer Sammlung öffnet sich die ***Windows-Fotoanzeige***.

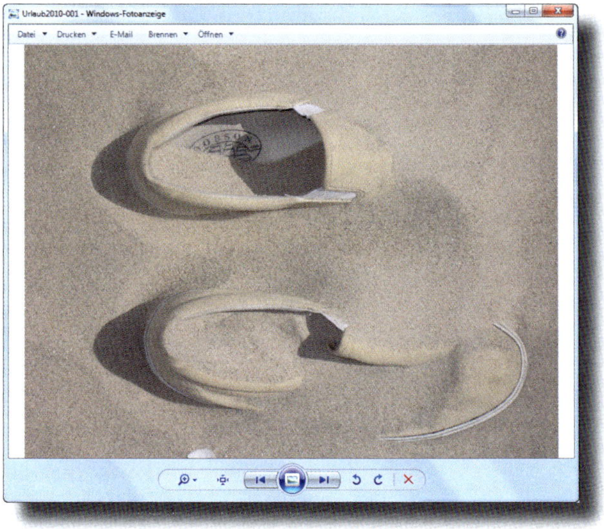

2. In der Navigationsleiste der Fotoanzeige können Sie das Bild vergrößern. Klicken Sie auf die ***Lupe*** und bewegen Sie den ***Regler***.

3. Um sich das Bild nach einem Zoom wieder in der Gesamtheit zu betrachten, klicken Sie auf die ***An den Bildschirm anpassen***-Schaltfläche.

4 Mit den mittleren Elementen navigieren Sie in Ihrer Bildersammlung vor oder zurück. Die große Schaltfläche in der Mitte wechselt in den Vollbildmodus, aus dem Sie mit Esc wieder zurückgelangen.

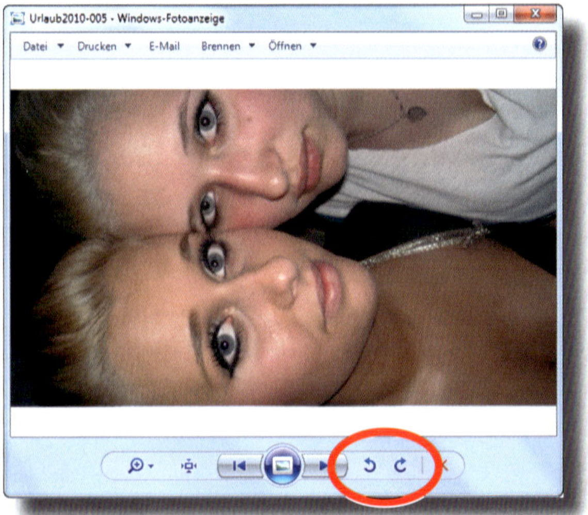

5 Sollten Sie noch Bilder haben, die ‚liegen', so können Sie diese hier noch aufrichten, indem Sie auf die Schaltflächen ***Drehen*** klicken.

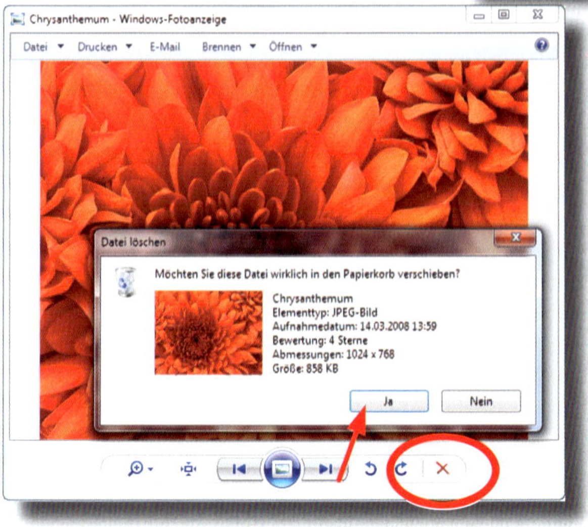

6 In der großen Anzeige erkennt man oft besser, ob ein Bild gut ist oder nicht. Wenn nicht, können Sie dieses mit der ***Löschen***-Schaltfläche von Ihrem Computer entfernen. Bestätigen Sie den Vorgang mit ***Ja***.

Gut zu wissen

Über die Funktionsleiste in der Fotoanzeige können Sie mit einem Bild noch mehr Aktionen durchführen. Sie können z. B. über die Funktion ***Vorschau*** das Bild in ***Paint*** öffnen oder dem ***Windows Movie Maker*** übergeben. Außerdem können Sie ausgewählte Bilder ***im Netzwerk freigeben*** und diese damit anderen Benutzern zugänglich machen.

Ziel

Um die Bilder in der Windows Live Fotogalerie anzusehen und für andere Personen im Internet freizugeben, müssen Sie sich bei Windows Live registrieren. Dieser Schritt bereitet die Nutzung aller Windows Live Dienste vor und wird in diesem Abschnitt kurz erläutert.

1 Öffnen Sie aus der Fotoanzeige über die Funktion ***Öffnen*** und ***Windows Live Fotogalerie*** die Galerie und melden Sie sich mit ***Anmelden*** dort an. Wenn Sie noch kein Konto haben, klicken Sie auf ***Registrieren***.

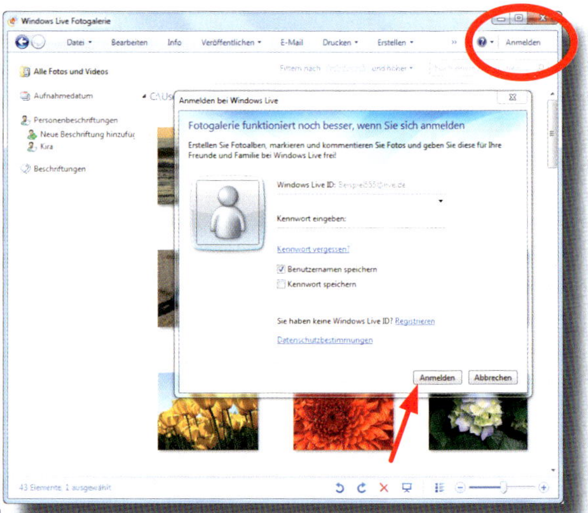

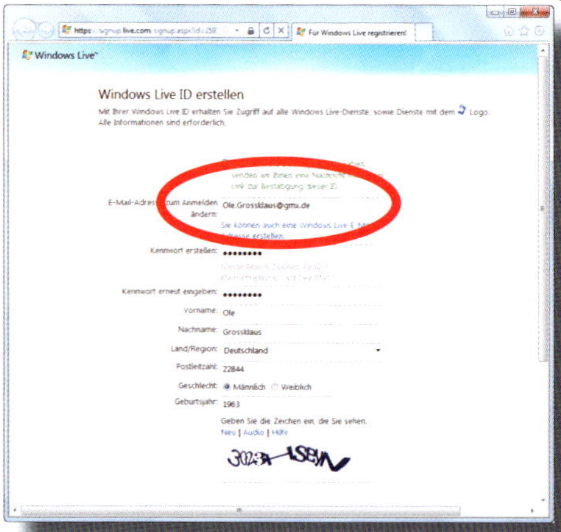

2 Melden Sie sich bei Windows Live an, indem Sie alle erforderlichen Felder ausfüllen, dann nach unten scrollen und ***Ich stimme zu*** anklicken.

3 Sie erhalten eine Bestätigungsmail, in der Sie einen Link anklicken müssen, um Ihre Anmeldung zu bestätigen. Das dient Ihrer Sicherheit.

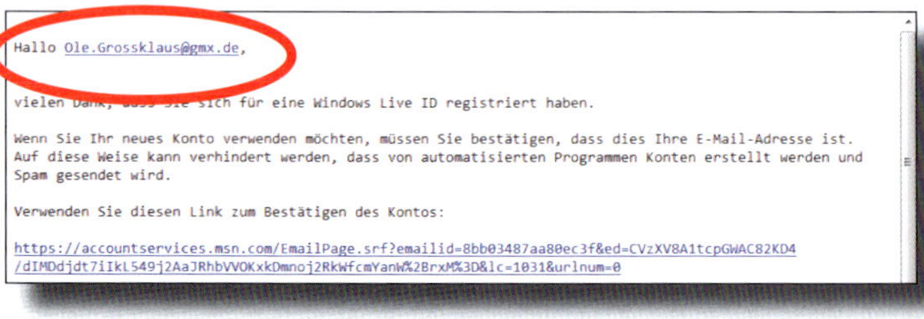

Hallo Ole.Grossklaus@gmx.de,

vielen Dank, dass Sie sich für eine Windows Live ID registriert haben.

Wenn Sie Ihr neues Konto verwenden möchten, müssen Sie bestätigen, dass dies Ihre E-Mail-Adresse ist. Auf diese Weise kann verhindert werden, dass von automatisierten Programmen Konten erstellt werden und Spam gesendet wird.

Verwenden Sie diesen Link zum Bestätigen des Kontos:

https://accountservices.msn.com/EmailPage.srf?emailid=8bb03487aa80ec3f&ed=CVzXV8A1tcpGWAC82KD4/dIMDdjdt7iIkL549j2AaJRhbVVOKxkDmnoj2RkWfcmYanW%2BrxM%3D&lc=1031&urlnum=0

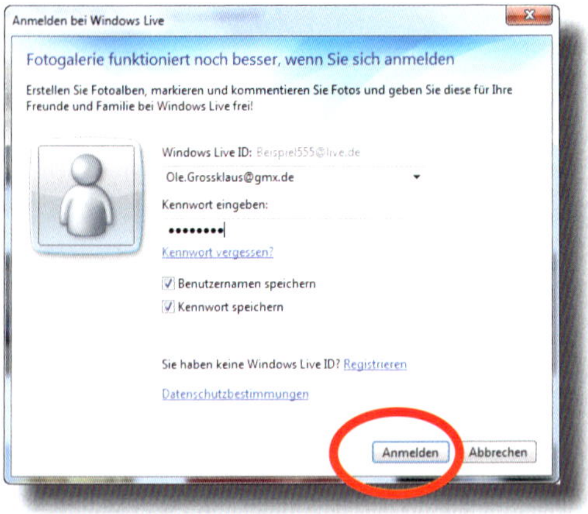

4 Nun können Sie sich bei Windows Live anmelden, indem Sie Ihre E-Mail-Adresse und Ihr Kennwort eingeben und auf ***Anmelden*** klicken.

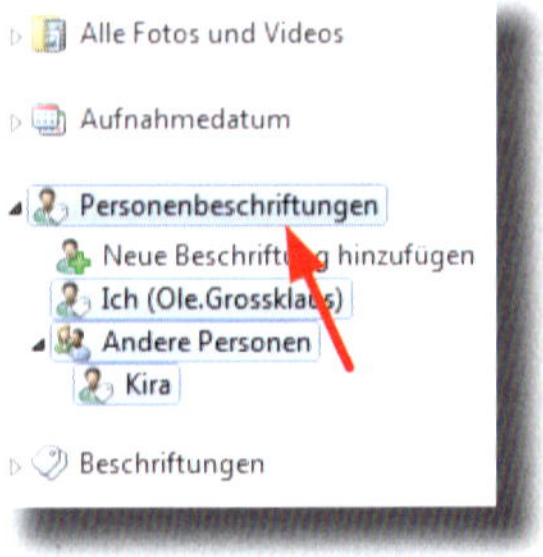

5 Nachdem Sie sich angemeldet haben, werden Sie als ***Ich (Ole. Grossklaus)*** in die Personenbeschriftungen mit aufgenommen und können die Windows Live Fotogalerie nutzen.

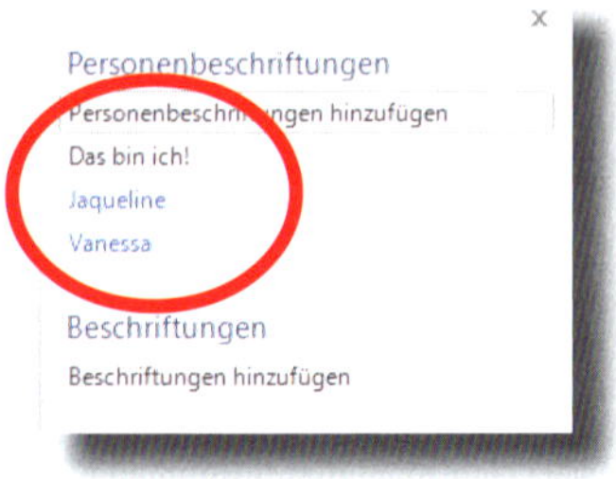

6 Über ***Info*** aus der Funktionsleiste können Sie nun Personen auf den Bildern identifizieren, aber dazu im nächsten Abschnitt mehr.

Gut zu wissen

Die Windows Live Dienste – in diesem Fall die ***Windows Live Fotogalerie*** – ist ein öffentlicher Dienst, der Fotoalben im Internet zur Verfügung stellt. Bedenken Sie dabei auch, dass Sie nicht unbedingt jedes Foto veröffentlichen möchten und dass Sie bei der Veröffentlichung die Zugriffsrechte auf die Bilder richtig einstellen.

Ziel

Die Windows Live Fotogalerie dient der weiteren Verwaltung und Veröffentlichung Ihrer Fotos. Sie können Fotos sehr bequem mit zusätzlichen Informationen versehen und dann ins Internet stellen. Ein besonderes Highlight ist dabei die Identifikation von Personen, die hier vorgestellt wird.

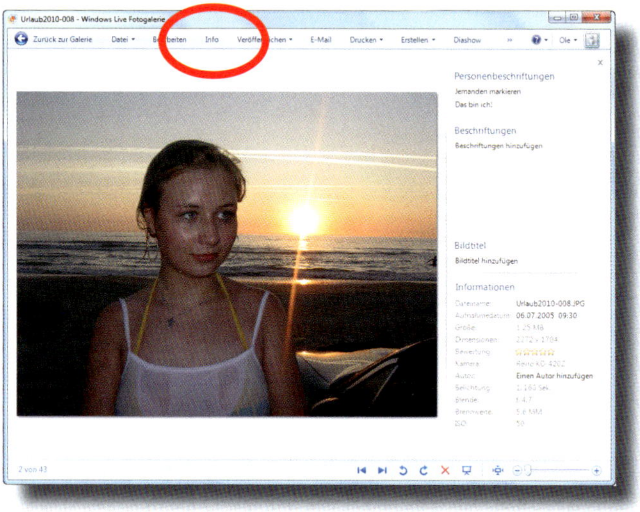

1. Doppelklicken Sie auf ein Personen-Foto und öffnen Sie den ***Info***-Bereich aus der Funktionsleiste.

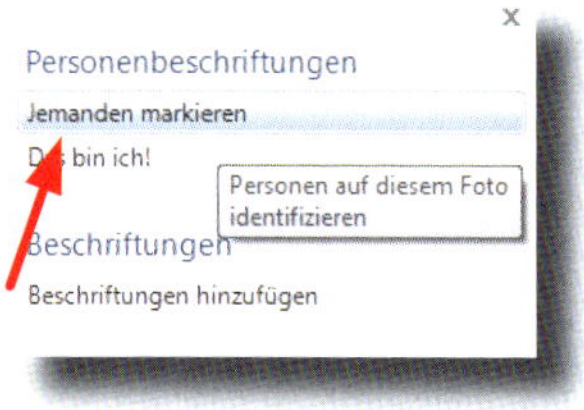

2. Klicken Sie auf ***Jemanden markieren***, um eine bestimmte Person zu identifizieren. Für Sie selbst gibt es übrigens die Auswahl ***Das bin ich***.

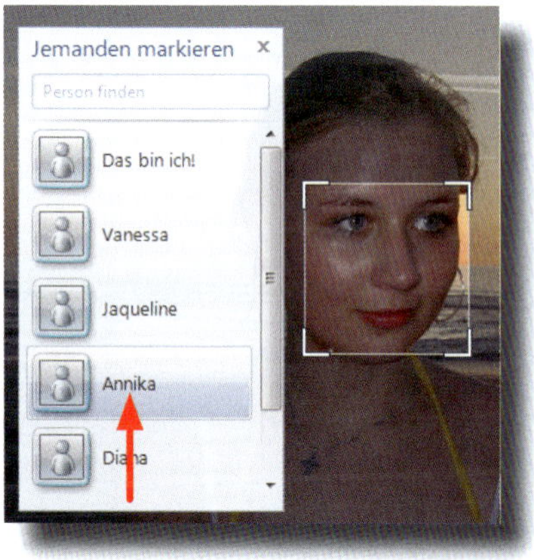

3. Ziehen Sie mit dem Fadenkreuz ein Quadrat über das Gesicht einer Person und wählen Sie aus der Liste einen Namen aus bzw. geben Sie einen neuen Namen ein.

4 Die Person ***Annika*** wird als Beschriftung mit aufgenommen. Fahren Sie mit der Maus über den Namen, wird automatisch die Person im Bild markiert.

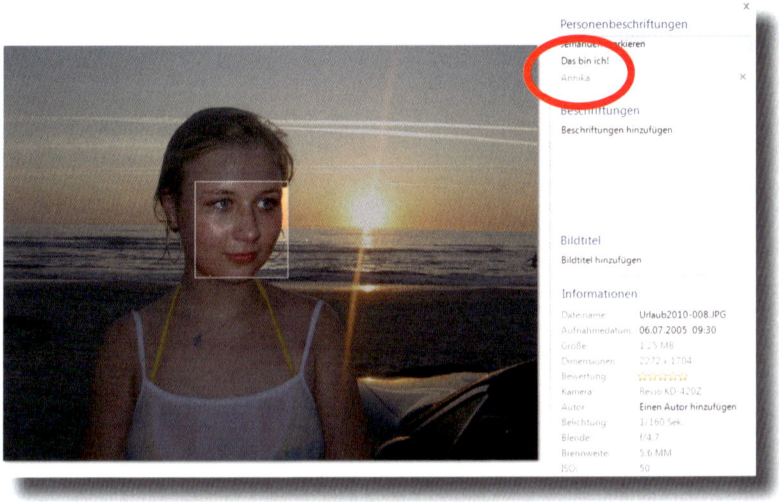

5 Klicken Sie auf ***Beschriftungen hinzufügen***, um weitere Schlagworte mit dem Bild zu verknüpfen. Nach diesen Worten können Sie später suchen und filtern. Verfahren Sie mit ***Bildtitel*** genauso.

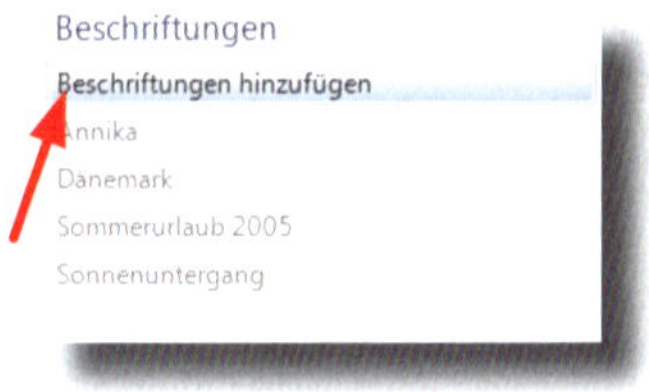

6 Auch im Bereich ***Informationen*** können Sie das Bild weiter beschreiben und bewerten.

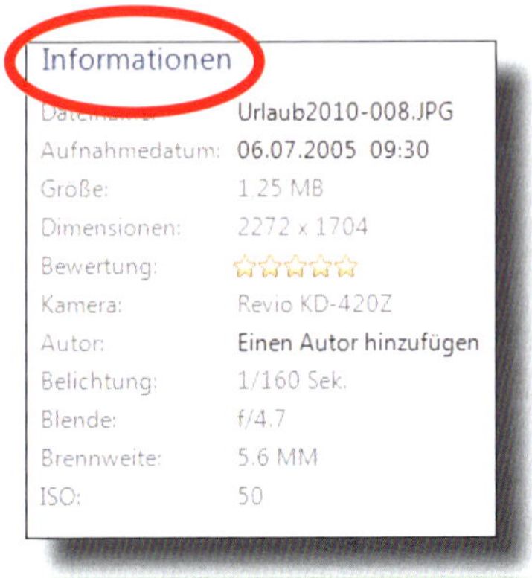

Gut zu wissen

Eine saubere und vollständige Bildbeschreibung und -bewertung ist wichtig, wenn Sie mit vielen Bildern arbeiten. Eine Fotosammlung wird im Laufe der Zeit nämlich immer größer und damit unübersichtlicher.

Ziel

Nicht jedes Foto ist von Anfang an perfekt. Manchmal stimmt der Farbton nicht, manchmal ist der Horizont nicht gerade oder das Bild ist ein wenig zu dunkel geraten. Papierabzüge wurden dann einfach weggeworfen. In der digitalen Fotografie können Sie diese Bilder noch verbessern und damit sehr ansehnlich machen. Die grundlegenden Vorgehensweisen werden in diesem Abschnitt erläutert.

1. Öffnen Sie ein Foto, das Sie verbessern möchten, in der Windows Live Fotogalerie. In der Funktionsleiste klicken Sie auf ***Bearbeiten***, um die Werkzeuge rechts zu erhalten.

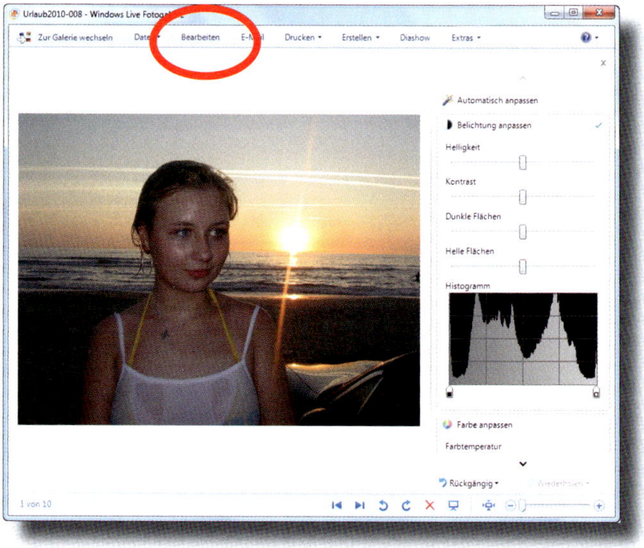

2. Über ***Automatisch anpassen*** wird das Bild in allen wichtigen Bereichen (Helligkeit, Kontrast, Bildschärfe, Schieflage) angepasst. Oft ist das schon ausreichend.

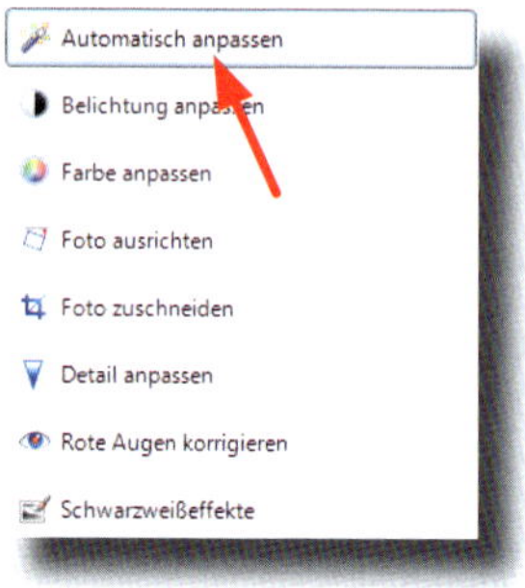

3. Klicken Sie auf ***Belichtung anpassen,*** öffnet sich die dazugehörige Werkzeugleiste und Sie können einzelne Bereiche verändern. Schieben Sie dazu die Regler nach links oder nach rechts.

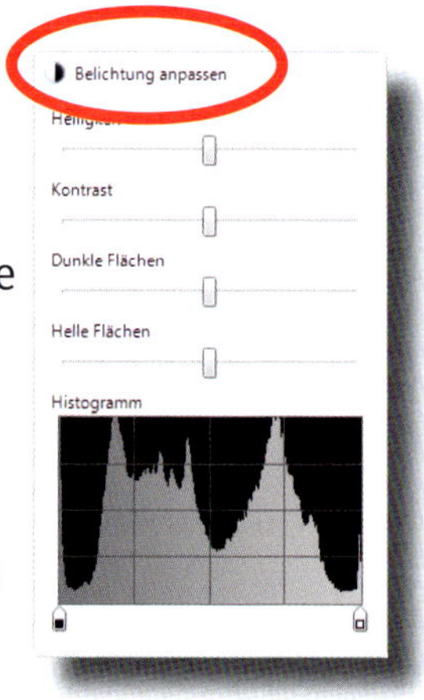

4 Hat das Bild einen Farbstich (zu grün, zu blau, zu rot), können Sie dieses über ***Farbe anpassen*** korrigieren. Sie verändern das Bild in Richtung ‚Wärmer' oder ‚Kälter' je nachdem, welchen Regler Sie verändern.

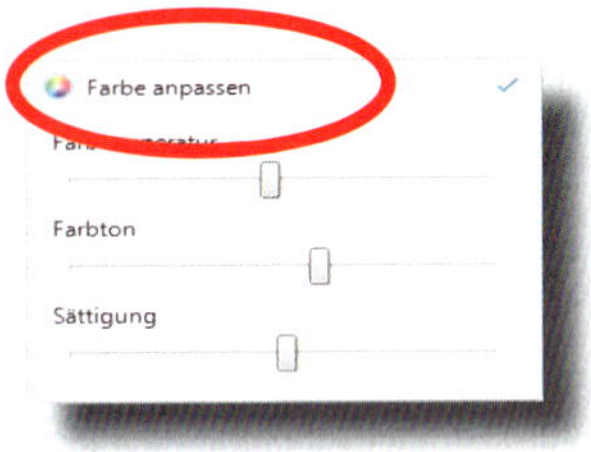

5 Ist der Horizont schief, können Sie auch dieses mit ein paar Klicks korrigieren. Öffnen Sie dazu das Werkzeug ***Foto ausrichten*** (das Bild wird mit einem Raster überlagert) und schieben den Regler nach links oder rechts.

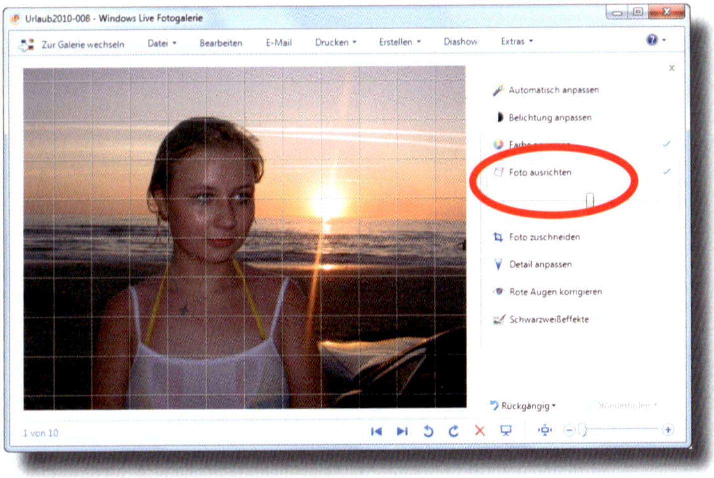

6 Sollten Sie einmal mehr kaputt als heil gemacht haben, haben Sie hier eine ***Rückgängig***-Funktion. Klicken Sie auf ***Rückgängig*** und wählen Sie die Schritte aus, die zurückgenommen werden sollen. Über ***Alles Rückgängig*** stellen Sie den Originalzustand des Fotos wieder her.

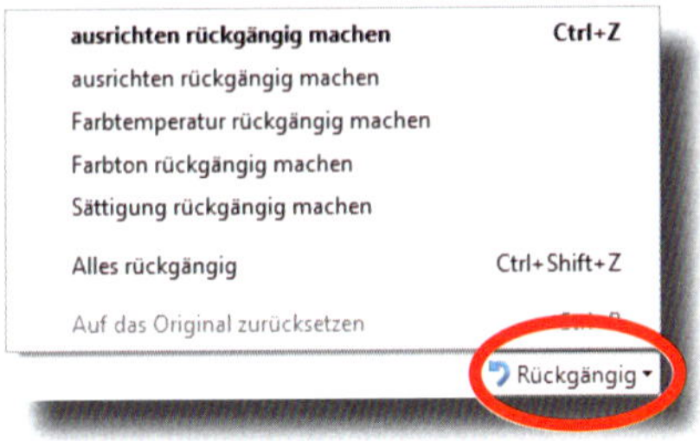

Gut zu wissen

Für die gängigsten Korrekturen an Fotos ist diese Foto-Bearbeitung mehr als ausreichend. Wollen Sie aber weitere Bearbeitungsmöglichkeiten, dann bietet sich eine professionelle Bildbearbeitung wie z. B. Adobe Photoshop oder Photoshop Elements an. In diesen Programmen können Sie weitere Dinge erledigen, wie Flecken entfernen (retouchieren), Bildbereiche klonen und damit Bereiche eliminieren und vieles mehr.

Ziel

Bei Personenaufnahmen passiert es oft, dass die Person direkt in die Kamera und damit direkt in den Blitz schaut. Der Blitz reflektiert im Auge und es entstehen rote Augen. Blickt die Person nicht in die Kamera, sind zwar keine roten Augen auf dem Bild, aber das Bild wirkt unpersönlich und fade. Rote Augen lassen sich mit der Windows Live Fotogalerie ebenfalls einfach entfernen.

1. Auf diesem Foto hat das Mädchen rote Augen. Öffnen Sie die Bearbeitung des Bildes in der Windows Live Fotogalerie.

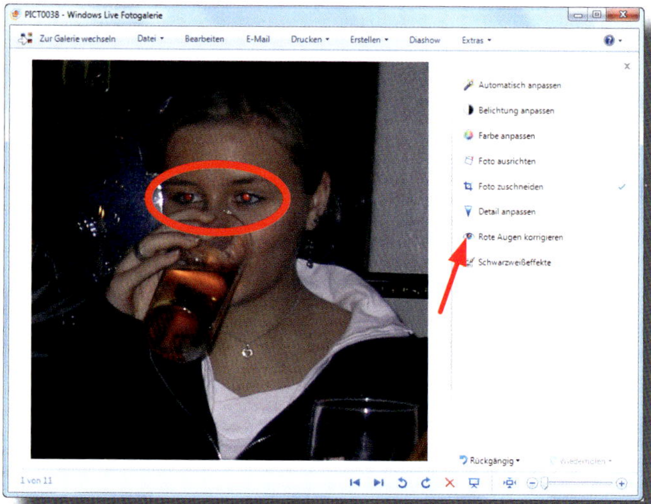

2. Um die roten Augen präzise bearbeiten zu können, vergrößern Sie sich das Bild mit dem ***Zoom-Regler***.

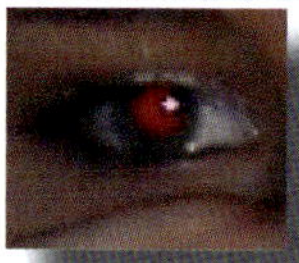

3. Öffnen Sie das Tool ***Rote Augen korrigieren***.

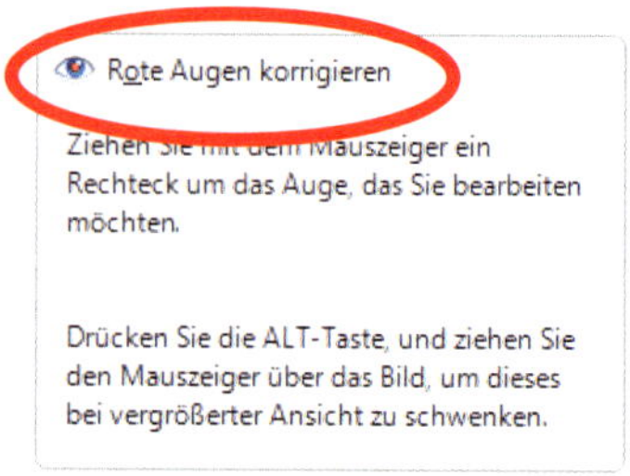

4 Ziehen Sie ein großzügiges Rechteck über das Auge. Klicken Sie dazu links oberhalb des Auges, ziehen mit der Maus nach rechts unten und lassen den Mausknopf wieder los. Das rote Auge ist verschwunden. Genau betrachtet hat die Pupille noch einen leicht roten Kreis. Wiederholen Sie diese Aktion, bis Sie zufrieden sind.

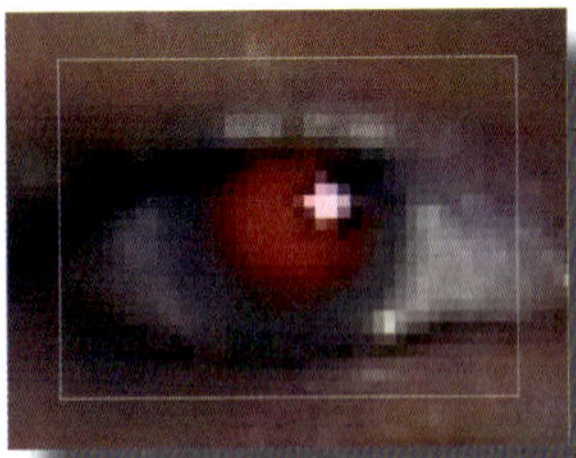

5 Wiederholen Sie die Aktion für das andere Auge.

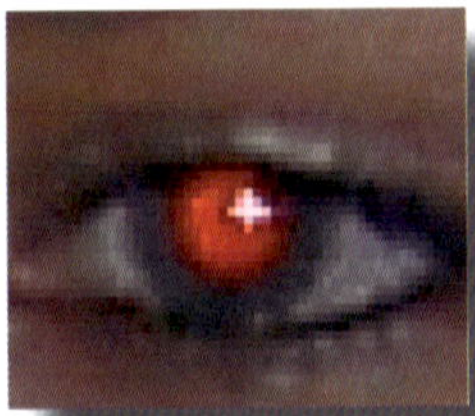

6 Das Ergebnis ist sehr ansehnlich und der Blick hat mehr Glanz.

Gut zu wissen

Wenn Sie das Bild vergrößert haben, also mit dem Zoom-Regler einen Ausschnitt herausgeholt haben, kann es sein, dass der betreffende Ausschnitt nicht im Bild ist. Drücken Sie die [Alt]-Taste links neben der [ ]-Taste und bewegen Sie den Mauszeiger ein wenig. Er ändert sich zu einer Hand. Mit gedrückter linker Maustaste können Sie das vergrößerte Bild anfassen und hin- und herbewegen. So erreichen Sie exakt den Bildausschnitt – in diesem Fall das Auge –, den Sie bearbeiten möchten.

Ziel

Bilder, die Sie in der Windows Live Fotogalerie verwalten, möchten Sie eventuell auch im Internet veröffentlichen und damit anderen Personen zugänglich machen. Dazu verwalten Sie mit der Windows Live Fotogalerie öffentliche Fotoalben, denen Sie Zugriffsrechte zuordnen müssen. Beim Hochladen ins Internet werden die Fotos grundsätzlich als öffentlich eingestuft und damit jedem zur Einsicht freigeschaltet.

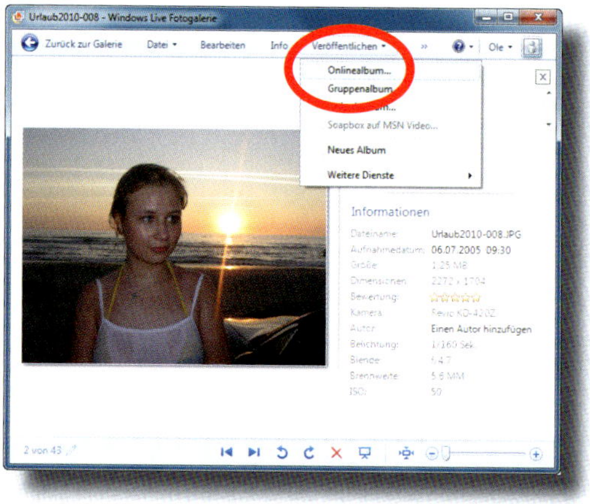

1. Nachdem Sie ein Bild ausgewählt haben, wählen Sie aus der Funktionsleiste ***Veröffentlichen*** und ***Onlinealbum***. Das funktioniert auch in der Übersicht mit mehreren Bildern gleichzeitig.

2. Nach dem Hochladen können Sie Ihr Album sofort online betrachten, indem Sie auf ***Album anzeigen*** klicken.

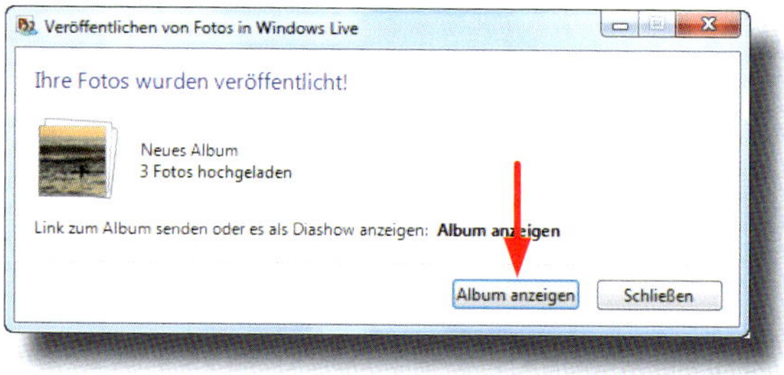

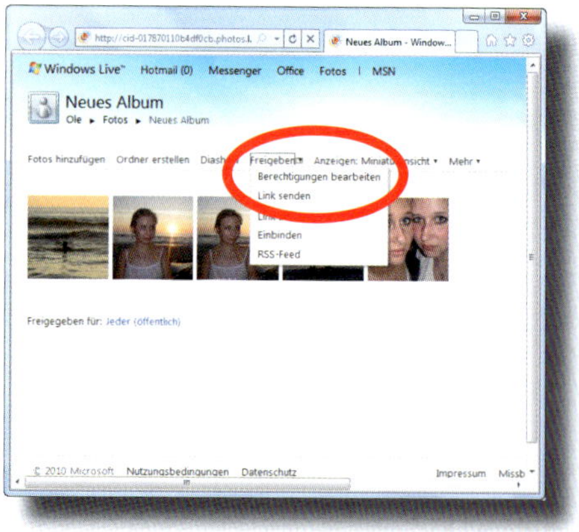

3. Sie sehen nun Ihr Fotoalbum im Internet. Klicken Sie zur Rechtevergabe auf ***Freigeben*** und ***Berechtigungen bearbeiten***.

4 Schieben Sie den ***Rechteregler*** auf die Ebene, die Sie wünschen und klicken Sie auf ***Speichern***.

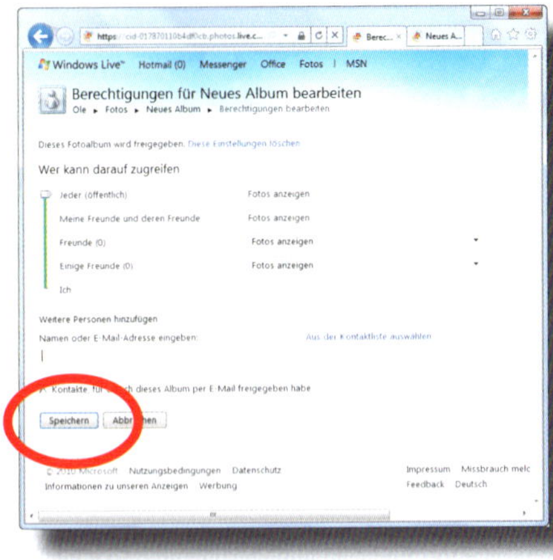

5 Über ***Freigeben > Link senden*** können Sie das Album anderen Personen zur Verfügung stellen. Geben Sie dazu im Feld ***An*** die E-Mail-Adresse des Empfängers an und klicken Sie auf ***Senden***.

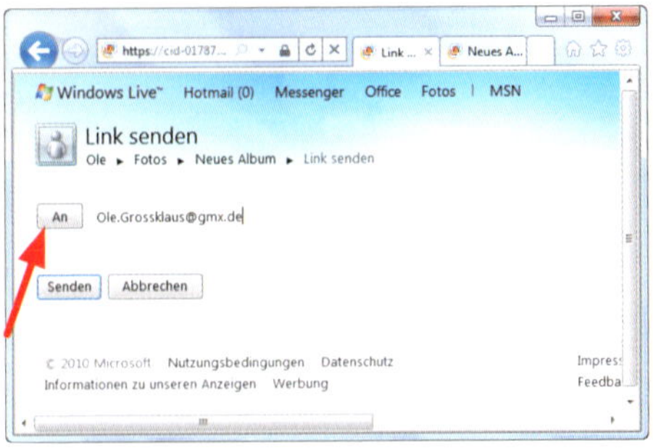

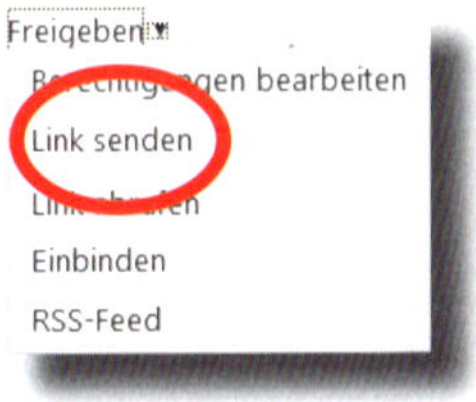

6 Der Empfänger erhält eine E-Mail mit einem direkten Link zum Fotoalbum und kann das Fotoalbum durch einen Klick auf ***Album anzeigen*** direkt einsehen.

Gut zu wissen

Bildbeschriftungen, Personen identifizieren und alles, was Sie bereits kennen gelernt haben, lässt sich auch direkt im Internet-Album der Fotos durchführen. So können Sie zum Beispiel jemanden bitten, Personen, die Sie nicht kennen auf den Bildern zu identifizieren. Das ist sehr hilfreich, wenn man alte Klassenfotos veröffentlicht und die Personen auf den Fotos nicht (mehr) alle kennt.

Ziel

Schöne Fotos möchten Sie bestimmt anderen zeigen und ein E-Mail-Konto hat heute (fast) jeder. Warum nicht einfach ein schönes Bild als E-Mail direkt an eine Person versenden? Wie das geht, wird in diesem Abschnitt beschrieben. Damit der E-Mail-Versand funktioniert, muss Live Mail konfiguriert werden. Wie das geht, erfahren Sie in Kapitel 10: ***Windows 7 Live Mail***.

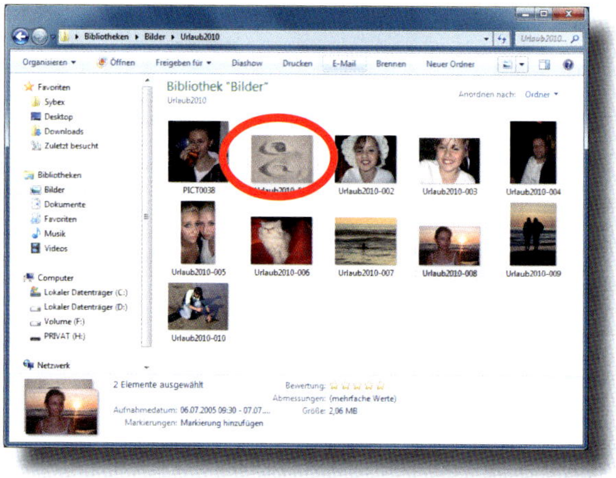

1 Öffnen Sie den Ordner ***Eigene Bilder*** und wählen Sie ein Bild aus, das Sie versenden möchten.

2 Wählen Sie eine vernünftige Größe aus. Wenn das Bild nur am PC betrachtet wird, reicht ***Mittel 1024 x 768*** aus, soll es hingegen gedruckt werden, so schicken Sie es in der ***Ursprünglichen Größe***. Ist das Empfänger-Gerät ein Handy oder Blackberry, so ist ***Kleiner*** die richtige Wahl.

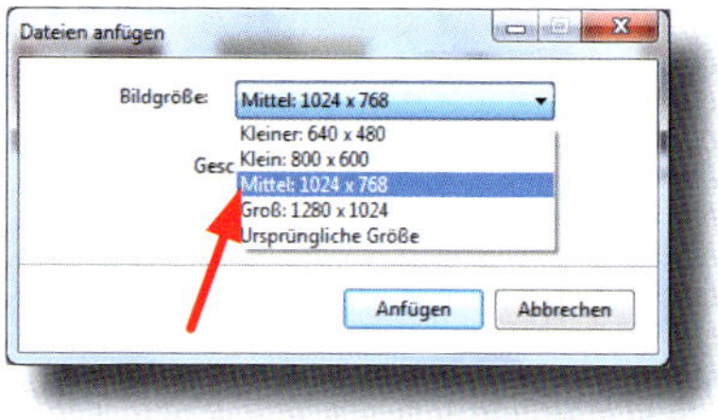

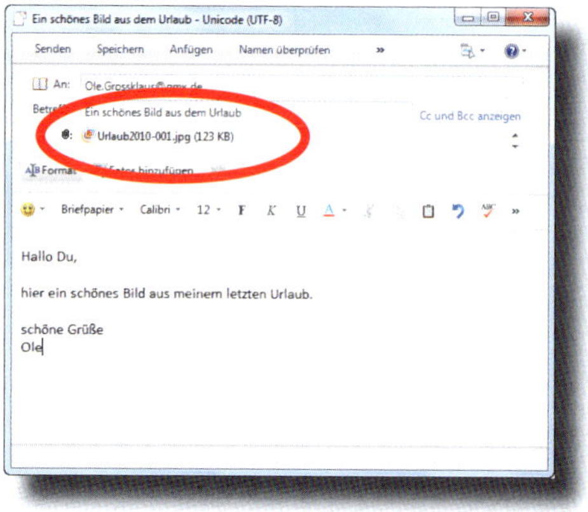

3 Minimieren Sie die Bildergalerie, sodass Sie das E-Mail-Programm sehen. Es wird automatisch eine neue E-Mail begonnen und die Bilder angefügt. Im Feld ***An:*** geben Sie die E-Mail-Adresse des Empfängers ein.

4. Damit der Empfänger sofort erkennt, um was es sich bei der E-Mail handelt, geben Sie einen aussagekräftigen ***Betreff*** ein.

5. Im Textfeld schreiben Sie ein paar nette Worte.

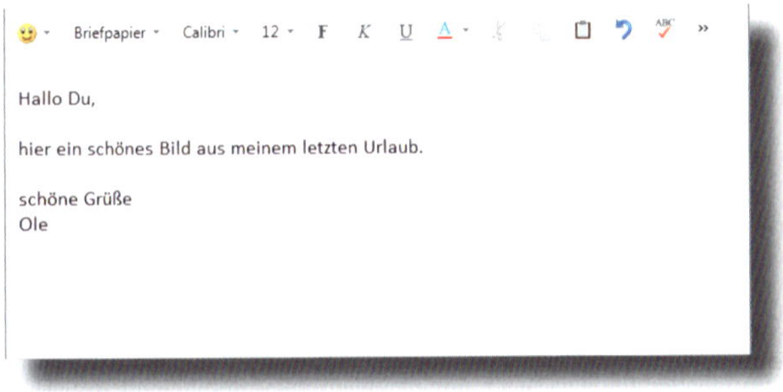

6. Abschließend klicken Sie in der Funktionsleiste auf ***Senden***. Im Posteingang des Empfängers erscheint die E-Mail und an der Büroklammer rechts kann er erkennen, dass etwas an die E-Mail angehängt wurde – nämlich das Bild.

Gut zu wissen

Das Versenden von Bildern per E-Mail funktioniert auch mit mehreren ausgewählten Bildern gleichzeitig, Aber bedenken Sie, dass die E-Mail insgesamt eine bestimmte Größe nicht überschreiten darf, da der Empfänger oft in der Kapazität begrenzt ist. Üblicherweise sind das 2 MB oder 5 MB, manchmal auch 10 MB (sehr selten mehr), was aber von Anbieter zu Anbieter variieren kann. Die geschätzte Gesamtgröße wird im Dialog ***Dateien anfügen*** aus Schritt 2 angezeigt.

Ziel

Ein noch so schönes Bild ist nur halb so viel wert, wenn es irgendwo im Computer in einem Unterordner abgelegt ist und niemand es sieht. Erst wenn das Bild auf Papier ausgedruckt ist und an der Wand hängt oder auf dem Schreibtisch steht, kommt es zur Geltung. Wie Sie ein Foto aus Ihrer Sammlung ausdrucken, erfahren Sie in diesem Abschnitt.

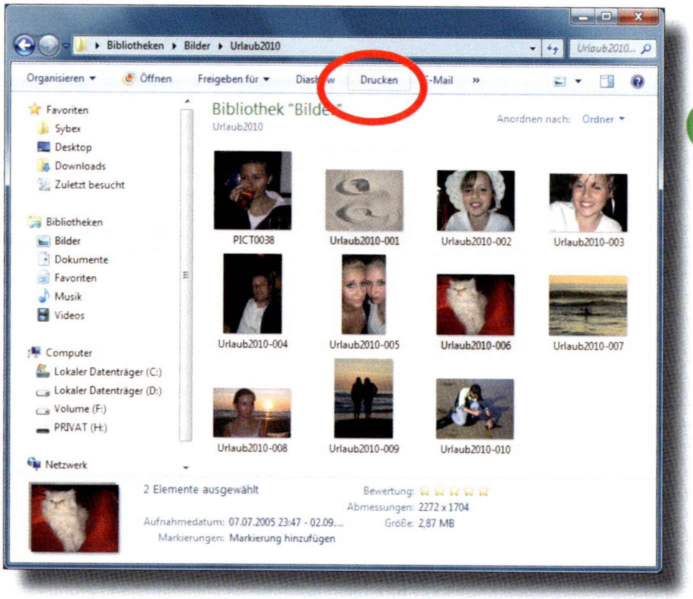

1. Öffnen Sie den Ordner ***Eigene Bilder*** und entscheiden Sie sich für ein paar Bilder, die Sie drucken möchten. Sie können mehrere Bilder gleichzeitig zum Druck auswählen.

2. Klicken Sie auf die Auswahl des Druckers und wählen Ihren Drucker aus.

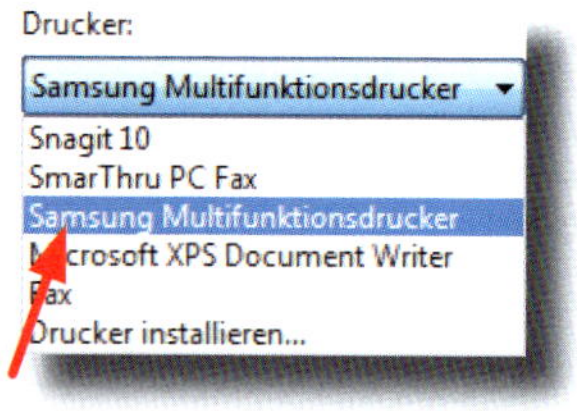

3. Wählen Sie das Papierformat, die Auflösung und den Papiertyp aus.

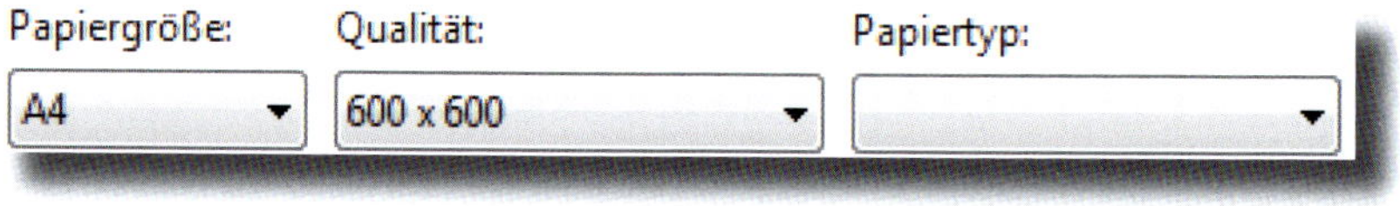

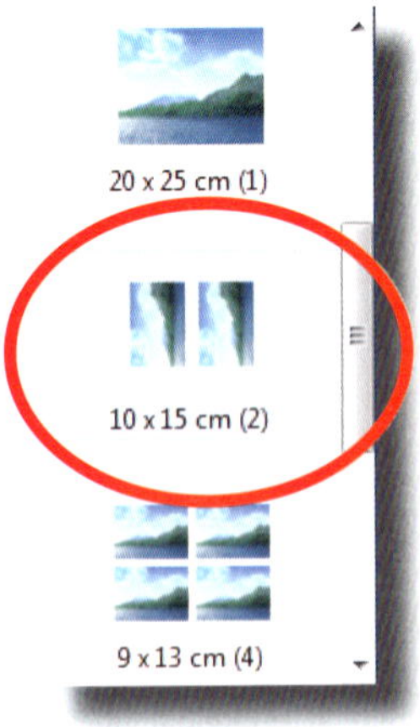

4 Bestimmen Sie, wie die ausgewählten Bilder auf dem Papier platziert werden sollen. Wenn Sie mit dem Scrollbalken nach unten scrollen, bekommen Sie noch weitere Möglichkeiten der Platzierung.

5 Wählen Sie die Anzahl ***Kopien pro Bild***, ob das Bild an den Rahmen angepasst werden soll und stellen Sie in den ***Optionen*** ganz rechts ggf. weitere Druckeigenschaften ein.

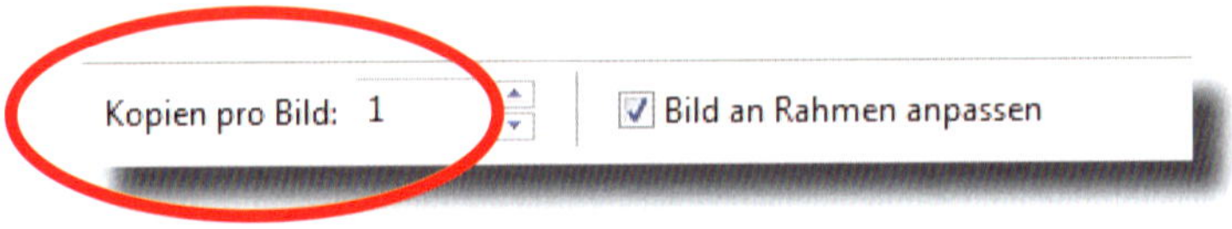

6 Klicken Sie abschließend auf ***Drucken***, um den Ausdruck zu starten. Natürlich sollte Ihr Drucker eingeschaltet und mit Papier bestückt sein.

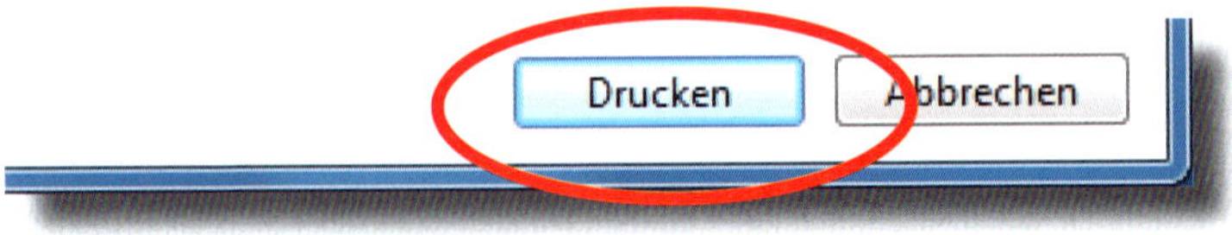

Gut zu wissen

Zum Ausdruck von Fotos empfiehlt es sich, gutes Fotopapier in Semi-Glossy oder in Glossy zu verwenden. Die Qualität des Ausdruckes ist erheblich besser, als ein Ausdruck auf normalem Standard-Papier.

Ziel

Abzüge von Fotos auf dem eigenen Drucker ist für Gelegenheitsabzüge sicher ausreichend, aber wenn man von einem besonderen Foto – wie einem Hochzeitsfoto oder dem ersten Bild eines Kindes – professionelle Abzüge möchte, dann ist es besser, diese in einem Fotolabor anfertigen zu lassen. Auch dazu gibt es eine Funktion in der Windows Live Fotogalerie. Wie Sie Online-Abzüge bestellen, lernen Sie hier.

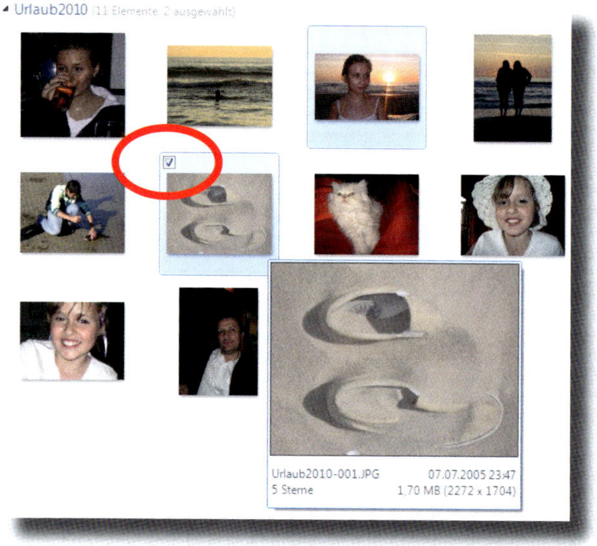

1 Öffnen Sie die Windows Live Fotogalerie über ***Startmenü > Alle Programme > Windows Live*** und navigieren Sie in Ihren Ordner. Wählen Sie die Fotos aus, die Sie über einen Online-Service bestellen möchten.

2 Wenn Ihre Auswahl fertig ist, klicken Sie auf ***Drucken > Online Abzüge bestellen***.

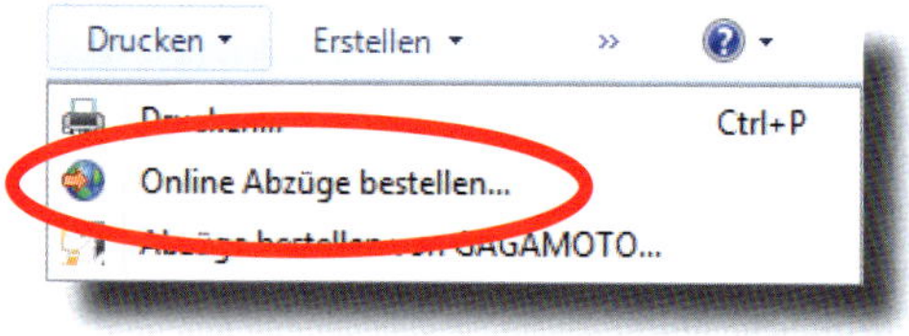

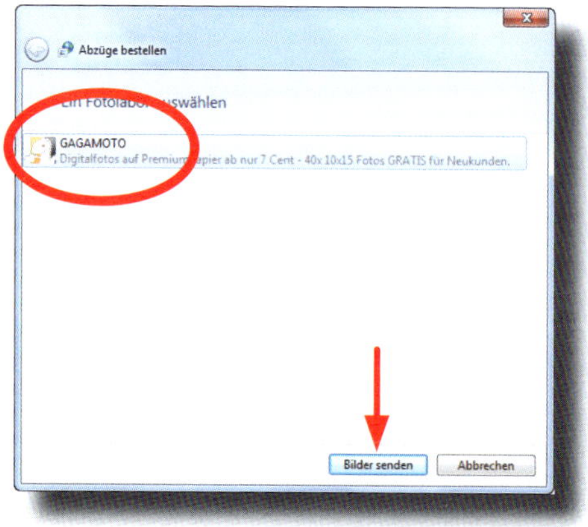

3 Sie haben nun die Möglichkeit, ein Fotolabor in Ihrer Nähe auszuwählen. Die Liste ist je nach Standort verschieden. In diesem Beispiel wird der Online-Dienst GAGAMOTO gewählt. Klicken Sie auf ***GAGaMOTO*** und dann auf ***Bilder senden***.

4 Wählen Sie ***Standard-Hochladen***, was besonders für größere Abzüge geeignet ist und klicken dann auf ***Weiter***. Die Bilder werden hochgeladen.

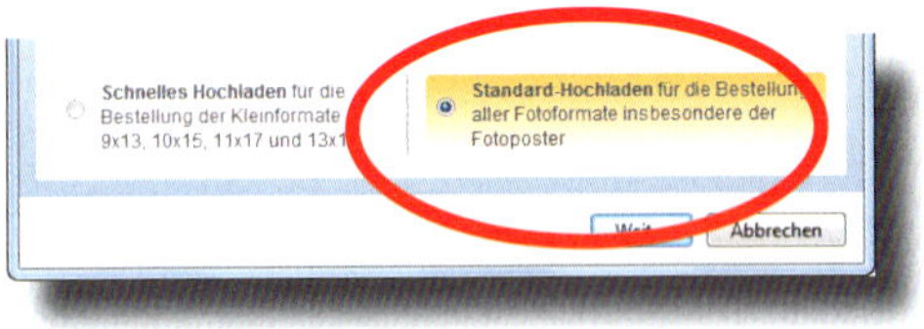

5 Wählen Sie für jedes Foto die ***Anzahl*** und die ***Größe*** (bis 50 cm x 75 cm ist hier möglich) und klicken dann auf ***Hinzufügen***. In Ihrer Auswahl sehen Sie in der Spalte ***Qualität***, dass ein Foto (in 3,9 Megapixel) für einen Großabzug geeignet ist, das andere Foto (in 2,4 Megapixel) nicht.

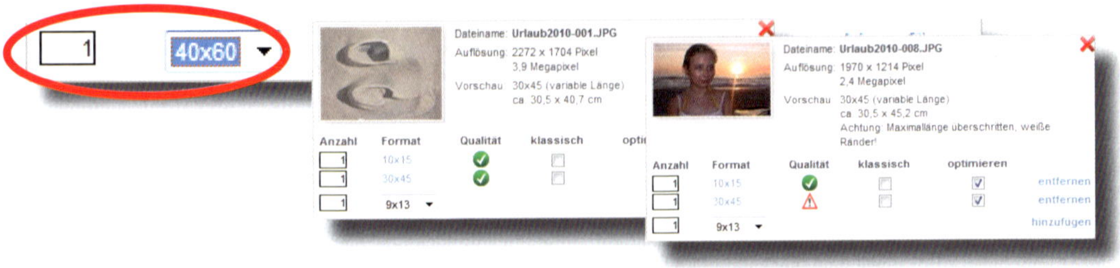

6 Haben Sie alle erforderlichen Angaben getätigt, werden Sie durch die Zahlungsmittelabwicklung geleitet und erhalten abschließend eine Auftragsnummer. Nun werden die Bilder gefertigt und Ihnen auf dem Postweg zugesandt.

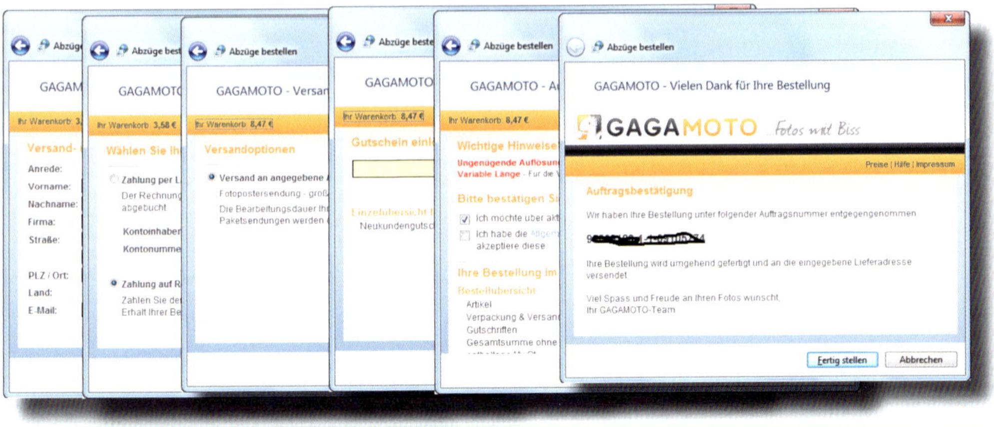

Gut zu wissen

Online-Dienste sind wie normale Fotolabors natürlich auch unterschiedlich teuer. Ein Preisvergleich lohnt sich. Wird Ihr Lieblingslabor in der Laborauswahl nicht mit aufgelistet, dann arbeitet das Labor (noch) nicht mit der Live Fotogalerie zusammen und Sie müssen das Labor über den Internet Explorer anwählen und dort die Bilder direkt bestellen.

Ziel

Zur Datensicherung oder um Bilder an jemanden weiterzugeben, ist es erforderlich, diese auf einen externen Datenträger zu kopieren. Eine CD oder DVD bietet sich aufgrund der Größe mancher Bilder und des Umfanges mancher Fotosammlungen an. Eine DVD zu erstellen, wird hier vorgestellt.

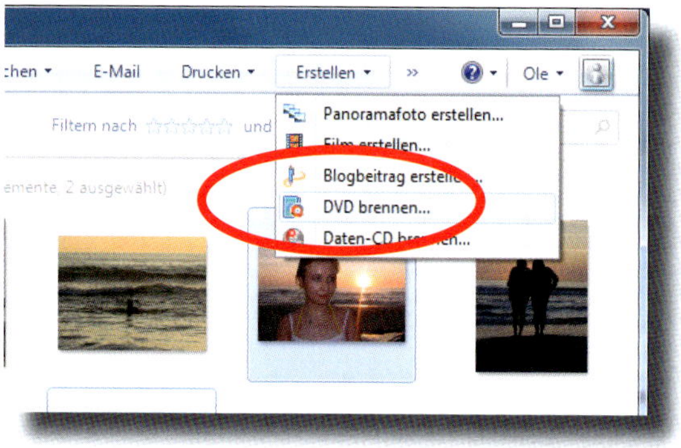

1 Öffnen Sie die Live Fotogalerie und markieren die Bilder, die Sie auf die DVD kopieren möchten. Wählen Sie aus dem Menü ***Erstellen*** den Eintrag ***DVD brennen***.

2 Im DVD Maker können Sie über ***Elemente hinzufügen*** weitere Fotos der Sammlung hinzufügen. Wenn Sie ein Bild anwählen und auf einen der beiden Pfeile klicken, werden die Bilder nach Ihren Wünschen sortiert.

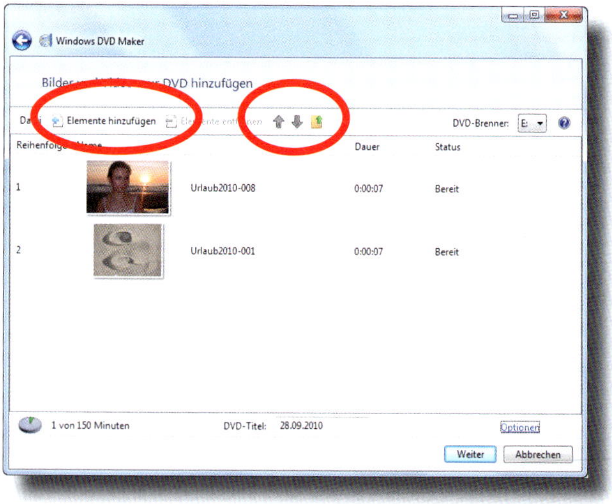

3 Unterhalb der Bildersammlung sehen Sie, wie viel Platz auf dem Datenträger belegt wird. Vergeben Sie hier noch einen sinnvollen Titel. Klicken Sie anschließend auf ***Weiter***.

4 Eine perfekte DVD hat natürlich auch ein Menü. Wählen Sie dazu rechts im Bild ein Menü nach Ihrem Geschmack, z. B. ***Videowand***. Klicken Sie in der Funktionsleiste auf ***Menütext,*** um das Menü Ihren Vorstellungen entsprechend zu gestalten.

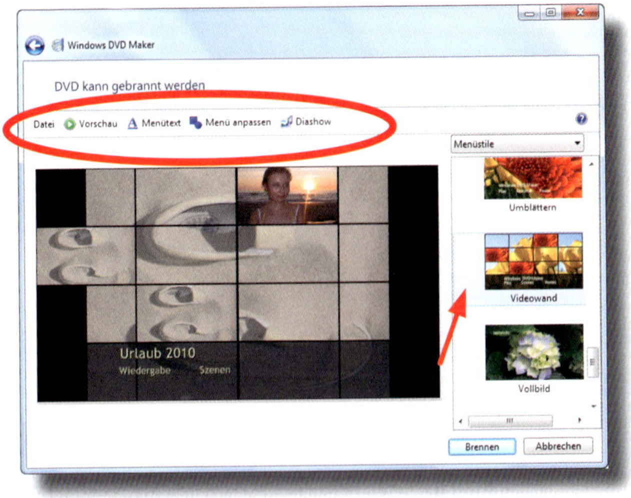

5 Über ***Menü anpassen*** gelangen Sie in den Dialog ***DVD-Menüstil anpassen***. Hier hinterlegen Sie noch schöne Musik und ein Hintergrundvideo. Klicken Sie auf ***Stil ändern,*** um Ihre Anpassungen zu übernehmen.

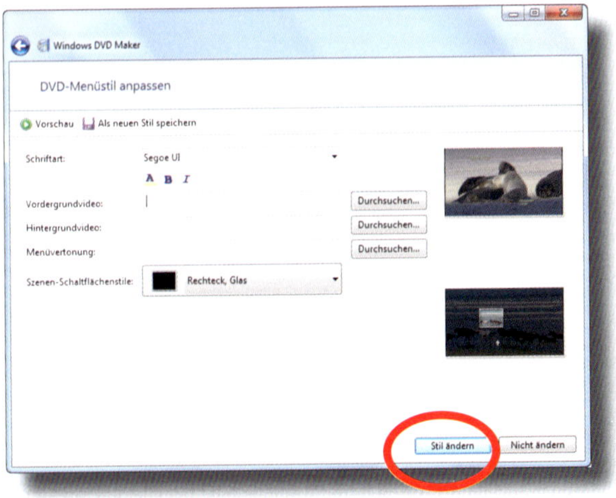

6 Klicken Sie abschließend auf ***Brennen***. Legen Sie einen leeren DVD-Rohling ein und der Brennvorgang wird gestartet.

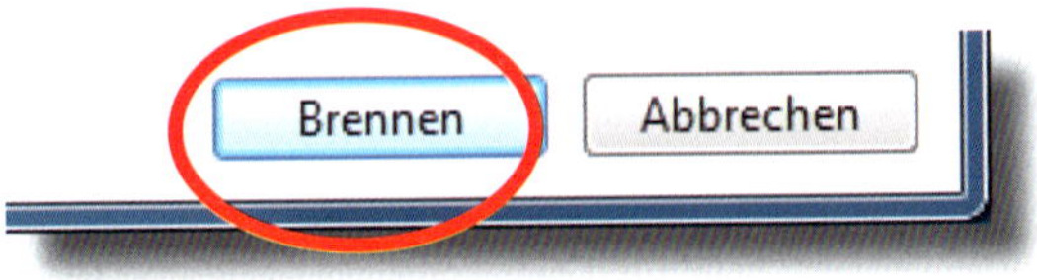

Gut zu wissen

Natürlich können Sie die Bilder auch auf eine herkömmliche CD brennen. Wählen Sie dazu aus dem ***Erstellen***-Menü der Live Fotogalerie den Eintrag ***Daten-CD brennen***. Die Bilder werden zum Brennen auf dem CD/DVD-Laufwerk gesammelt, bis Sie die Funktion ***Auf Datenträger brennen*** aus der Funktionsleiste wählen. Eine DVD ist vorrangig für schöne Präsentationen geeignet, eine Daten-CD zur Weitergabe oder für Fotoabzüge im Geschäft.

Wichtige Begriffe

Blackberry: Ein Blackberry ist ein kleines, mobiles Telefon, mit dem man auch E-Mails senden und empfangen kann.

Farbstich: Ein Bild hat einen Farbstich, wenn eine Farbe überwiegt, das Bild also einen Rot-, Blau- oder Grünstich hat.

Glossy: Fotopapier in Glossy hat eine hochglänzende Oberfläche.

Semi-Glossy: Ein Fotopapier wird als Semi-Glossy bezeichnet, wenn es eine seidenmatte Oberfläche hat.

Link: Ein Link ist ein Element in einer E-Mail oder im Internet, auf das man klicken kann, um an ein bestimmtes Ziel im Internet zu gelangen.

Retouchieren: Man spricht von Retouchieren, wenn man ein Bild nachbearbeitet, um Fehler wie Flecken oder dergleichen zu entfernen.

Storyboard: Das Storyboard ist in der Videobearbeitung der Bereich, in dem man alle einzelnen Elemente wie Fotos, Videos, Musik und Texte zusammenfasst, um später daraus einen vollständigen Film zu erstellen.

8 Audio & Video

In diesem Kapitel lernen Sie:

- ☑ den Windows Media Player kennen
- ☑ mit Musikdateien umzugehen und diese zu verwalten
- ☑ Ihre Lieblingsmusik zu Wiedergabelisten zusammenzufassen
- ☑ Videos und DVDs anzuschauen
- ☑ Musik von einer CD zu importieren
- ☑ eine eigene Musiksammlung auf CD zu brennen

Ziel

Egal, ob Sie Musik hören, Videos ansehen, Bilder betrachten oder aufgezeichnete TV-Sendungen ansehen möchten, der Windows Media Player ist für alle Aufgaben gleichermaßen gut geeignet und ist somit die Schaltzentrale für jede Art medialer Inhalte. In diesem Kapitel wird Ihnen der Bereich Musik und Videos näher vorgestellt.

1. Der Media Player verwaltet – vom Aufbau ähnlich wie der Windows-Explorer – Medieninhalte, die im linken Bereich in Bibliotheken organisiert werden. Wenn Sie eine Bibliothek anwählen, öffnet der Media Player im mittleren Bereich die passenden Mediendateien (z. B. Musikstücke). Der Media Player fasst also hier Links zu Musikdateien zusammen, die eigentlich im Ordner ***Eigene Musik*** abgelegt sind.

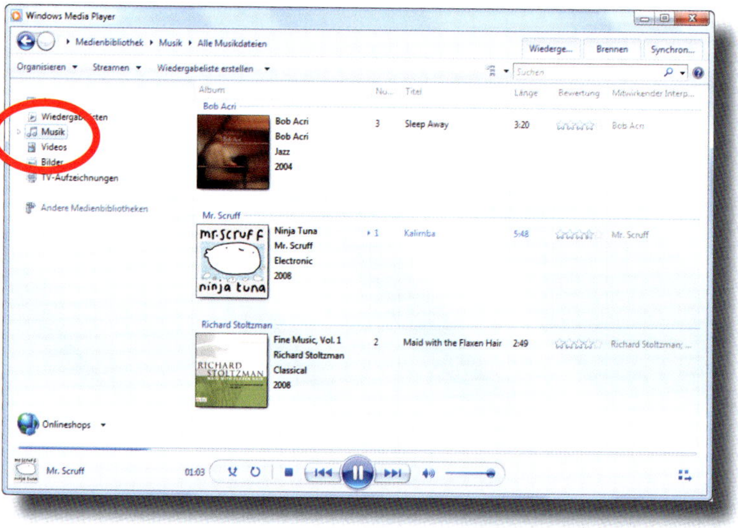

2. Wenn Sie einen Titel anklicken – egal, ob Musik, Video oder Sonstiges – und dann auf den ***Start***-Button in der Navigationsleiste klicken, wird der Titel abgespielt. Ein Doppelklick auf den Titel tut's aber auch.

3. Über ***Ansicht auswählen*** aus der Funktionsleiste können Sie die Darstellungsweise der Titel ändern. Die Funktionsleiste hat – wie in allen anderen Anwendungen auch – verschiedene Funktionen, die in den aktuellen Zustand passen.

4 In der Adresszeile können Sie für jede Ebene den kleinen Pfeil drücken, um ein weiteres Auswahlmenü zu erhalten und dort z. B. Titel auszuwählen.

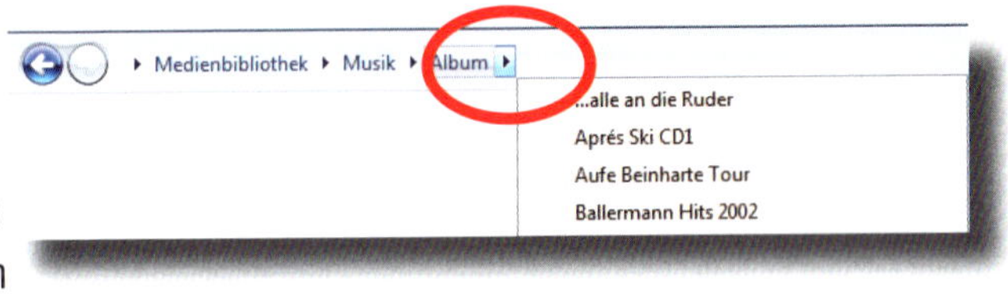

5 Die einzelnen Titel können Sie zu Gruppen zusammenfassen, auch Wiedergabelisten genannt, indem Sie auf das Register ***Wiedergeben*** klicken und einzelne Titel mit der Maus anklicken, den Knopf gedrückt halten und den Titel in den Listenbereich fallen lassen.

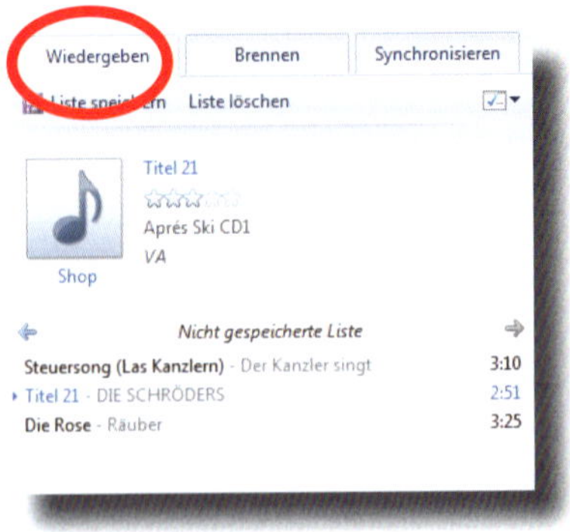

6 Um weitere Ordner mit Musik oder Videos in den Media Player zu integrieren, klicken Sie auf ***Organisieren*** > ***Bibliotheken verwalten*** > ***Musik***. Über die Schaltfläche ***Hinzufügen*** können Sie weitere Musikordner auswählen und mit ***OK*** in den Media Player mit aufnehmen.

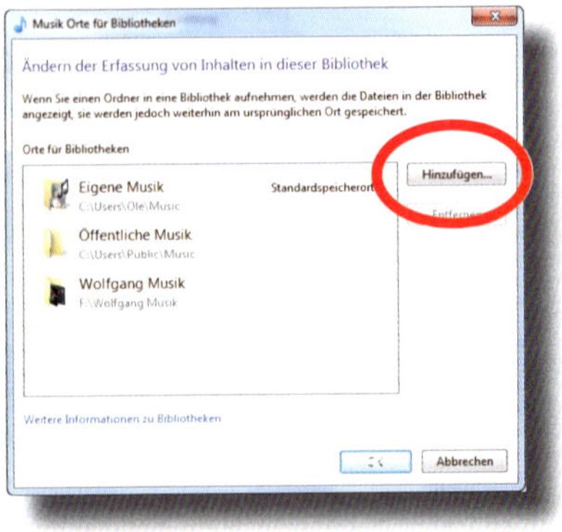

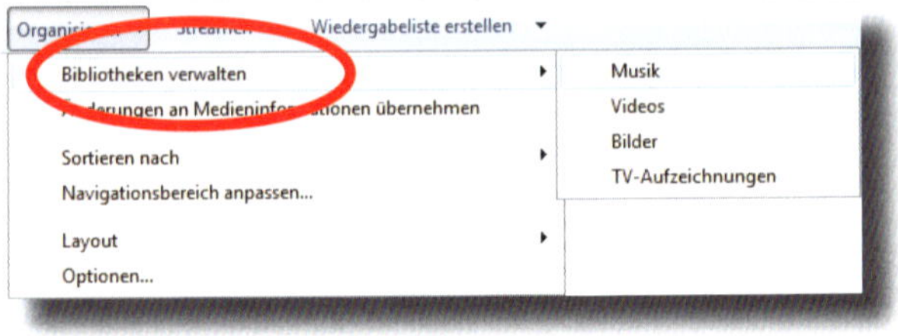

Gut zu wissen

Die reine Wiedergabe von verschiedenen medialen Inhalten wie Musik, Videos und TV kann auch im Windows Media Center erfolgen. Es ist persönlicher Geschmack, welches Werkzeug Ihnen besser gefällt. Das Media Center ist jedoch eher auf Touchscreen und Streaming auf den heimischen Fernseher (ohne Maus und ohne Tastatur) zugeschnitten, wohingegen der Media Player eher für den Gebrauch direkt am Computer (mit Maus und Tastatur) geeignet ist und eine Reihe von Verwaltungsmöglichkeiten mit sich bringt, die im Media Center nicht enthalten sind.

Ziel

Ähnlich wie schon bei digitalen Fotos, gilt auch bei Musikdateien, dass diese gut organisiert und verwaltet werden sollten, damit man nicht den Überblick verliert. Musiktitel lassen sich dabei ordentlich benennen, bewerten und mit zusätzlichen Informationen aus dem Internet versehen. Wie Sie Ihre Musiksammlung im Griff behalten, wird in diesem Abschnitt erklärt.

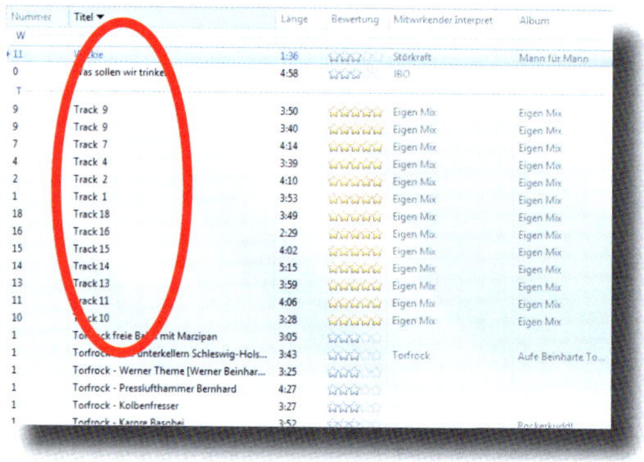

1. Zuerst werden die Titel ordentlich benannt. Dazu sortieren Sie die Spalte ***Titel***, indem Sie auf die Spaltenüberschrift klicken. Übrigens: Ein weiterer Klick auf dieselbe Spalte kehrt die Sortierung um. Sie sehen, dass in der Musiksammlung einige Titel mit ‚Track nn' bezeichnet sind. Track 9 ist zweimal vorhanden, aber aus verschiedenen Alben.

2. Spielen Sie den Titel kurz an, indem Sie ihn doppelklicken. Dann klicken Sie zweimal nacheinander (kein Doppelklick, sondern zwei einzelne Klicks) auf den Titel, sodass Sie den Namen überschreiben können. Vergeben Sie den korrekten Musiktitel. Der Titel wird alphabetisch einsortiert und verschwindet von hier.

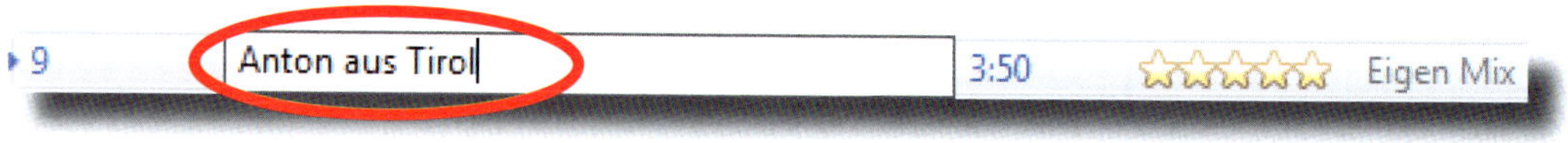

3. Um mehrere Ihrer Lieblingstitel zu bewerten, markieren Sie eine ganze Gruppe, indem Sie auf den Gruppentitel klicken, in diesem Beispiel der Buchstabe ***R***. Öffnen Sie mit einem Rechtsklick das Kontextmenü und wählen Sie ***Bewerten > 5 Sterne***.

4 In diesem Beispiel ist ein Interpret auf zwei unterschiedliche Weisen geschrieben worden (J.B.O. 1 Titel und JBO 2 Titel). Um derartige Fehler zu korrigieren, klicken Sie auf ***Interpret***, dann mit einem Rechtsklick auf den Titel und auf ***Bearbeiten*** und korrigieren Sie den Interpreten. Nun wird JBO mit drei Titeln zu einem Interpreten zusammengefasst.

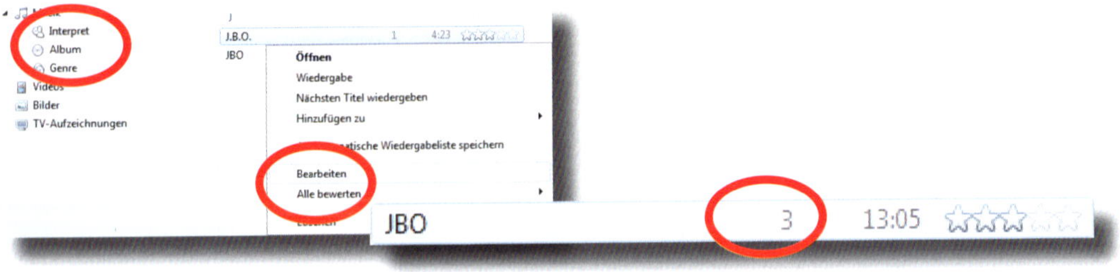

5 In der ***Album***-Ansicht sehen Sie ein unbenanntes Album. Durch einen Doppelklick öffnen Sie das Album und hören sich einen Titel an. Wenn Sie erkannt haben, welches Album es ist, klicken Sie auf ***Zurück***. Mit Rechtsklick wählen Sie aus dem Kontextmenü ***Bearbeiten*** und nun können Sie das Album ordentlich benennen.

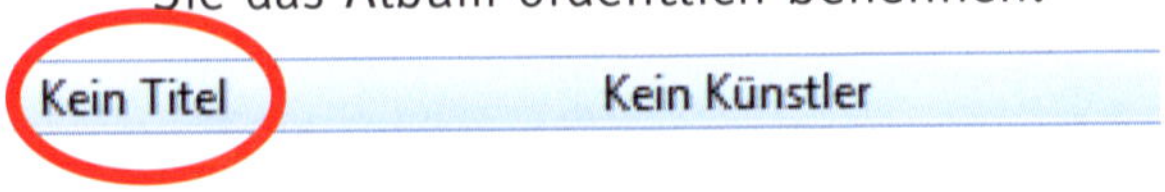

6 Zur Vervollständigung der Informationen eines Titels öffnen Sie das Kontextmenü mit einem Rechtsklick und wählen ***Albuminformationen suchen***. Es wird im Internet nach Informationen gesucht und Sie können aus der Liste den passenden Eintrag auswählen.

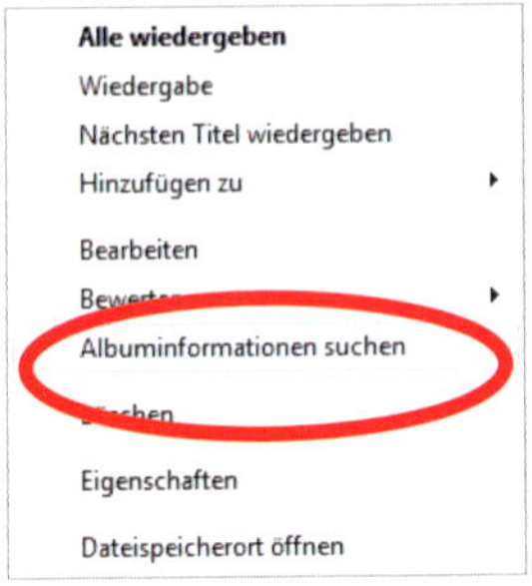

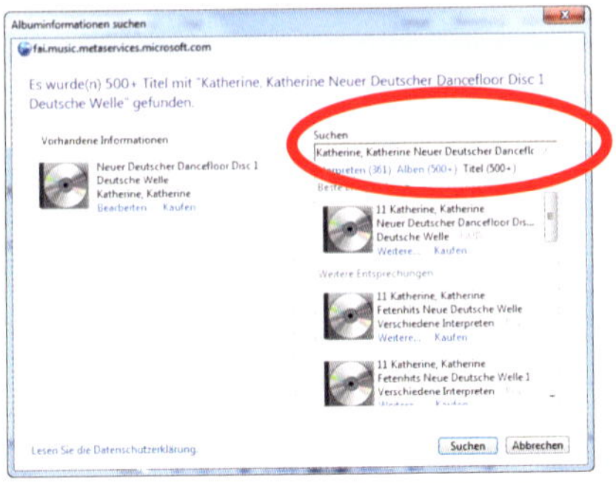

Gut zu wissen

Über das Register ***Synchronisieren*** können Sie sich eine Musiksammlung zusammenstellen, die Sie auf ein mobiles Gerät (Handy, MP3-Player etc.) übertragen können. Eine saubere Benennung der Titel und der Alben ist dann Grundvoraussetzung, damit Sie Ihre Titel im mobilen Gerät wiederfinden und abspielen können.

Ziel

Eine Musiksammlung lebt davon, dass Sie neue Musiktitel Ihrer Sammlung hinzufügen. Sicherlich haben Sie noch viele CDs im Musikschrank, die Sie gerne in den PC hineinbekommen möchten. Mit dem Windows Media Player ist das schnell erledigt. Wie Sie dabei vorgehen, lesen Sie in diesem Abschnitt.

1. Legen Sie Ihre Musik CD in das CD-ROM-Laufwerk ein. Der Windows Media Player beginnt automatisch, die CD zu importieren.

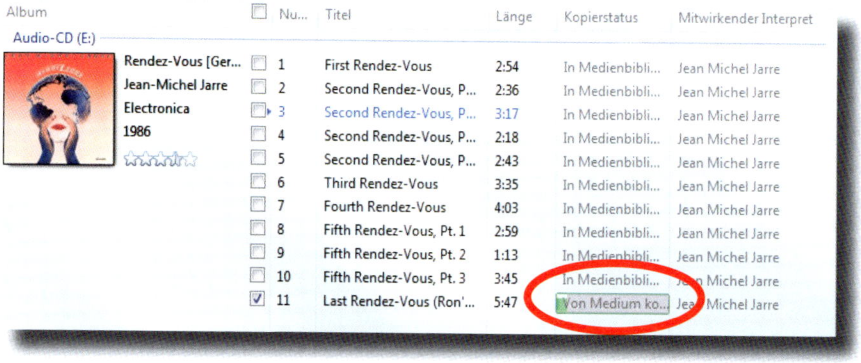

2. Das Album wird automatisch an die richtige Stelle einsortiert und unter ***Eigene Musik*** in Ihrem Benutzerordner hinzugefügt.

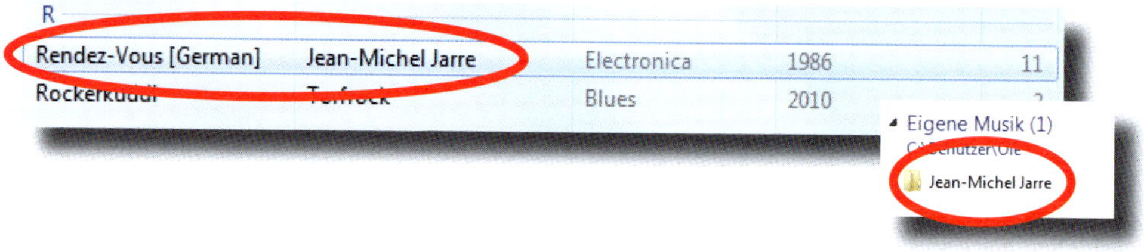

3. Sie können aber auch weitere Ordner zum Media Player hinzufügen. Wählen Sie dazu ***Organisieren > Bibliotheken verwalten > Musik***.

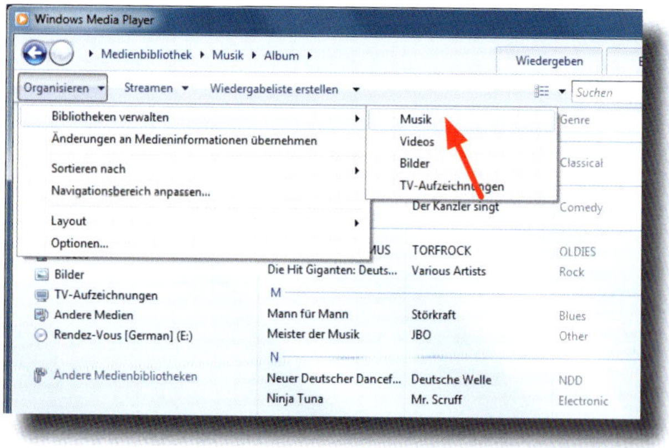

4 Wenn Sie Ihre Musiksammlung auf einem anderen Laufwerk speichern, können Sie dieses der Bibliothek hinzufügen. Wählen Sie dazu ***Hinzufügen*** und navigieren Sie zu Ihrem Ordner.

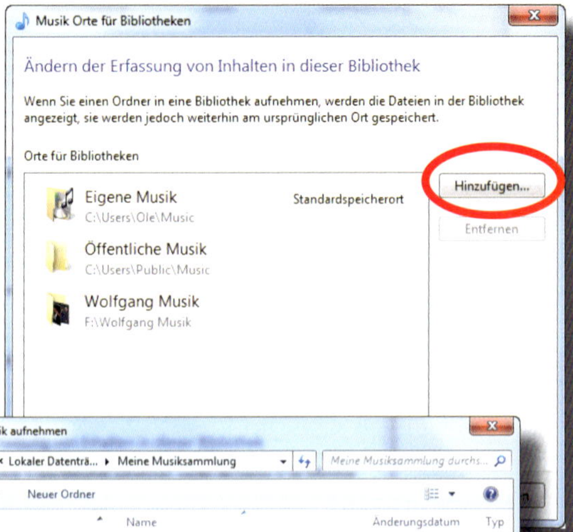

5 Wenn Sie Ihren Musikordner angewählt haben, klicken Sie auf ***Ordner aufnehmen***.

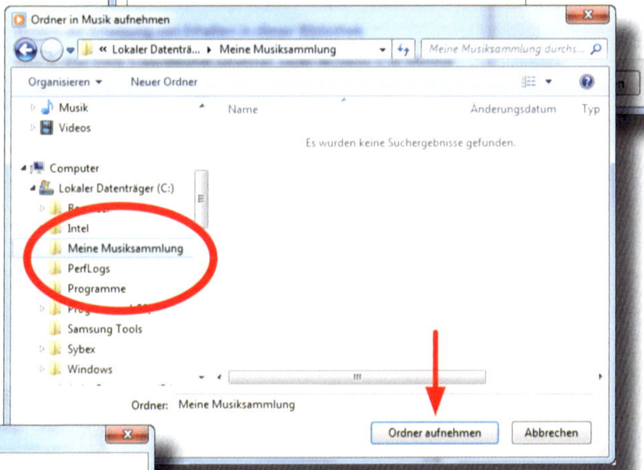

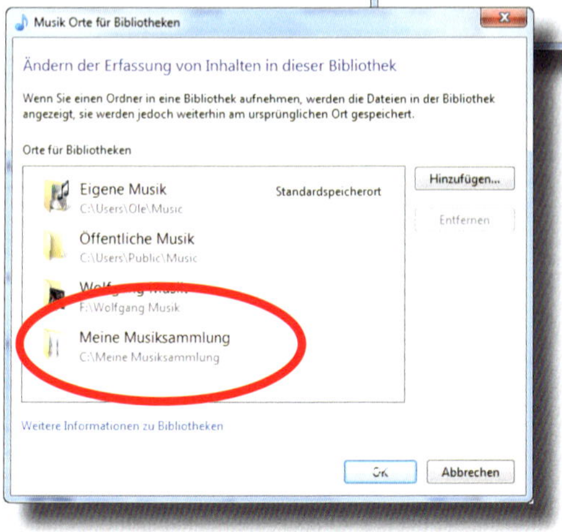

6 Ihr neuer Musikordner wird der Bibliothek hinzufügt.

Gut zu wissen

Wenn Sie Ihre Musiksammlung auf einem externen Datenträger wie z. B. einer USB-Festplatte speichern, muss diese eingeschaltet und angeschlossen sein, wenn Sie den Media Player starten, damit Sie in der Bibliothek die Musiksammlung nutzen können. Sollte das nicht der Fall sein, quittiert der Media Player den Versuch, das Musikstück zu starten mit einer Fehlermeldung.

Ziel

Sicher wächst Ihre Musiksammlung mit der Zeit auf eine Größe, die unhandlich wird, um bestimmte Stücke zu finden und abzuspielen. Mit Wiedergabelisten können Sie sich Titel, die Sie besonders gerne hören oder die Sie für ein bestimmtes Thema wie eine Hochzeitsfeier oder eine Party benötigen, zusammenstellen. Diese Wiedergabelisten können Sie dann gezielt abrufen und den Computer einfach alles Weitere machen lassen. Sie haben dann für jeden Anlass die richtige Musiksammlung griffbereit.

1 Öffnen Sie die Ansicht der Wiedergabelisten, indem Sie auf das Register ***Wiedergeben*** klicken. Es öffnet sich eine – noch – leere Wiedergabeliste.

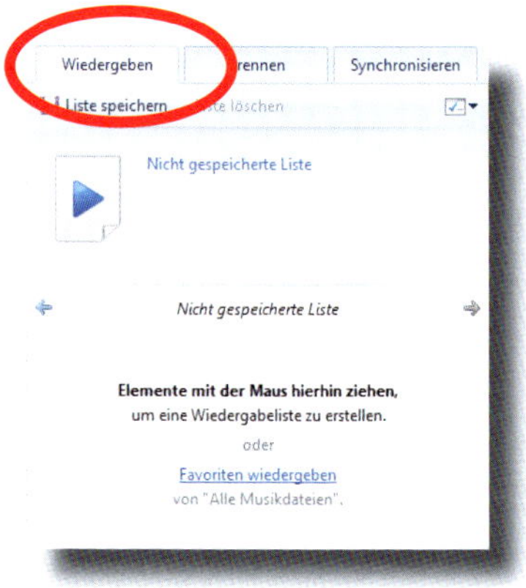

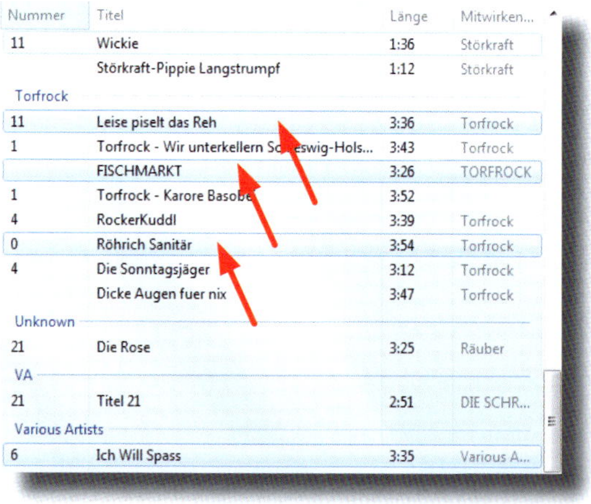

2 Wählen Sie links in der Übersicht die Kategorie ***Musik***. In der Titelliste klicken Sie den ersten Titel an, den Sie in der Wiedergabeliste haben möchten. Mit gedrückter Strg-Taste klicken Sie weitere Titel an. Übrigens: Mehrfaches Klicken eines Titels hebt die Auswahl dieses Titels wieder auf.

3 Klicken und halten Sie die linke Maustaste auf einem der ausgewählten Musiktitel und ziehen die Sammlung nach rechts in den Bereich ***Elemente mit der Maus hierhin ziehen***. Nun lassen Sie die Maustaste los.

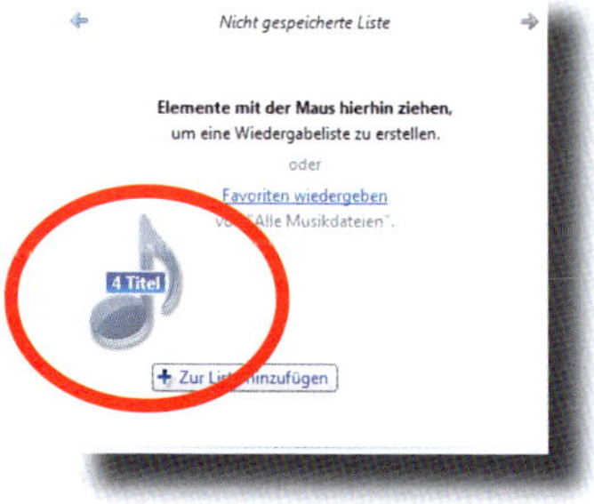

4 Die Titel werden der Wiedergabeliste hinzugefügt. Im unteren Bereich dieser Liste sehen Sie, wie viele Titel Sie hinzugefügt haben und wie lange es dauert, diese Liste abzuspielen.

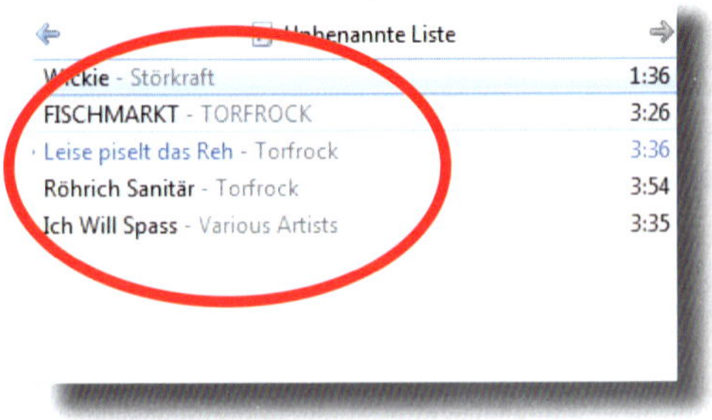

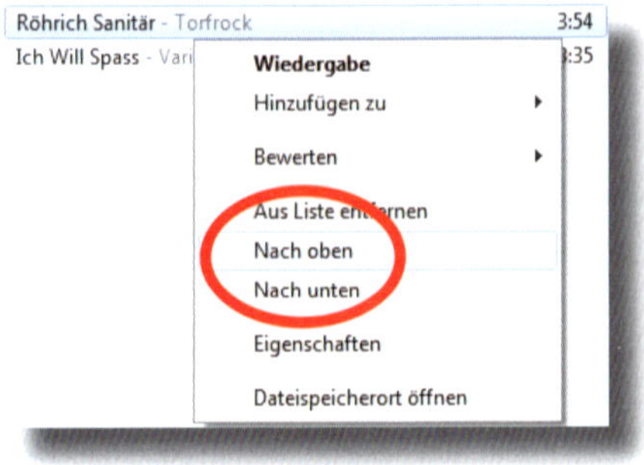

5 Um die Liste nach Geschmack zu sortieren, klicken Sie mit der rechten Maustaste auf einen Titel und wählen ***Nach oben, Nach untern*** oder ***Aus Liste löschen***.

6 Klicken Sie auf ***Unbekannte Liste*** über den Titeln und benennen Sie die Liste mit einem aussagekräftigen Namen. Dasselbe erreichen Sie, wenn Sie auf ***Liste speichern*** klicken. In der Kategorie ***Wiedergabelisten*** ist die neue Liste hinzugefügt worden.

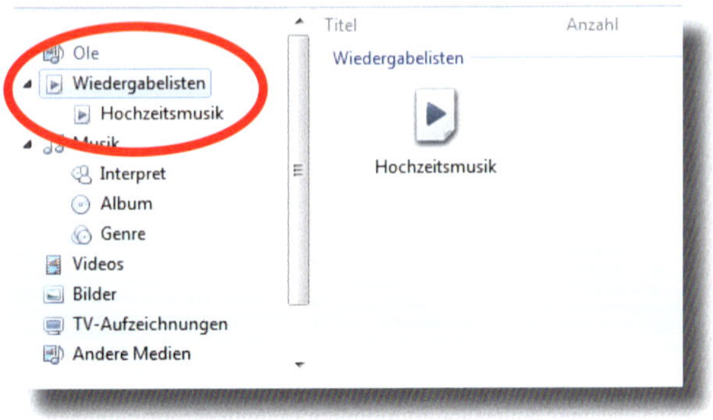

Gut zu wissen

Sie können beliebig viele Wiedergabelisten erstellen und haben damit für jeden Anlass die richtige Musik zur Hand. Jede Liste kann beliebig viele Titel aufnehmen, sodass ein stundenlanger Musikgenuss ohne Ihr Eingreifen gewährleistet ist. Natürlich können Sie Wiedergabelisten auch verändern, indem Sie weitere Titel aufnehmen, Titel entfernen oder die Liste umsortieren.

Ziel

Der Media Player ist nicht nur für Musik zu gebrauchen, sondern gibt Ihnen auch die Möglichkeit, Videos und DVDs abzuspielen. Auch im Bereich Videos bietet der Media Player ähnlich komfortable und umfangreiche Verwaltungsmöglichkeiten wie bei Musik. Als DVD-Spieler ist der Media Player ebenfalls geeignet, wobei man die Ausgabe sogar auf den heimischen Fernseher leiten kann.

1 Wenn Sie eine DVD in Ihr Laufwerk einlegen, wird diese in der Übersicht sofort angezeigt und automatisch im Vollbildmodus abgespielt.

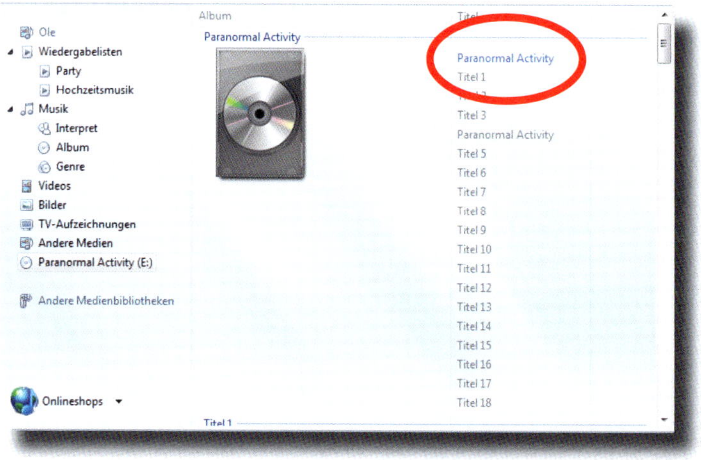

2 Sie können zwischen dem Abspielmodus und dem Media Player hin- und herschalten, indem Sie auf dieses kleine Symbol klicken. Spielt das Video im Vollbildmodus, drücken Sie einfach auf die Esc-Taste.

3 Wenn Sie im Play-Modus mit der Maus über das Video ziehen, werden die Navigationselemente eingeblendet. Hier finden Sie auch das DVD-Menü.

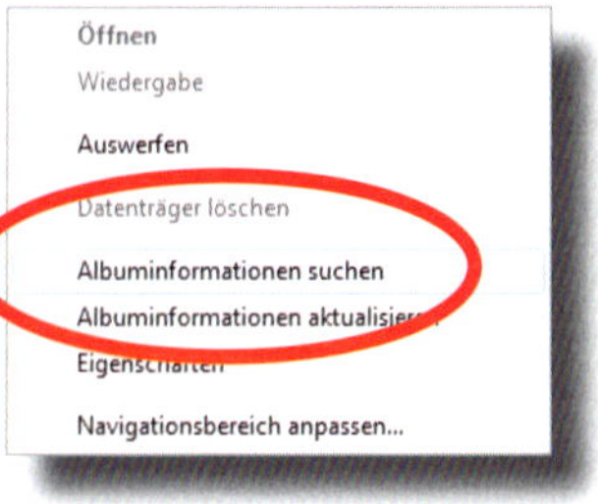

4 Auch bei DVDs ist das Internet eine hilfreiche Quelle, um für die eingelegte DVD zusätzliche Informationen zur Verfügung zu stellen.

5 Wie auch bei der Musik, können Sie bei Videos und DVDs die Meta-Informationen bearbeiten. Klicken Sie dazu auf ***Bearbeiten*** und passen die Informationen an.

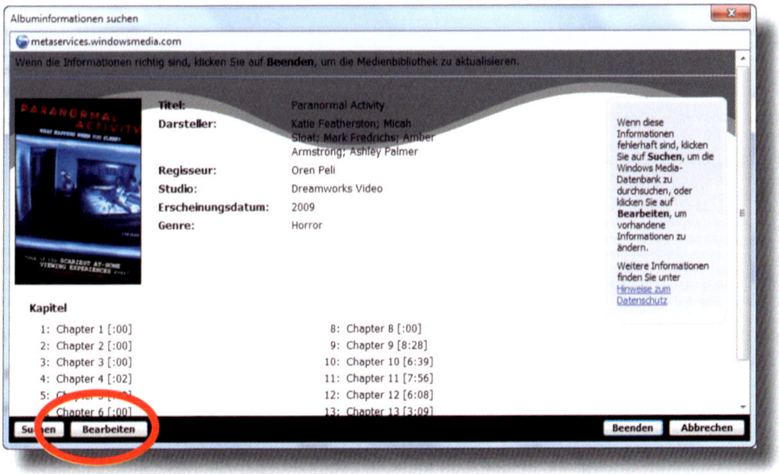

6 Bei DVDs, die in anderer Sprache hergestellt wurden, können Sie mit einem Rechtsklick auf das Video die Untertitel für Deutsch einblenden.

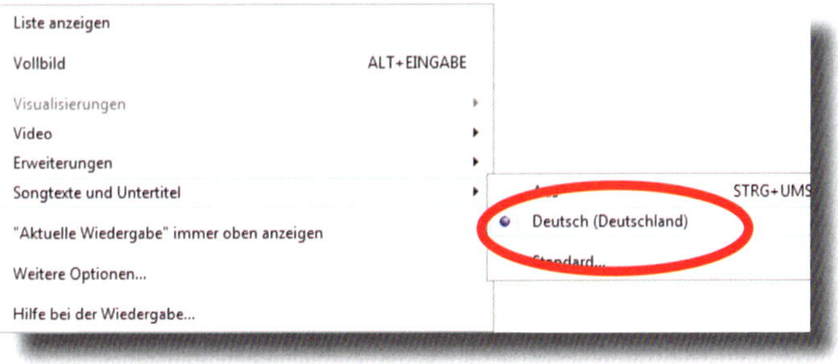

Gut zu wissen

Neben dem Media Player gibt es eine Fülle anderer DVD-Abspielprogramme wie z. B. Cyberlink PowerDVD. Den persönlichen Lieblings-Player kann man jedoch nur selbst herausfinden. Zum Abspielen von DVDs und Filmen sollten Sie auch den Begriff ***CODEC*** gehört haben. Für bestimmte Video-Formate sind bestimmte Codecs erforderlich, die man im Internet meist kostenlos herunterladen und installieren kann.

Ziel

Die beste Musiksammlung nützt nichts, wenn Sie auf dem Computer verwaltet wird, Sie aber unterwegs sind. Auch auf Reisen (vielleicht im Auto) möchten Sie Ihre Lieblingstitel immer dabei haben und diese genießen. Brennen Sie doch einfach Ihre Lieblingsmusik auf CD und nehmen Sie diese mit.

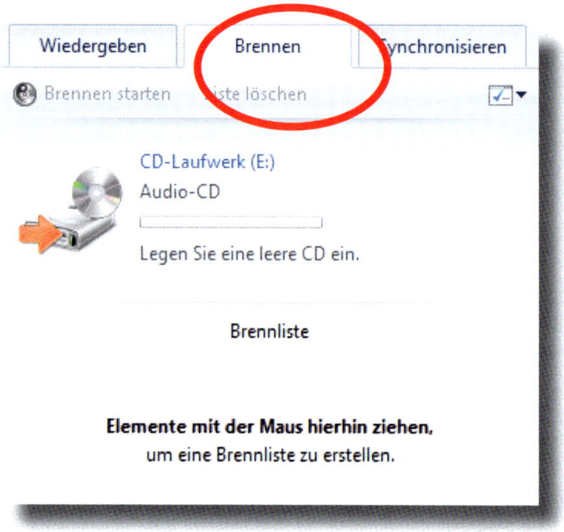

1 Klicken Sie im Media Player auf das Register ***Brennen***. Sie können sowohl einzelne Titel als auch erstellte Wiedergabelisten in den Bereich ***Elemente mit der Maus hierhin ziehen*** aufnehmen.

2 Klicken Sie auf einen Titel und ziehen diesen mit gedrückter Maustaste in den Brennbereich. Das Gleiche funktioniert auch mit Wiedergabelisten. Klicken Sie die Wiedergabeliste an und ziehen diese Liste in den Brennbereich. Es werden alle Titel der Brennliste hinzugefügt.

3 Im Gruppentitel erkennen Sie, wie viel Musik auf den Datenträger kopiert wird.

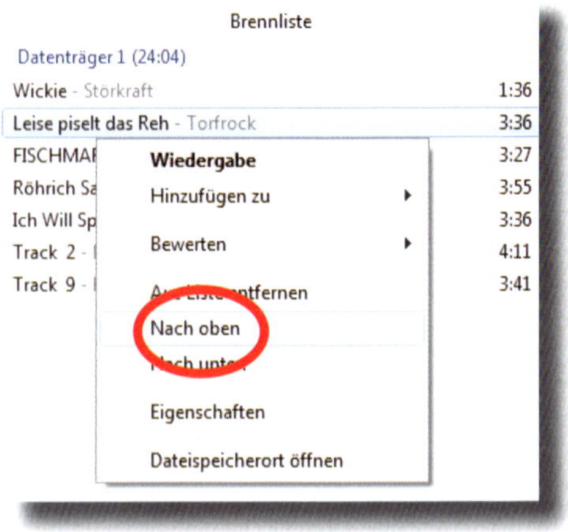

4 Mit einem Rechtsklick auf einen Titel öffnen Sie das Kontextmenü und können den Titel ***Nach oben*** bewegen, ***Nach unten*** bewegen oder aus der Liste löschen.

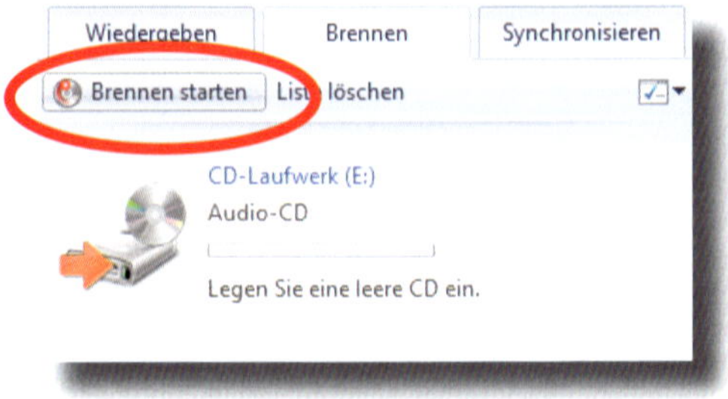

5 Um den Brennvorgang zu starten, klicken Sie oberhalb der Liste auf die Schaltfläche ***Brennen starten***. Sie werden aufgefordert, einen CD-Rohling einzulegen und das Laufwerk wird geöffnet.

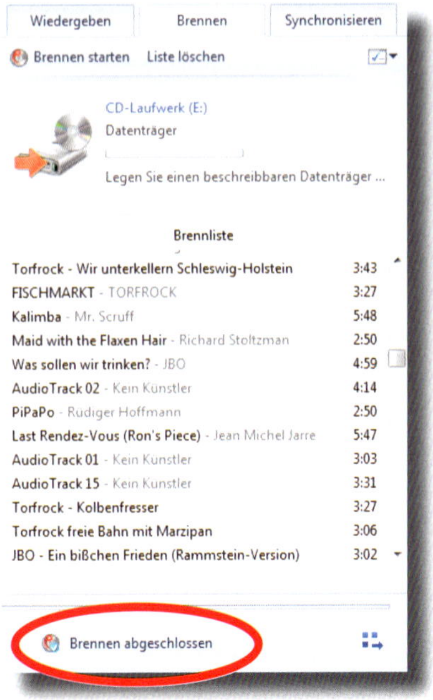

6 Wenn Sie den CD-Rohling einlegen, wird der Brennvorgang gestartet und nach Fertigstellung die CD automatisch ausgeworfen.

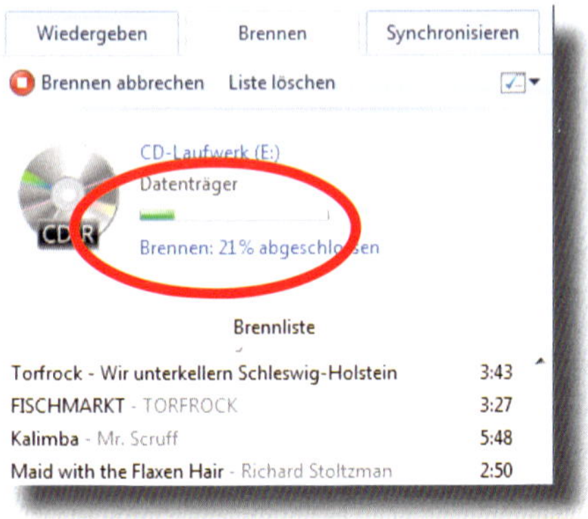

Gut zu wissen

Wenn Sie eine größere Menge an Titeln zum Brennen in den Brennbereich gezogen haben, teilt der Windows Media Player die Titel automatisch auf mehrere CD-Rohlinge auf. Ein Datenträger kann also nicht ‚überlaufen'.

Wichtige Begriffe

CD: Als CD bezeichnet man eine Compact Disc, einen Datenträger mit sehr hoher Speicherkapazität, den man einmal beschreiben kann und dann über verschiedene Abspielgeräte beliebig oft abspielen kann.

CODEC: Ein Codec ist ein Stück Programm, welches es ermöglicht, Videos, die in bestimmten Formaten aufgenommen wurden (DivX, XVid, MPEG3, MPEG4 usw.), zu dekodieren und damit wiederzugeben.

DVD: Digital Versatile Disc ist der Fachbegriff für einen Datenträger mit sehr hoher Kapazität, der einmal beschrieben, aber viele Male gelesen werden kann. Ein 90-Minuten-Film mit Untertiteln passt auf einen DVD-Rohling. Weiterentwicklungen der DVD sind Dual Layer DVDs (2-Schichten, die beschrieben werden können) und Blue-Ray (Hochqualitätsfilme in HD-Technik).

Meta-Informationen: Zusätzliche Informationen, die zu einem Musikstück, einem Video oder Bild hinzugefügt werden können, wie z. B. Autor, Bewertung, Interpret und dergleichen mehr.

USB-Festplatte: Eine USB-Festplatte (auch einfach USB-Platte genannt) ist ein Massenspeichermedium, welches man über den USB-Anschluss des Rechners an den Computer anschließt. Die USB-Platte wird dabei automatisch erkannt und in den Windows-Explorer integriert.

9 Mit Windows 7 ins Internet

In diesem Kapitel lernen Sie:

- ☑ einen Internetzugang einzurichten
- ☑ mit dem Internet Explorer 9 umzugehen
- ☑ mit mehreren Registerkarten zu surfen
- ☑ die Startseite des Internet Explorers festzulegen
- ☑ Favoriten anzulegen und zu organisieren
- ☑ Informationen zu suchen und zu finden
- ☑ Dateien aus dem Internet herunterzuladen
- ☑ Online einzukaufen
- ☑ Wikipedia als Informationsquelle einzusetzen
- ☑ das soziale Netzwerk Facebook zu nutzen

Ziel

Ohne Internetzugang kommt heute kaum jemand noch zurecht. Ob es Einkaufen bei eBay oder Amazon ist, ob es die Windows Live Dienste sind oder einfach der Kontakt zu anderen über MSN, ICQ oder soziale Netze. Vielleicht wollen Sie sich auch einfach ein wenig die Zeit vertreiben und ‚herumsurfen'. Die Verwendung des Internets ist so vielfältig, dass für jeden etwas Passendes dabei ist. Um in das Internet zu kommen, ist natürlich erst einmal eine Verbindung erforderlich.

1. Öffnen Sie über ***Startmenü*** die ***Systemsteuerung*** und klicken Sie auf ***Internetoptionen***.

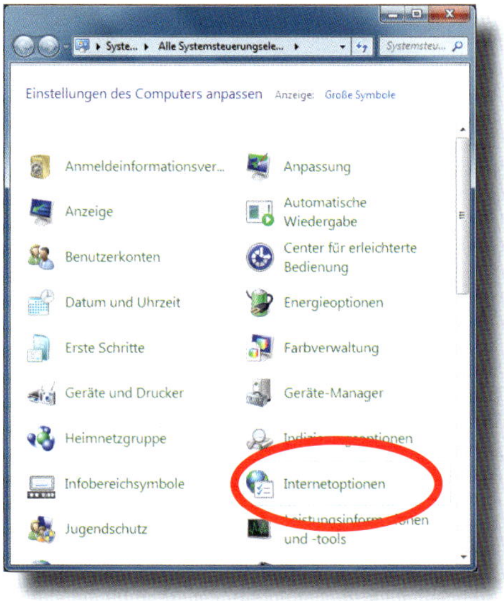

2. Im Dialog ***Eigenschaften von Internet*** wählen Sie das Register ***Verbindungen*** und klicken auf die Schaltfläche ***Einrichten***.

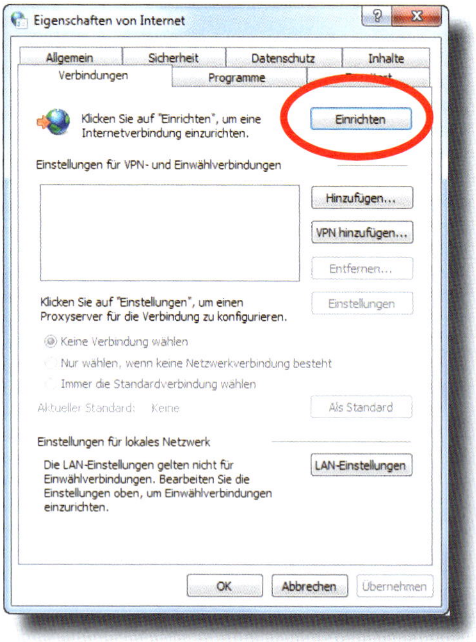

3. Wählen Sie zur Verbindung ins Internet den Punkt ***Breitband (PPPoE)***. Breitband ist das gleiche wie DSL.

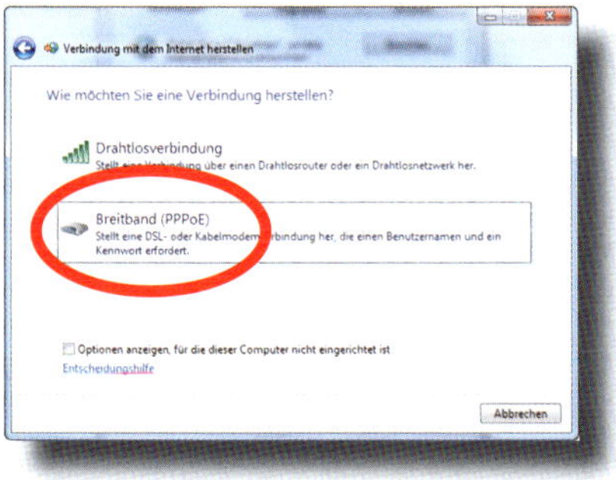

4 Geben Sie Ihren Benutzernamen und Ihr Kennwort ein. Beides haben Sie von Ihrem DSL-Anbieter erhalten. Wenn nicht, dann ist es nicht notwendig, hier etwas einzutragen. Fragen Sie ggf. bei Ihrem Anbieter nach.

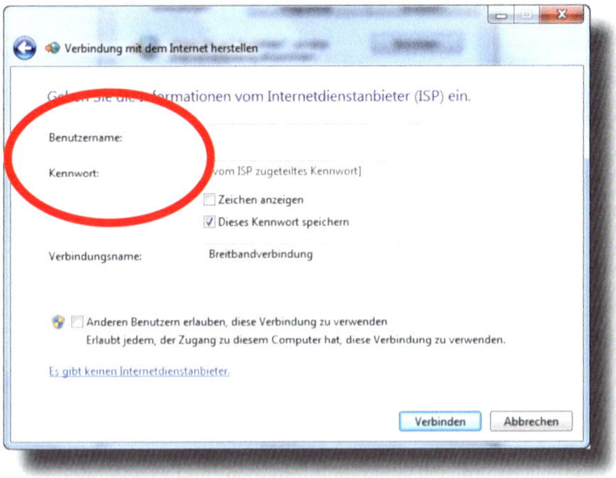

5 Vergeben Sie einen aussagekräftigen Namen für diese Verbindung.

6 Nach einem Versuch, die Verbindung herzustellen erscheint der Dialog zur Verwendung des Zugangs. Klicken Sie hier auf ***Verbindung jetzt herstellen***.

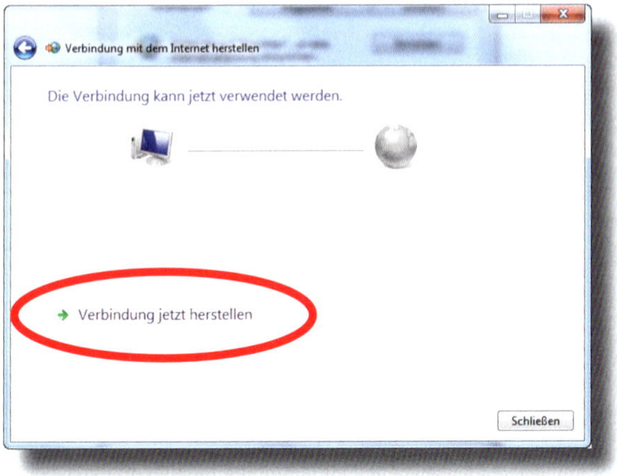

Gut zu wissen

Da es im Internet auch schädliche Programme und Viren gibt, ist es unbedingt anzuraten, vor Herstellung einer Internetverbindung einen Virenscanner zu installieren, der Ihren Computer vor Angriffen aus dem Internet schützt.

Ziel

Neben dem Windows-Explorer ist der Internet Explorer das wohl am meisten benutzte Programm auf Ihrem Rechner. Der Internet Explorer bietet nicht nur Browsen über Registerkarten das sogenannte Tabbed Browsing, Festlegen und Organisieren von Favoriten, sondern eine Fülle von neuen und altbekannten Funktionen. Grund genug, den neuen Internet Explorer 9 einmal genauer unter die Lupe zu nehmen und zu sehen, welche Möglichkeiten und Funktionen er mit sich bringt.

1. Starten Sie den Internet Explorer, indem Sie das ***Startmenü*** öffnen, und auf ***Internet Explorer*** klicken.

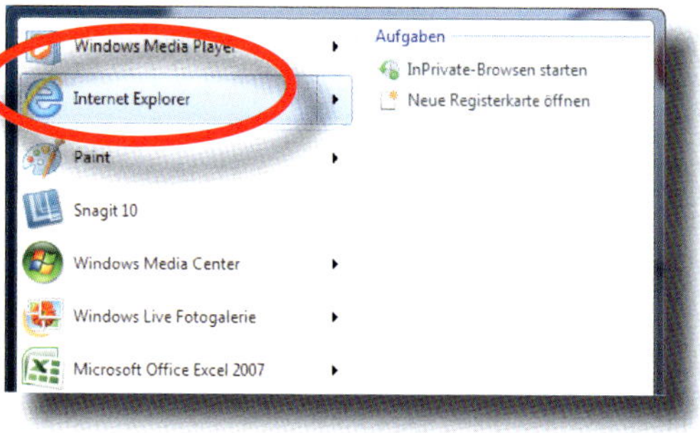

2. Im geöffneten Internet Explorer geben Sie in die ***Adresszeile*** die Adresse ***google.de*** ein (Sie brauchen ***http://www.*** nicht mit einzugeben, das weiß der Internet Explorer von alleine). Es öffnet sich die Google-Seite.

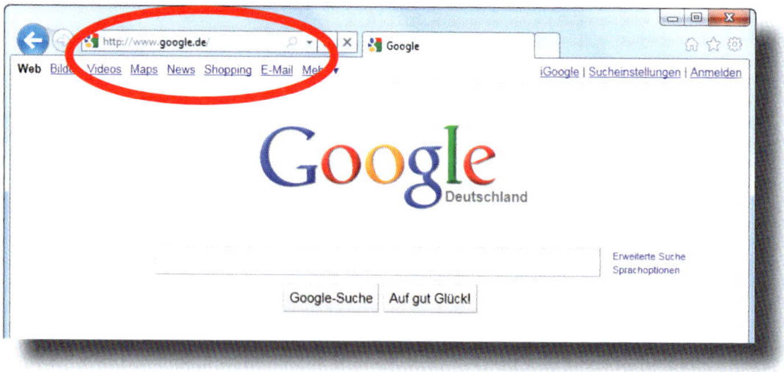

3. Die Webseiten werden in Registern angezeigt. Klicken Sie auf das schmale Register rechts neben Google und es öffnet sich ein weiteres Internet-Register. Für dieses Register können Sie nun eine weitere Web-Adresse eingeben.

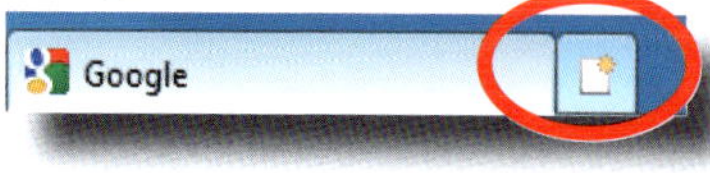

4 Wenn Sie die Web-Adresse ***microsoft.com*** in die Adresszeile eingeben und [Enter] drücken, wird die Homepage von Microsoft angezeigt.

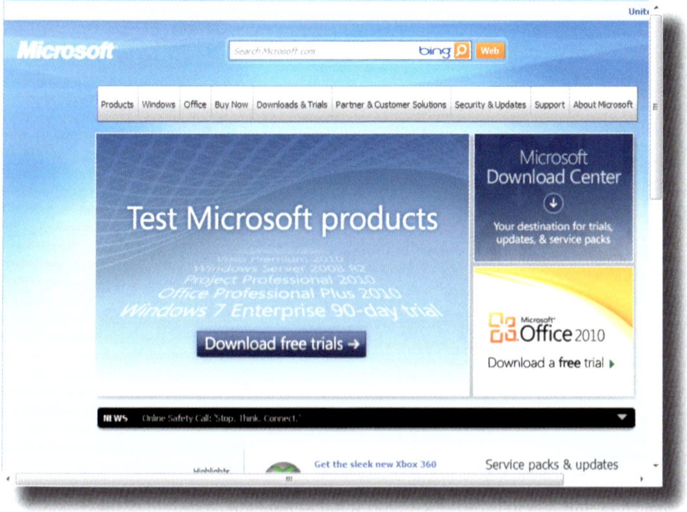

5 Fahren Sie mit der Maus über die Website. An einigen Stellen ändert sich der Mauszeiger zu einer Hand. Dort können Sie anklicken und weitersurfen. Diese Klickbereiche nennt man ***Links***.

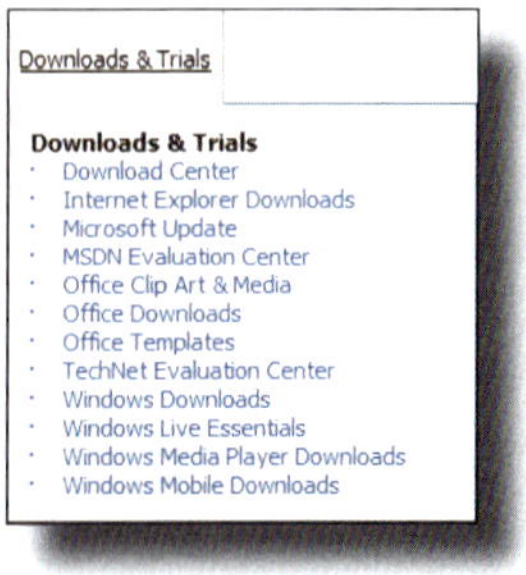

6 Am rechten Rand neben den Registern können Sie noch drei Elemente anklicken. Das ***Haus*** führt Sie zurück zum Ausgangspunkt (google.de), der ***Stern*** öffnet die Favoriten (dazu später mehr) und das ***Zahnrad*** öffnet Einstellungen für den Explorer.

Gut zu wissen

Natürlich gibt es zum Surfen im Internet nicht nur den Internet Explorer. Auch andere Softwarehersteller liefern gute Browser wie z. B. Google Chrome, Firefox, Opera und Safari. Aber viele Nachteile und fehlende Funktionen aus früheren Versionen des Explorers im Vergleich zur Konkurrenz sind nun aus der Welt geschafft, sodass dem Einsatz vom Internet Explorer nichts im Wege steht und das Surfen mit dem Internet Explorer 9 nun richtig Spaß macht.

Ziel

Wenn Sie den Internet Explorer starten, wird automatisch eine bestimmte Seite geöffnet. Das ist oft ***google.de*** zur Suche im Internet. Wenn Ihnen diese Startseite nicht gefällt, können Sie natürlich auch eine andere Seite zu Ihrer persönlichen Startseite machen. Diese wird immer dann geöffnet, wenn Sie den Internet Explorer starten.

1. Öffnen Sie den Internet Explorer und klicken Sie auf das kleine Zahnrad in der oberen rechten Ecke. Wählen Sie aus dem Menü ***Internetoptionen***.

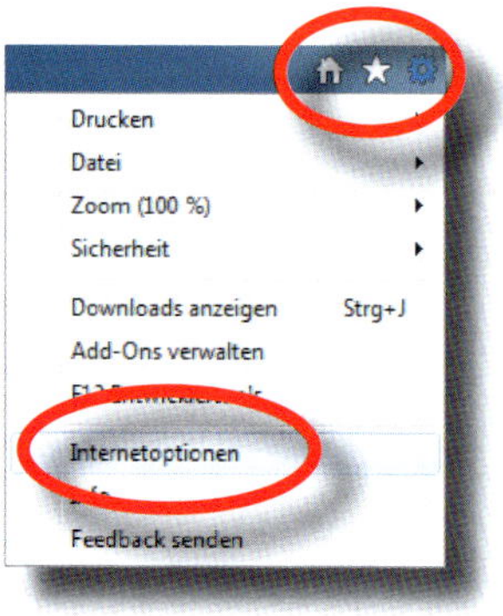

2. In dem Dialog ***Internetoptionen*** wählen Sie das Register ***Allgemein***.

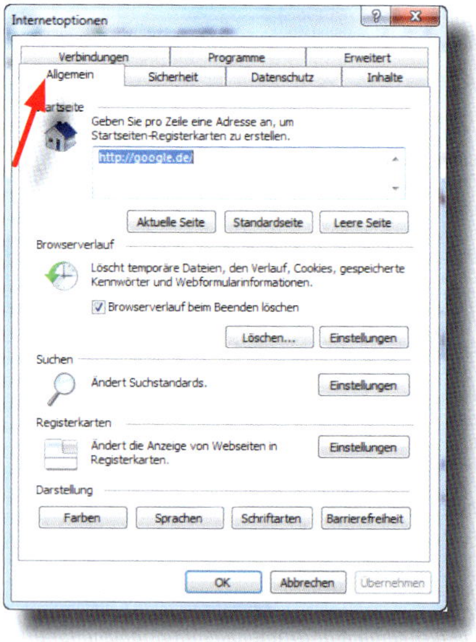

3. Geben Sie eine andere Web-Adresse in das Eingabefeld ein – hier z. B. ***http://www.n-tv.de*** und klicken Sie auf ***Übernehmen*** und ***OK***.

4 Klicken Sie nun oben rechts auf das kleine Haus für ***zurück zur Startseite***. Sie sehen, Sie landen nicht mehr bei ***google.de,*** sondern bei ***n-tv.de.*** ***Übrigens:*** Zurück zum Anfang geht es auch mit [Alt] + [R].

5 Wenn Sie in den ***Internetoptionen*** auf ***Standardseite*** klicken, können Sie die ***google.de*** Site auch noch personalisieren und mit Informationen wie ***Nachrichten*** usw. versehen.

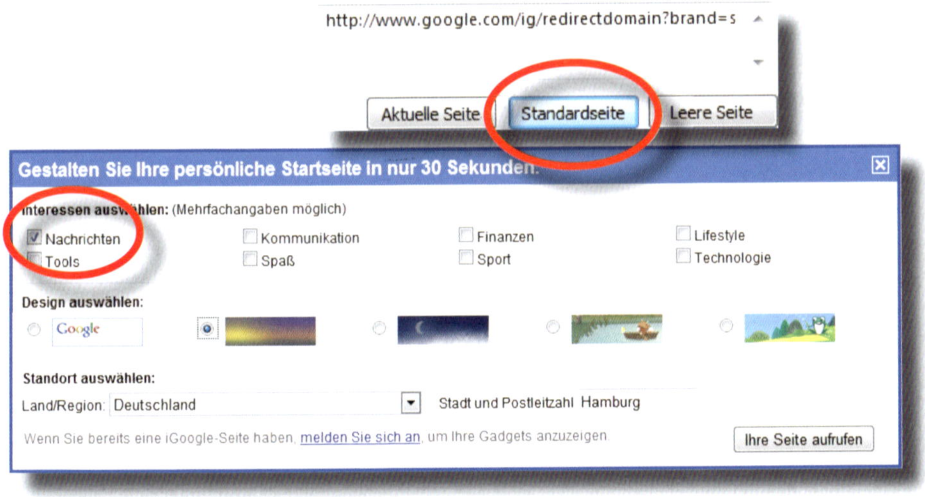

6 Wenn Sie gar keine Seite als Startseite möchten, dann klicken Sie einfach in den ***Internetoptionen*** auf ***Leere Seite.***

Gut zu wissen

Natürlich können Sie auch mehrere Seiten sofort öffnen. Wenn Sie gleichzeitig einen Suchanbieter (***google.de***) öffnen möchten und außerdem in einem neuen Register Nachrichten lesen möchten (***n-tv.de***) und evtl. wiederum in einem neuen Register ein Übersetzungshandbuch parat haben möchten (***leo.org***), dann geben Sie einfach alle drei Web-Adressen jeweils in einer neuen Zeile nacheinander ein. Beim nächsten Start des Internet Explorers öffnet dieser alle drei Seiten in drei Registern auf einmal.

Ziel

Sicherlich haben Sie im Lauf der Zeit eine Fülle interessanter oder nützlicher Websites entdeckt und möchten diese später bequem wiederfinden. Wenn Sie eine Website als Favoriten speichern möchten, bietet der Internet Explorer dafür eine eigene Favoritenverwaltung an. Wie Sie diese nutzen, lernen Sie im folgenden Abschnitt.

1. Navigieren Sie mit dem Internet Explorer zu der Site, für die Sie einen Favoriten anlegen möchten.

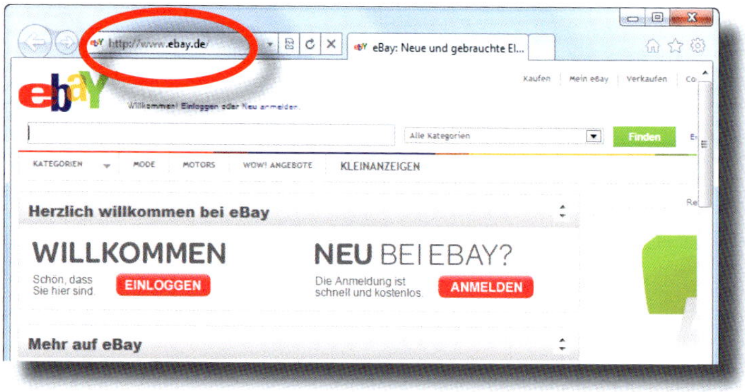

2. Öffnen Sie die Favoritenverwaltung, indem Sie auf das kleine Sternchen oben rechts klicken. Wählen Sie in dem geöffneten Fenster das Register ***Favoriten***. Klicken Sie auf ***Zu Favoriten hinzufügen***.

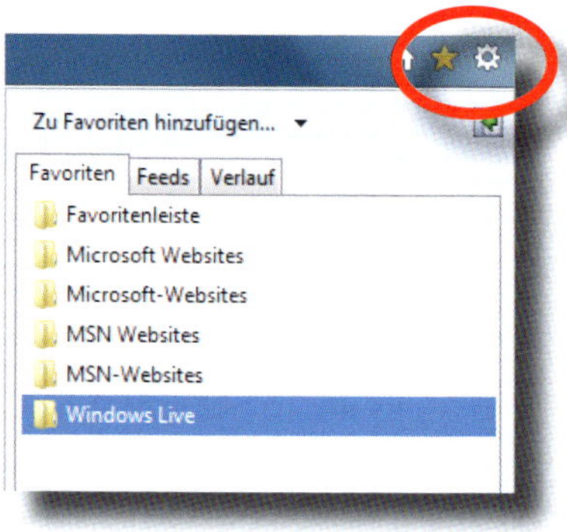

3. Der vorgeschlagene Name des Favoriten ist etwas unsinnig. Überschreiben Sie diesen mit ***eBay***.

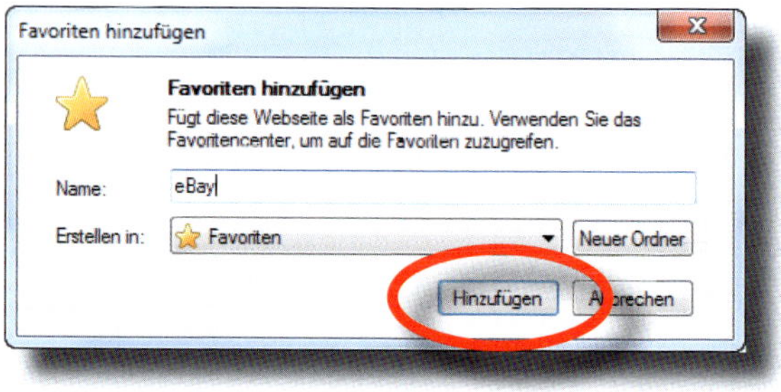

4 Denken Sie von Anfang an daran, die Favoriten über Ordner zu strukturieren, damit Sie den Überblick behalten. Klicken Sie auf ***Neuer Ordner*** und benennen Sie den Ordner im Feld ***Ordnername*** mit ***Einkaufen im Internet***. Klicken Sie auf ***Erstellen***.

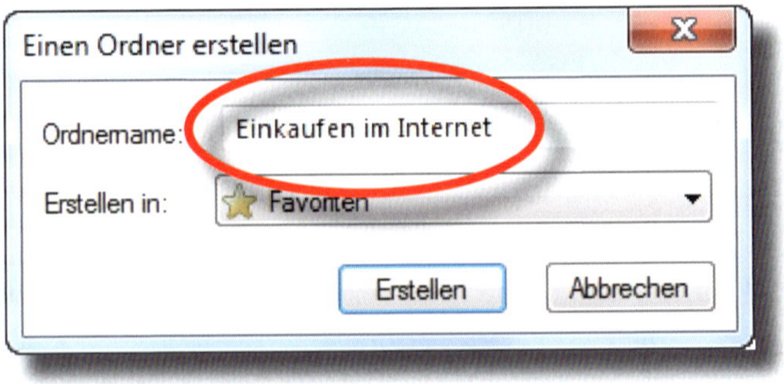

5 Wählen Sie im Feld ***Erstellen in*** den Ordner ***Einkaufen im Internet***. Klicken Sie auf ***Hinzufügen***.

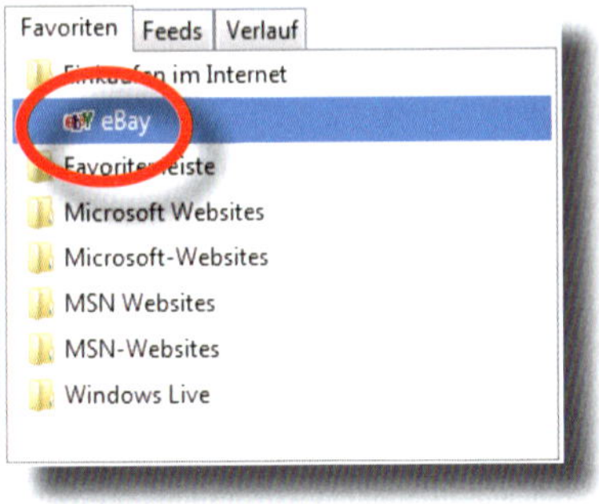

6 Wenn Sie nun wieder auf das ***Sternchen*** oben rechts klicken, das Register ***Favoriten*** anwählen und den Ordner ***Einkaufen im Internet*** öffnen, sehen Sie den angelegten Favoriten. Ein Klick darauf und Sie landen bei eBay.

Gut zu wissen

Sie können sich Internet-Favoriten auch direkt auf Ihrem Arbeitsplatz ablegen. Erstellen Sie dazu einen Favoriten wie oben beschrieben und ziehen diesen mit gedrückter linker Maustaste aus dem Favoritenfenster auf den Desktop. Wenn Sie ihn dort fallen lassen, können Sie diese Website später direkt mit einem Doppelklick öffnen.

Ziel

Oft benötigt man mehr als ein Fenster zum Surfen. Im ersten Register haben Sie vielleicht ***preisvergleich.de*** geöffnet, im zweiten Register den daraus ermittelten Stromanbieter und im dritten Register ***eBay.de***, wo Sie gerade einen Artikel beobachten. Das lässt sich spielend leicht mit mehreren Registerkarten realisieren.

1. Klicken Sie auf die kleine Registerkarte am rechten Rand der Registerkarten. Geben Sie in der Adresszeile die Web-Adresse ein, zu der Sie surfen möchten. Wiederholen Sie dieses für mehrere Adressen.

2. Wenn Sie auf einer Website einen interessanten Link entdeckt haben, aber an dieser Stelle bleiben möchten, statt diesen zu klicken, dann können Sie mit einem Rechtsklick über ***In neuer Registerkarte öffnen*** diesen Link in einem eigenen Register öffnen. Die Registerkarten werden dann farbig gruppiert.

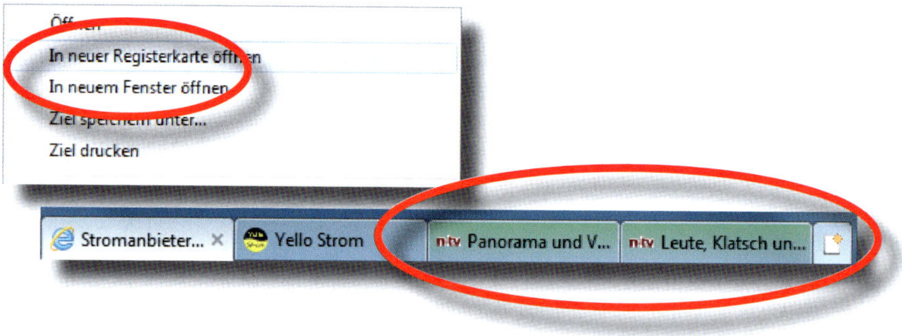

3. Wenn Sie in diesem Bereich genug gesurft haben und diese Gruppe schließen möchten, führen Sie einen Rechtsklick auf einer der Registerkarten aus und wählen aus dem Kontextmenü ***Diese Registerkartengruppe schließen*** aus. Alle andersfarbigen Registerkarten bleiben dabei geöffnet.

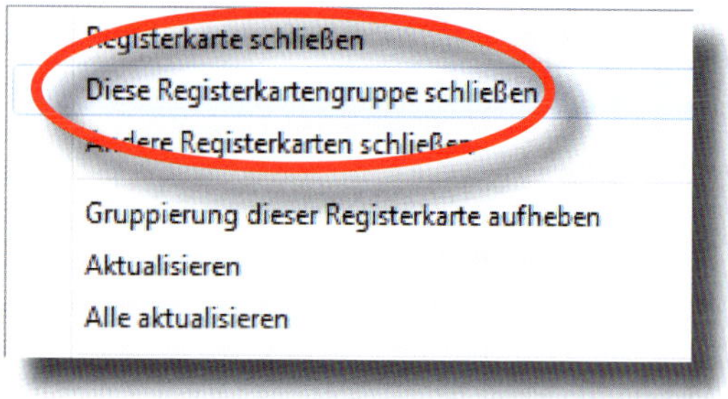

4 Sie können die Registerkarten auch wechseln, indem Sie in der Startleiste auf die Internet Explorer-Gruppe fahren und aus den Miniaturansichten eine bestimmte Registerkarte anklicken. Von hier aus können Sie auch einzelne Register schließen, indem Sie auf das kleine rote Kreuz klicken.

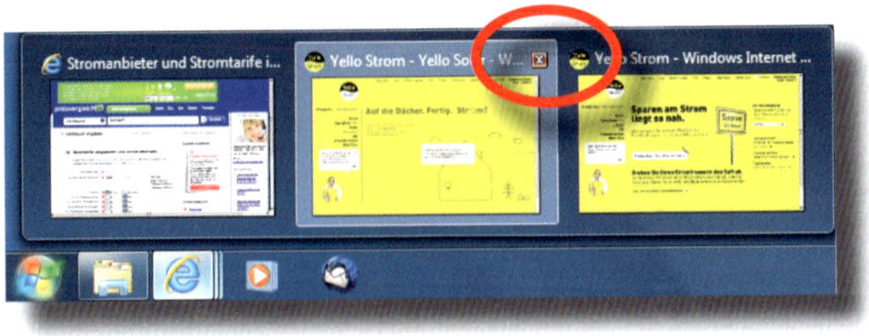

5 Besonders interessant ist auch die neue Funktion des Herausziehens einer Registerkarte. Wenn Sie mit der linken Maustaste ein Register anfassen und es aus dem Internet Explorer herausziehen, dann öffnet sich mit diesem Register ein neuer Internet Explorer.

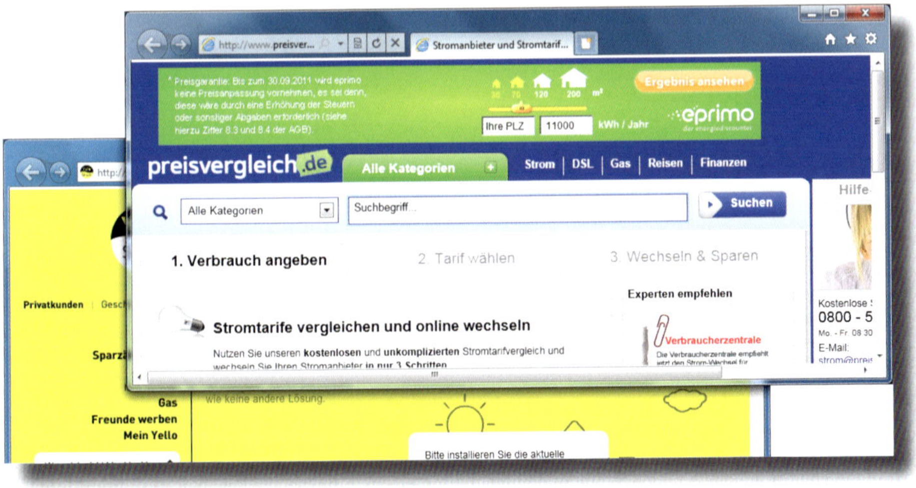

6 Wenn Sie einzelne Register schließen möchten, klicken Sie dieses Register an, fahren mit der Maus darüber und klicken auf das kleine rote Kreuz, das am rechten Rand der Registerkarte sichtbar wird.

Gut zu wissen

Die Registerkartennavigation funktioniert auch mit Tastenkürzeln. Eine neue Registerkarte öffnen Sie mit [Strg] + [T], Schließen einer Registerkarte funktioniert mit [Strg] + [W] und der Wechsel zwischen Registerkarten ist mit [Strg] + [⇆] möglich.

Ziel

Das Internet ist nicht nur Selbstzweck, sondern möchte Ihnen Informationen und Dienste zur Verfügung stellen. Haben Sie ein bestimmtes Ziel im Auge, finden Sie garantiert im Internet Informationen und Unterstützung zu diesem Thema. Sie können dazu Suchmaschinen oder die Suche über das Adressfeld nutzen. Wie Sie für bestimmte Zwecke im Internet suchen, erklärt dieser Abschnitt.

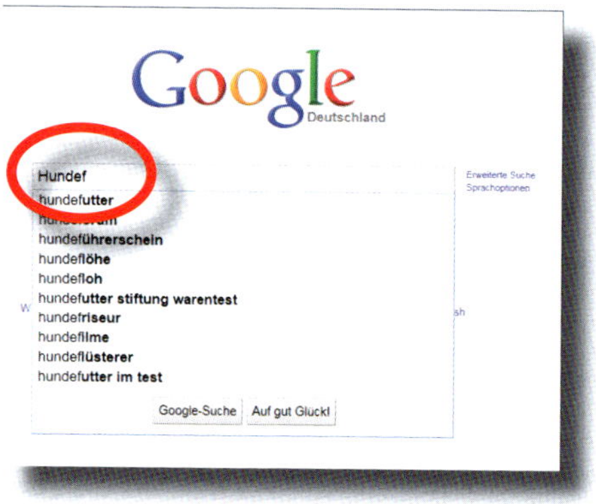

1 Öffnen Sie die Seite ***google.de*** und geben Sie Ihren Suchbegriff in das Eingabefeld ein. Wir suchen Hundefutter. Bereits beim Tippen schlägt Google mögliche Treffer vor. Tippen Sie zu Ende oder wählen Sie einen Eintrag aus der Liste. Klicken Sie auf ***Google-Suche.***

2 Google zeigt Ihnen mögliche Websites, auf denen es etwas zum Thema Hundefutter zu lesen gibt. Die oberen Einträge sind farbig hinterlegt, das ist Werbung.

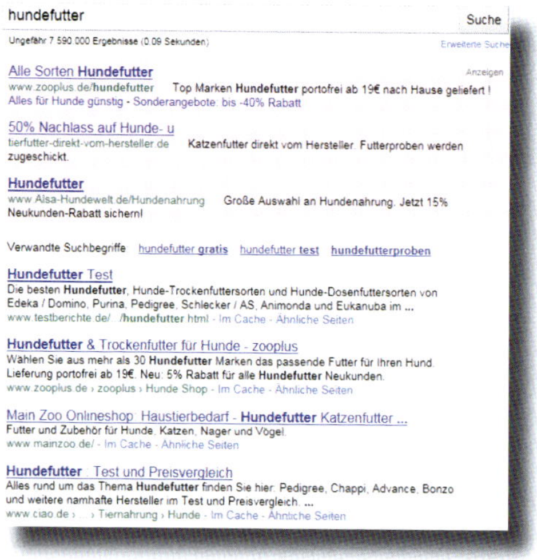

3 Wenn Sie sich für einen Eintrag entschieden haben, dann klicken Sie auf die unterstrichene Zeile (das ist ein Link, der auf die Website verzweigt). Unter dem Link folgt eine kurze Erklärung.

4 Sie surfen direkt auf die Seite eines Lieferanten von Hundefutter. Im linken Bereich können Sie nun Produkte auswählen.

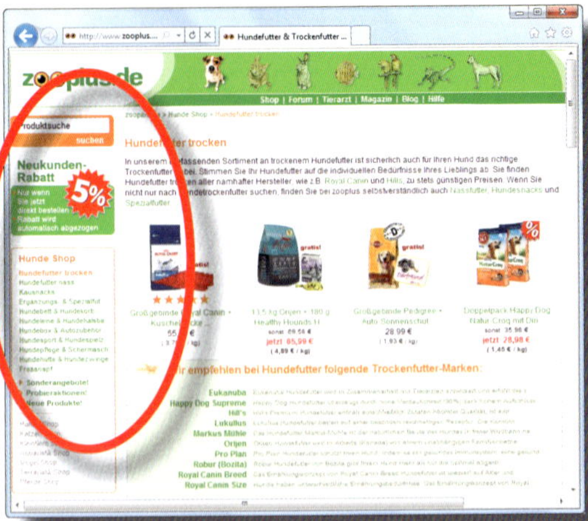

5 Wenn die Suche nicht ausreicht, können Sie auch mehrere Begriffe hintereinander eingeben. Wenn das immer noch nicht zum Ziel führt, klicken Sie auf ***Erweiterte Suche*** rechts neben dem Suchfeld. Wir suchen Lieferanten von Trockenfutter in Deutschland, grenzen die Suche also auf diese Begriffe ein. Klicken Sie auf ***Google-Suche*** und das Ergebnis wird Ihnen angezeigt.

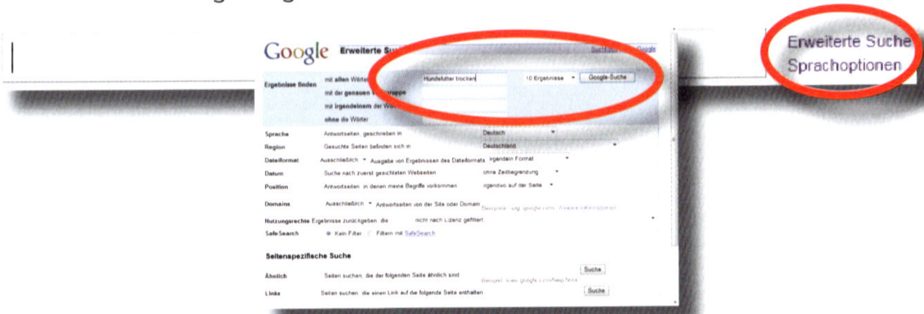

6 Besonders bequem suchen Sie, wenn Sie direkt in der Adresszeile Ihren Suchbegriff (statt einer Web-Adresse) eingeben. Der Internet Explorer sucht dann automatisch beim Standard-Suchanbieter. Der ist hier auf ***google.de*** eingestellt, was man in der unteren Symbolleiste erkennt.

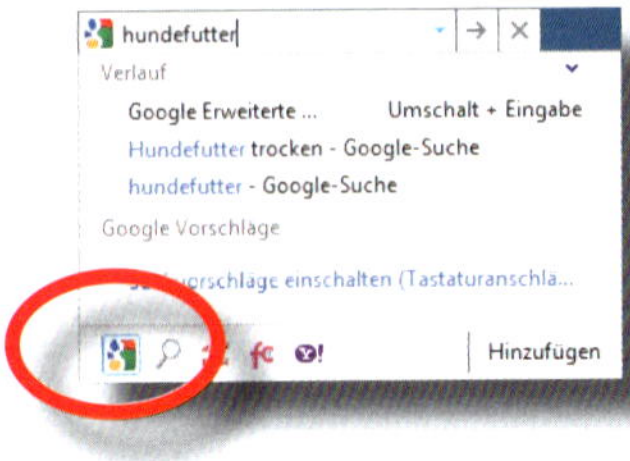

Gut zu wissen

Den Standard-Suchanbieter können Sie ganz einfach wechseln, indem Sie die ***Internetoptionen*** öffnen, das Register ***Allgemein*** auswählen und dort auf ***Einstellungen*** im Bereich ***Suchen*** klicken. In den ***Add-On-Typen*** wählen Sie ***Suchanbieter*** und setzen einen anderen Suchanbieter auf ***Standard***. Mit ***Weitere Suchanbieter suchen*** können Sie sogar noch weitere Einträge zur Suche hinzufügen.

Ziel

Die Informationen im Internet können Sie nicht nur lesen, sondern viele Anbieter liefern auch Dateien, die Sie aus dem Internet laden können. Der Vorgang heißt Download, also etwas aus dem Internet herunterladen und auf dem eigenen Computer speichern. Das können Dokumente sein, Updates oder Programme, die nur online verfügbar sind, oder auch Treiber für ein Gerät Ihres PCs. Ein Download ist denkbar einfach und funktioniert am Beispiel eines Druckertreibers für einen Epson Drucker folgendermaßen.

1. Die Suche nach dem Download-Bereich ist bei jedem Hersteller verschieden. Leider müssen Sie danach etwas suchen. Klicken Sie auf ***Support***.

2. Wählen Sie die ***Produktreihe***, das ***Produkt*** und Ihr ***Betriebssystem*** aus. Klicken Sie dann auf ***Auswahl bestätigen***.

3. Der Drucker wurde gefunden. Klicken Sie nun auf ***Treiber und Software***.

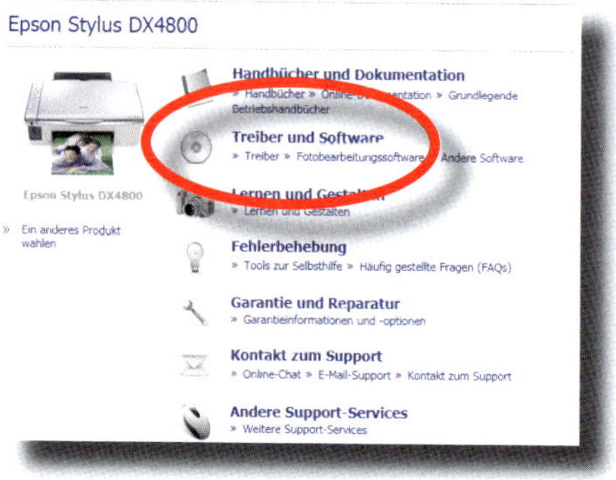

4 Die verfügbaren Treiber werden angezeigt und ein Link zum Download wird angeboten. Achten Sie dabei auf die Auswahl der richtigen Sprachversion: ***Druckertreiber*** ist für deutsche Systeme ***Driver,*** für englische Systeme.

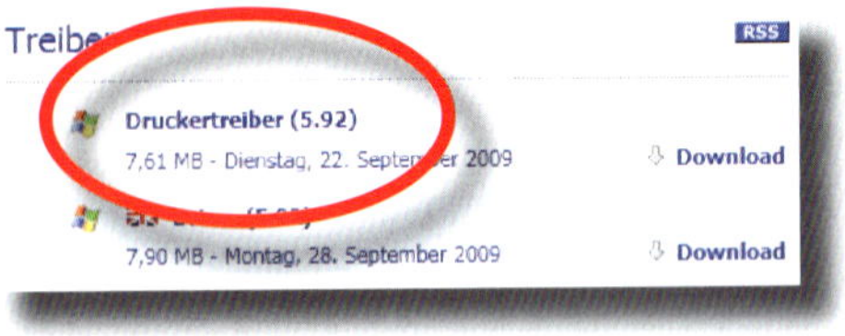

5 Klicken Sie auf ***Download***. Am unteren Rand des Internet Explorers erscheint ein Hinweis, was Sie mit dem Download tun möchten. Wählen Sie ***Speichern und ausführen***.

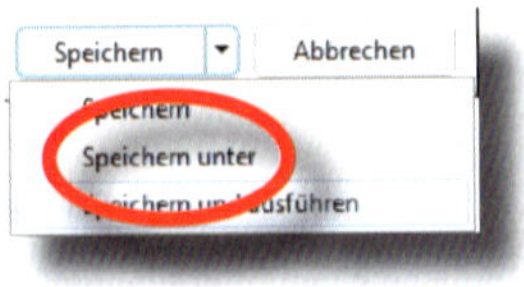

6 Klicken Sie auf das ***Zahnrad*** und dann ***Downloads anzeigen***. Im Download Manager erscheint Ihr Download, den Sie nun mit ***Ausführen*** starten können. Übrigens: Die Datei wurde unter ***Downloads*** in Ihrem User-Verzeichnis abgelegt.

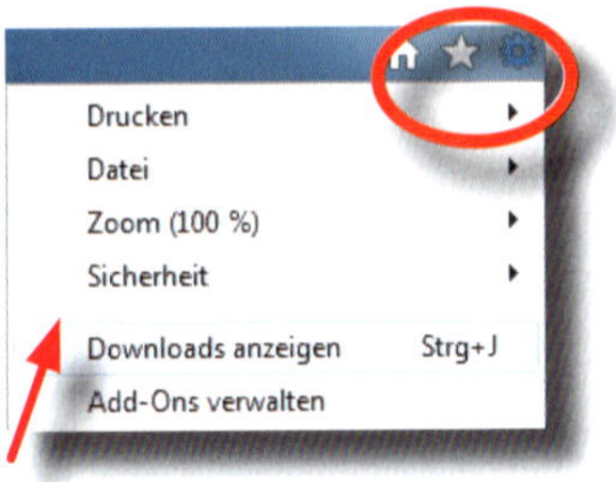

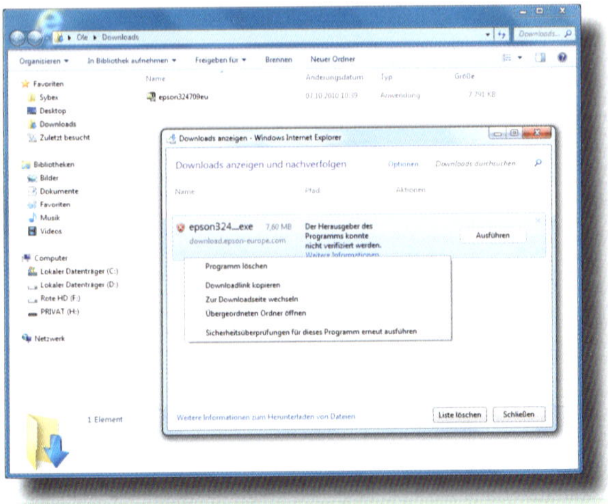

Gut zu wissen

Da man aus dem Internet auch viel gefährliches Zeugs herunterladen kann, ist es unbedingt anzuraten, einen Virenscanner installiert, in Betrieb und aktualisiert zu haben. Neben McAffee und Norton Antivirus gibt es natürlich auch kostenlose Scanner wie Avira oder Antivir, um nur einige zu nennen. Wenn Sie im Kontextmenü der heruntergeladenen Datei den Punkt ***Sicherheitsüberprüfungen für dieses Programm erneut ausführen*** klicken, wird die Datei auf schädlichen Code überprüft.

Ziel

Mehr und mehr kommt das Online-Shopping in Mode. Es ist bequem, schnell und mittlerweile auch sicher. Online einkaufen kann man ganz bequem auf dem heimischen Sofa und die Ware ist sehr schnell geliefert. Gefällt sie nicht, gibt man sie auf dem Postwege einfach wieder zurück. Beliebte Shops, in denen man vielfältige Angebote findet, sind z. B. ***amazon.de*** oder ***eBay.de***. Aber auch große Warenhäuser und andere Anbieter bieten ihre Waren feil. In diesem Beispiel wird bei C&A ein Pullover für die Tochter gekauft.

1. Öffnen Sie die Website ***cunda.de***. Sie befinden sich in dem Online-Shop von C&A. Klicken Sie auf ***Zu Minis***, um zur Kinderbekleidung zu gelangen.

2. In jedem Web-Shop finden Sie irgendwo eine Übersicht über Ihren virtuellen Warenkorb. Dieser informiert Sie über die Anzahl der Teile und die Summe des Warenwertes.

3. Sie können nun in Ruhe durch die Artikel blättern und wenn Sie Ihren Artikel entdeckt haben, klicken Sie auf den Link ***In den Warenkorb***. Achten Sie bei der Auswahl auf die korrekte Größe und Farbe.

4 Der Artikel wird dem Warenkorb hinzugefügt. Wenn Sie weitere Artikel möchten, klicken Sie auf ***Weiter einkaufen***. Wenn Sie fertig sind, klicken Sie auf ***Zur Kasse***.

5 Sie erhalten eine Zusammenfassung Ihres Warenkorbes. Klicken Sie auf ***Ohne Kundenkonto einkaufen*** (es sei denn, Sie möchten ein Kundenkonto anlegen oder haben bereits eines) und dann auf ***Zur Kasse***.

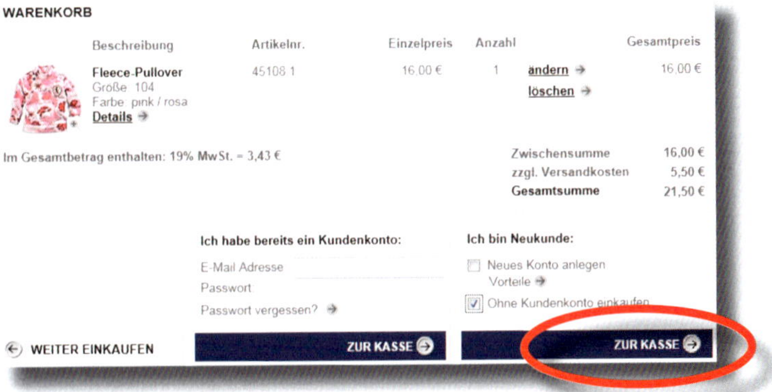

6 Geben Sie Ihre Liefer- und Rechnungsadresse ein und klicken Sie auf ***Daten prüfen und weiter***. Am oberen Rand werden Sie Schritt für Schritt durch den Kauf geführt. Erst wenn Sie bei ***Bestellung abschließen*** angekommen sind, wird der Kauf tatsächlich ausgeführt.

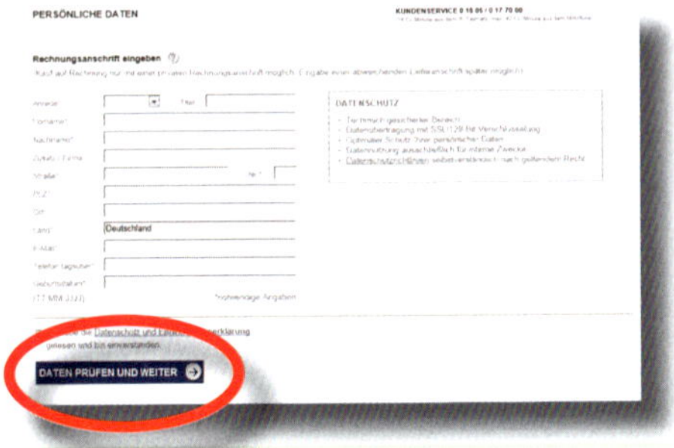

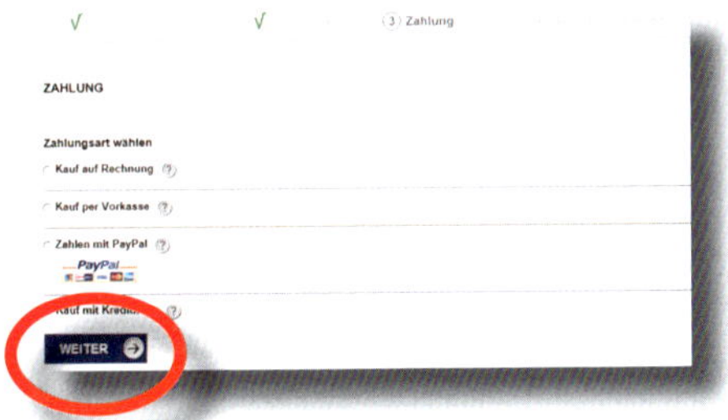

Gut zu wissen

In Internet-Shops sind der Bestellablauf und die Zahlungsmittelabwicklung immer verschieden. Je nach Shop müssen Sie vielleicht ein Kundenkonto haben. Jeder Shop akzeptiert unterschiedliche Zahlungsmittel und die Gestaltung und die Übersicht des Warenkorbes ist immer verschieden. Der generelle Ablauf ist aber überall ähnlich.

Ziel

Wikipedia hat sich zu einem Nachschlagewerk entwickelt, welches durch jeden, der sich dort aufhält gepflegt und erweitert werden kann. Entgegen anderer Sites, die von einer Person oder Firma betrieben werden, wird Wikipedia von der gesamten Internet-Gemeinde mit Informationen versorgt. Diese sind dann für alle Internetnutzer abrufbar. Grund genug, sich Wikipedia mal etwas genauer anzusehen.

1. Öffnen Sie die Seite von Wikipedia, indem Sie in der Adresszeile des Internet Explorers ***wikipedia.de*** eingeben und auf Enter drücken.

2. Im oberen rechten Bereich bietet Wikipedia ein Suchfeld an. Tragen Sie dort einen Suchbegriff – z. B. den Namen Ihres Heimatortes – ein.

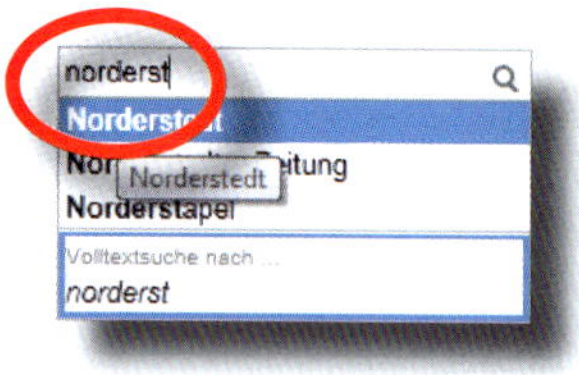

3. Wikipedia weiß nicht nur nach Länge und Breite, wo Norderstedt liegt, was in der Landkarte markiert ist, sondern bietet eine Fülle Informationen über diesen Ort.

4 Blau geschriebene Worte sind Links. Klicken Sie auf ***Schleswig-Holstein***, so erfahren Sie alles Wissenswerte über das Bundesland.

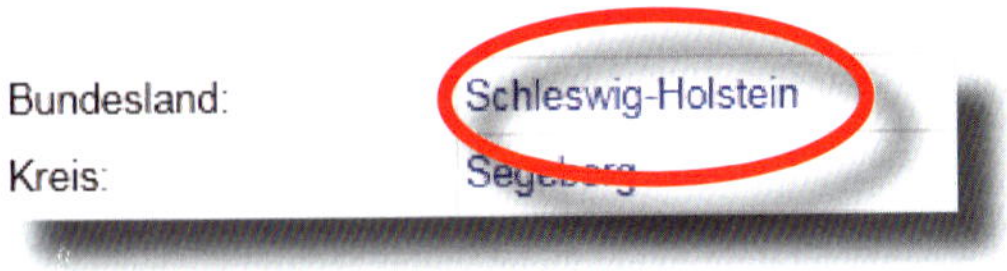

5 Wikipedia bietet zu jedem gefundenen Begriff ein Inhaltsverzeichnis mit weiterführenden Informationen. Klicken Sie auf einen Eintrag, so werden Sie zu dem entsprechenden Thema geführt.

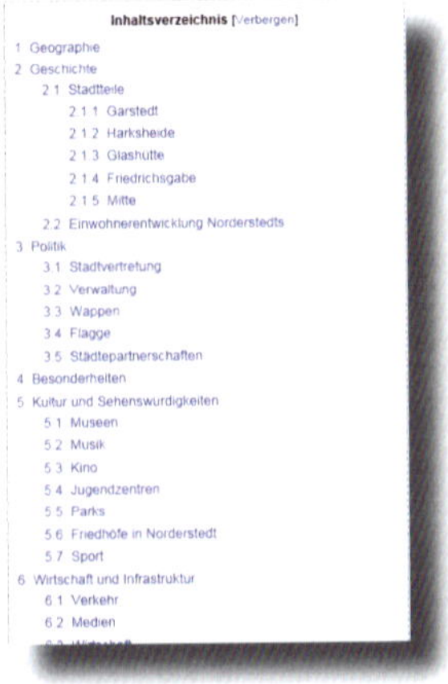

6 Sie können an den Artikeln selbst mit gestalten. Blättern Sie einen Artikel nach unten, erscheint irgendwann die Rubrik ***Quellen***, die Sie mit einem Klick auf ***[Bearbeiten]*** mit gestalten können. Wenn Sie darauf klicken, können Sie die Wikipedia-Texte bearbeiten. Passen Sie die Texte an oder erweitern Sie diese mit nützlichen Infos. Zum Schluss klicken Sie auf ***Seite speichern***.

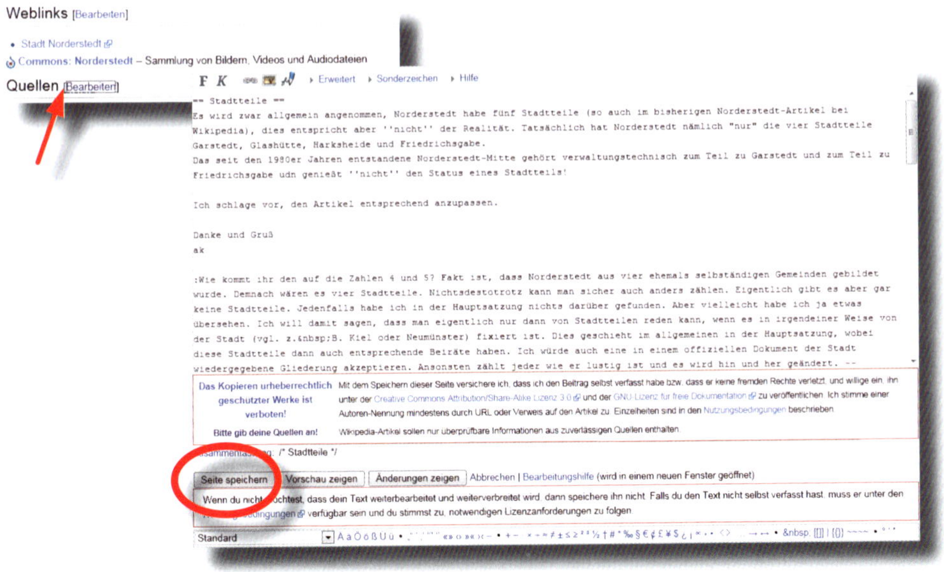

Gut zu wissen

Da jeder in Wikipedia mitwirken kann, sind die dort enthaltenen Informationen ein wenig mit Vorsicht zu genießen. Nicht alles, was in Wikipedia, steht muss unbedingt der Wahrheit entsprechen.

Ziel

Soziale Netzwerke wie Facebook, Wer-kennt-wen, SchuelerVZ, Xing und andere erfreuen sich gerade bei jüngeren Menschen wachsender Beliebtheit. Man hat Kontakt zu Freunden und kann bequem von zu Hause aus miteinander kommunizieren, sich miteinander verabreden und ist jederzeit erreichbar. Dank mobiler Technik wie iPhone usw., kann man sein soziales Netz auch unterwegs immer dabei haben und wenn irgendjemand schreibt ‚Lasst uns mal eine Party machen', sind alle davon sofort informiert und natürlich dabei.

1. Geben Sie im Internet Explorer die Adresse ***facebook.de*** ein, um auf die Startseite von Facebook zu gelangen. Als Neuling müssen Sie sich erst registrieren, danach können Sie sich mit Ihrer E-Mail und Ihrem Passwort anmelden. Registrieren Sie sich, geben Sie die Anmeldedaten ein und klicken Sie auf ***Anmelden***.

2. Als Erstes bearbeiten Sie Ihr Konto, indem Sie im Menü rechts oben auf ***Konto***, dann auf ***Kontoeinstellungen*** klicken. Vervollständigen Sie Ihre persönlichen Angaben und Ihre bevorzugten Netzwerke.

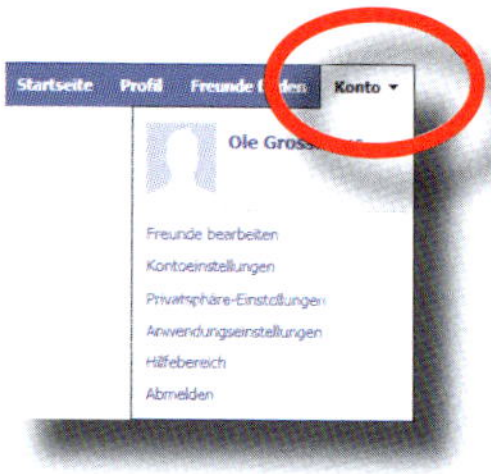

3. Stellen Sie alle Optionen nach Ihrem Geschmack ein. Sie können z. B. einstellen, ob Sie per SMS benachrichtigt werden möchten, wenn jemand Ihnen eine Nachricht schickt.

4 Wenn Ihnen jemand eine Nachricht geschickt hat, erscheint diese im oberen linken Bereich und wird durch eine rote Ziffer angegeben. Über ***Nachrichten*** können Sie Ihre Nachrichten lesen und darauf antworten, indem Sie auf ***Neue Nachricht verschicken*** klicken.

5 Über den Menüpunkt ***Freunde*** suchen Sie Personen, die Sie kennen. Blättern Sie ein wenig nach unten bis zum Bereich ***Nach Personen suchen***, geben im Suchfeld einen Namen oder eine E-Mail-Adresse ein und klicken Sie auf die kleine Such-Lupe. Auch Kontakte aus MSN, ICQ, Skype und anderen Kommunikationsprogrammen können über Facebook gesucht werden.

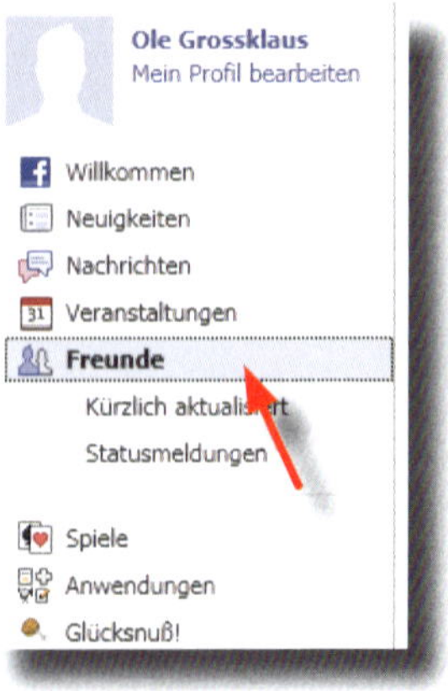

6 Wenn Sie mit einer Person in Kontakt treten möchten, klicken Sie auf ***<Name> eine Nachricht senden***, geben in das Feld ***Nachricht:*** Ihren Text ein und klicken auf ***Senden***. Übrigens: Sie können auch Fotos, Videos und Links über eine Nachricht versenden.

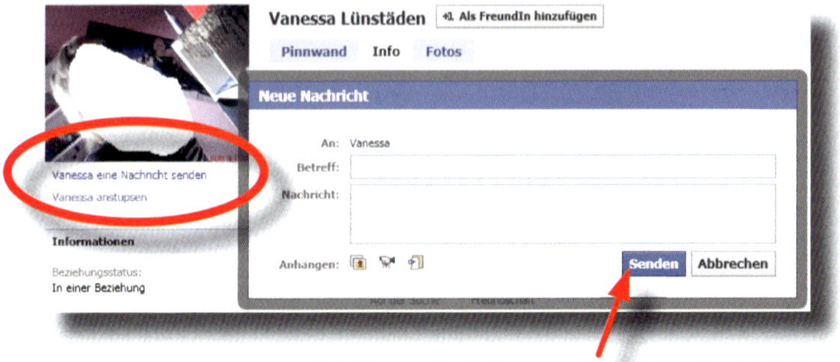

Gut zu wissen

Wie auch Chat-Programme wie ***MSN***, ***ICQ*** und andere neigen auch Facebook-Nutzer dazu, sozial zu vereinsamen, da sie nur noch vor dem Computer sitzen und nicht wirklich (persönliche) soziale Kontakte pflegen. Das ist einer sozialen Entwicklung von Jugendlichen nicht zuträglich. Achten Sie daher auf Ihre Kinder, wie ihr Verhalten im Internet ist.

Wichtige Begriffe

Download: Wenn man sich aus dem Internet irgendetwas – meist Dateien, Software oder Treiber – auf seinen Computer herunterlädt, spricht man vom Download.

ICQ: ICQ (I seek you – ich suche Dich) ICQ ist ein Programm zum Chatten mit andern Personen ähnlich dem MSN oder AOL Messanger.

Link: Ein anklickbarer Bereich im Internet, über den man von Site zu Site blättern kann.

MSN Messenger: MSN Messenger ist ebenfalls ein Programm, um mit anderen Menschen zu chatten.

Online: Mit online bezeichnet man den technischen Zustand, dass ein PC mit dem Internet verbunden ist und man dort surfen kann.

PPPoE: Point to Point Protokoll over Eathernet ist ein Kommunikationsprotokoll zwischen mehreren Rechnern im Internet. Es ist sozusagen die Sprache der PCs.

Surfen: Sich im Internet hin- und herbewegen und dort verschiedene Inhalte und Dienste nutzen.

10 Windows Live Mail

In diesem Kapitel lernen Sie:

- ☑ Windows Live Mail kennen
- ☑ ein E-Mail-Konto in Live Mail einzurichten
- ☑ E-Mail zu schreiben und zu verschicken
- ☑ E-Mail zu empfangen und zu lesen
- ☑ beim Senden und Empfangen mit Anhängen zu arbeiten
- ☑ den Junk-Mail-Filter sinnvoll einzusetzen
- ☑ Ihren Posteingang mithilfe von Ordnern zu organisieren
- ☑ mit Kontakten zu arbeiten

Ziel

Im Lieferumfang von Windows 7 finden Sie die Windows Live-Komponenten. Eine davon ist Windows Live Mail, ein E-Mail-Programm, mit dem Sie mit der Außenwelt kommunizieren können. Ein oder mehrere E-Mail-Konten vorausgesetzt, können Sie Ihre E-Mail-Kommunikation sicher und bequem im Windows Live Mail Client verwalten. Mails senden, empfangen, unerwünschte Mails (Junk, Spam) automatisch filtern und Anhänge senden oder empfangen. All das ist mit Windows Live Mail möglich. In diesem Abschnitt lernen Sie das Programm Windows Live Mail in seinem Aufbau kennen.

1. Starten Sie Windows Live Mail über ***Start > Alle Programme > Windows Live > Windows Live Mail***. Als erstes müssen Sie Ihr E-Mail-Konto einrichten. Klicken Sie auf ***E-Mail-Konto hinzufügen***. Im folgenden Dialog geben Sie Ihre E-Mail-Adresse und Ihr Kennwort ein. Sie haben diese Daten von Ihrem E-Mail-Anbieter erhalten. Ob Sie Ihr Kennwort speichern möchten, müssen Sie selbst entscheiden.

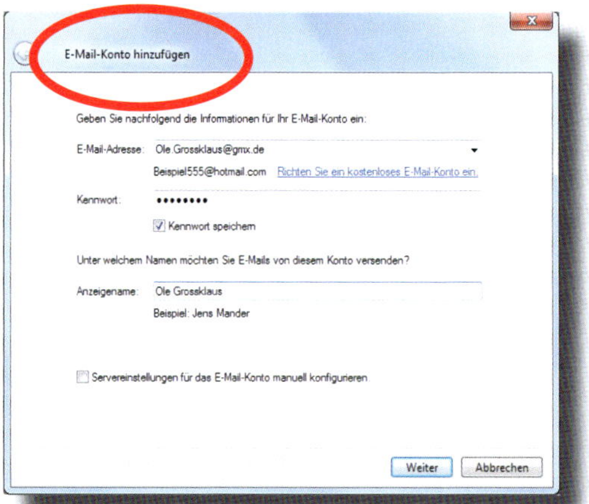

2. Geben Sie im Feld ***Anzeigename*** Ihren Namen ein, so wie er bei Ihrem Gegenüber im E-Mail-Programm erscheinen soll.

3. Bei den meisten E-Mail-Anbietern werden die weiteren Einstellungen automatisch geladen. Probieren Sie es mit einem Klick auf ***Weiter*** einmal aus. Nur wenn das nicht funktioniert, setzen Sie hier ein Häkchen ein und konfigurieren die Servereinstellungen manuell.

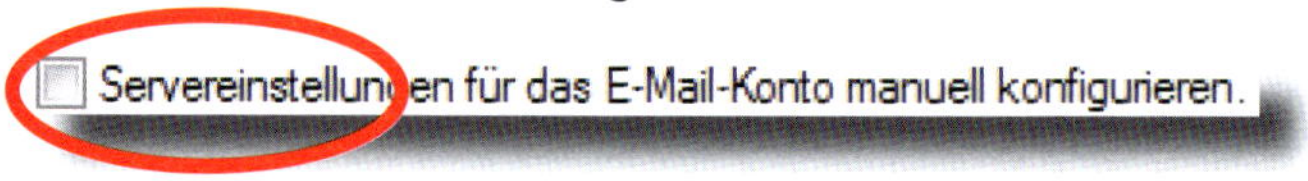

4 Klicken Sie auf ***Fertig stellen***, wenn Sie im folgenden Dialog eine Erfolgreich-Meldung erhalten haben. Das E-Mail-Konto wurde hinzugefügt. Sie erhalten im linken Bereich (dem Navigationsbereich) Ihr neu eingerichtetes E-Mail-Postfach angezeigt. War der Versuch nicht erfolgreich, setzen Sie in Schritt 3 das Häkchen bei ***Servereinstellungen für das E-Mail-Konto manuell konfigurieren*** und versuchen es erneut.

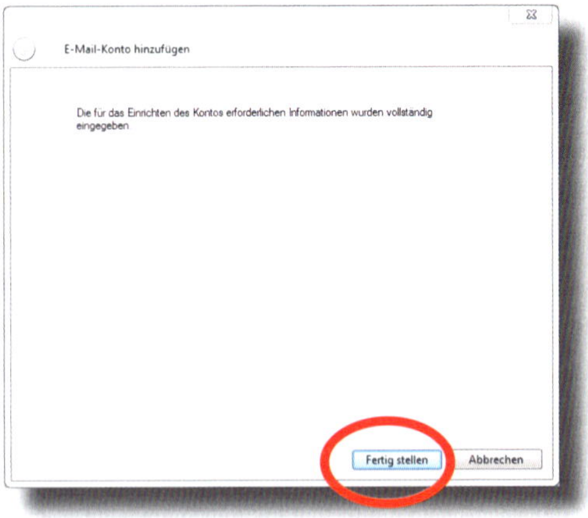

5 Die Servereinstellungen erhalten Sie von Ihrem E-Mail-Diensteanbieter. Geben Sie die Daten in diesem Dialog ein und klicken Sie auf ***Weiter***.

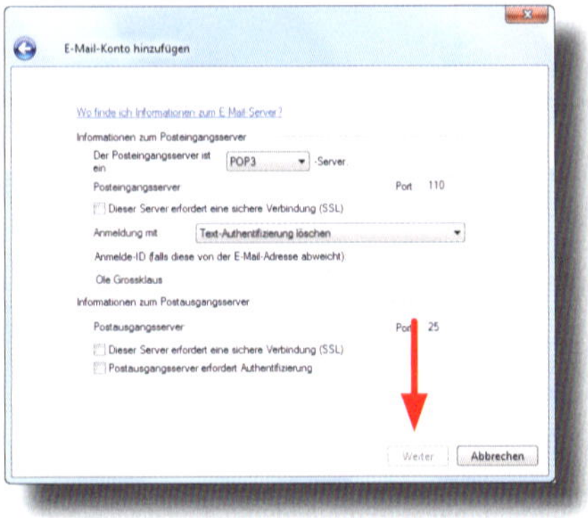

6 Im Navigationsbereich an der linken Seite erhalten Sie Ihr Postfach angezeigt. Im Moment gibt es dort den ***Posteingang***, ***Entwürfe***, ***Gesendete Objekte***, ***Junk-E-Mail*** und ***Gelöschte Objekte***, die Sie in den folgenden Abschnitten näher kennen lernen werden.

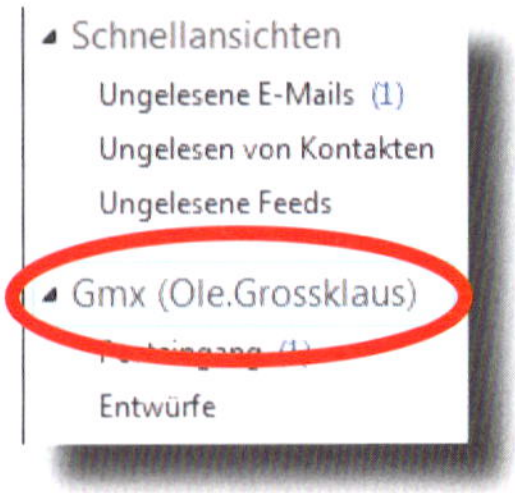

Gut zu wissen

Sobald Ihr E-Mail-Konto eingerichtet ist, synchronisiert Windows Live Mail mit dem Mailserver. Neue E-Mails sehen Sie im Posteingang durch eine in Klammern gesetzte Zahl. Die E-Mail ist auf dem Server nicht gelöscht. Haben Sie dort nur begrenzt Platz, müssen Sie einstellen, dass E-Mails nach dem Download auf dem Server gelöscht werden. Öffnen Sie dazu über ***Extras > Konten > Eigenschaften*** die Einstellungen Ihres Postfaches. Im Register ***Erweitert*** entfernen Sie das Häkchen vor ***Kopie aller Nachrichten auf dem Server belassen***.

Ziel

Zum sinnvollen Arbeiten mit Windows Live Mail lernen Sie die Oberfläche einmal etwas genauer kennen. Windows Live Mail kann nämlich mehr als nur E-Mails senden und empfangen. Im Gegensatz zur Nutzung von E-Mails direkt über den Internet Explorer, können Sie hier unbegrenzt Mails aufbewahren, organisieren und unerwünschte E-Mails automatisch aussortieren lassen. Außerdem ist es nicht notwendig, dass Sie sich jedes Mal erneut anmelden.

1. Öffnen Sie Windows Live Mail über ***Start* > *Alle Programme* > *Windows Live* > *Windows Live Mail*.** Es öffnet sich Ihr Postfach und evtl. wird der Posteingang mit dem Mailserver synchronisiert.

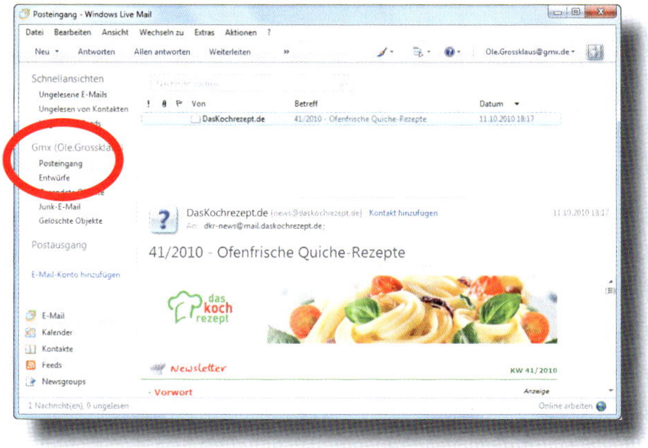

2. Im Navigationsbereich erscheint Ihr Postfach mit verschiedenen Bereichen. Wenn Sie mehrere Konten konfiguriert haben, werden alle Postfächer im Bereich ***Schnellansichten*** zusammengefasst. So navigieren Sie z. B. bequem durch mehrere Posteingangsfächer.

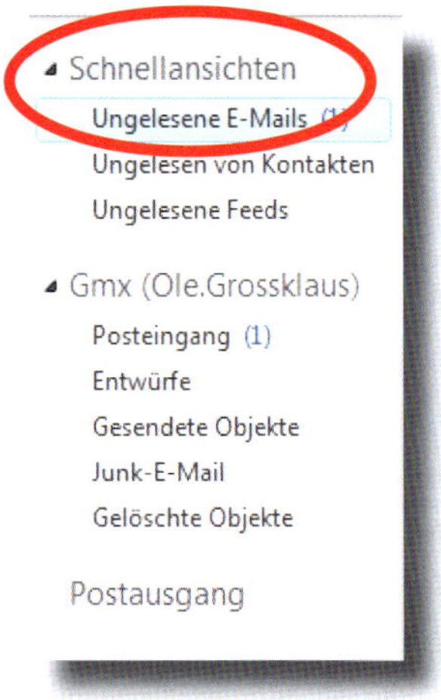

3. Im Bereich darunter sehen Sie die wesentlichen Themen von Windows Live Mail. Nicht nur E-Mail kann hier genutzt werden, sondern auch noch ein ***Kalender***, ein Adressbuch (***Kontakte***), ***Feeds*** und ***Newsgroups***. Klicken Sie z. B. ***Kalender*** an, so verändert sich der Anzeigebereich von der Posteingangsbox zum Kalender in der Monatsansicht.

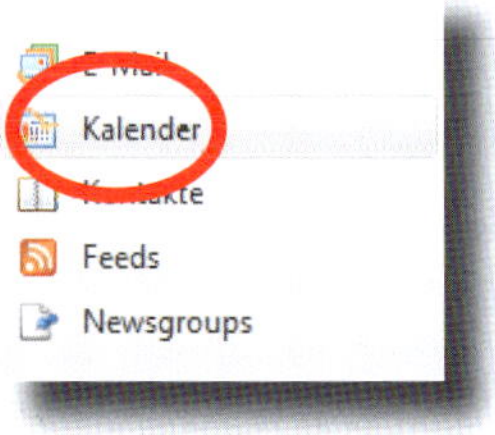

4 Im Anzeigebereich erscheinen alle eingegangenen E-Mails. Klicken Sie oben auf eine E-Mail, so wird der Inhalt unten automatisch angezeigt. Sie können alle E-Mails sortieren lassen, indem Sie auf eine der Spaltenüberschriften klicken. Ist die E-Mail länger als der Anzeigebereich, können Sie am rechten Rand den Schieber etwas nach unten ziehen, um den Rest der E-Mail zu lesen. Den Absender nehmen Sie in Ihr Adressbuch auf, indem Sie auf ***Kontakt hinzufügen*** klicken.

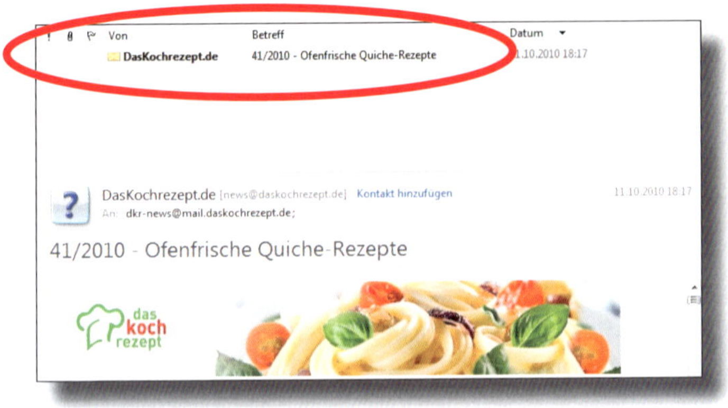

5 In der Statusleiste am unteren Rand sehen Sie, wie viele E-Mails in Ihrem Posteingang gespeichert sind und ob ungelesene E-Mails vorhanden sind.

6 Die Funktionsleiste am oberen Rand stellt Ihnen die eigentlichen Funktionen zur Verfügung. Klicken Sie hier auf ***Neu > E-Mail***, können Sie eine neue E-Mail verfassen. Je nachdem, wo Sie sich gerade befinden (E-Mail, Kalender usw.), erscheinen hier unterschiedliche Funktionen.

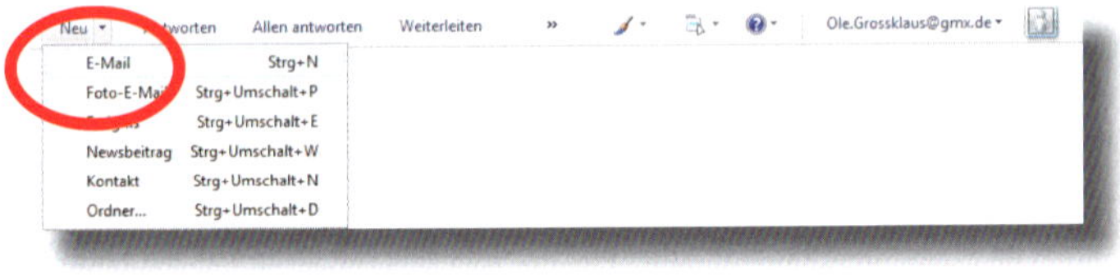

Gut zu wissen

Sie können im Anzeigebereich einstellen, ob der Posteingang und die E-Mail-Vorschau untereinander oder nebeneinander dargestellt werden sollen. Außerdem können Sie über ***Extras > Optionen*** im Register ***Lesen*** einstellen, ob eine neue E-Mail automatisch als gelesen markiert werden soll. Stellen Sie dazu die Option ***Nachricht nach 1 Sekunde als gelesen markieren*** ein oder aus.

Ziel

Ein E-Mail-System nutzt man natürlich, um mit anderen Personen im Internet zu kommunizieren. Eine E-Mail zu schreiben, ist schnell erledigt und Sie können sie an eine oder mehrere Personen gleichzeitig senden. Verschicken Sie die E-Mail, erscheint sie augenblicklich beim Empfänger in der Eingangsbox. Damit Ihre E-Mail dort aber wahrgenommen wird, gilt es, einiges zu beachten. Man läuft sonst Gefahr, dass die E-Mail automatisch vom Junk-Filter weggefiltert wird und der Empfänger gar nichts von Ihnen bekommt.

1. Klicken Sie zum Schreiben einer neuen E-Mail auf den Button ***Neu*** und wählen dort den Eintrag ***E-Mail***. Es öffnet sich ein Fenster für eine neue E-Mail.

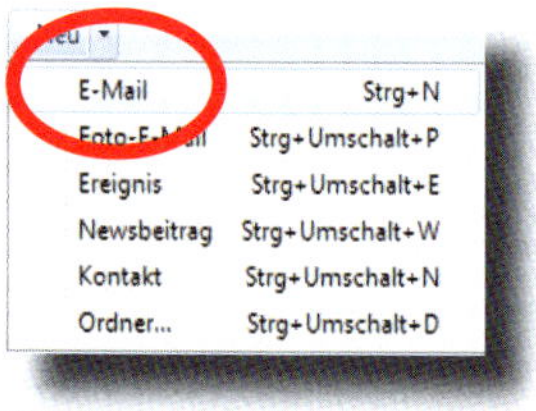

2. Geben Sie im Feld ***An:*** die E-Mail-Adresse des Empfängers ein. Achten Sie dabei auf die exakte Schreibweise. Wenn Sie anfangen zu schreiben, schlägt Ihnen Live Mail passende Einträge aus dem Adressbuch vor. Sie können direkt einen Eintrag anklicken, um sich Tipparbeit zu sparen.

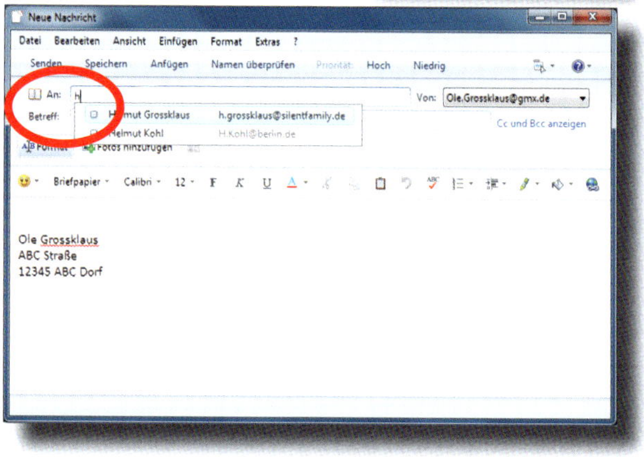

3. Wenn Sie direkt auf das Wort ***An:*** vor dem Adressfeld klicken, öffnet sich die Liste Ihrer Kontakte. Doppelklicken Sie auf einen Eintrag, so wird dieser in das Feld ***An->*** im unteren Bereich des Dialogs übernommen. Mehrfache Auswahl von Kontakteinträgen führt zu mehreren Empfängern.

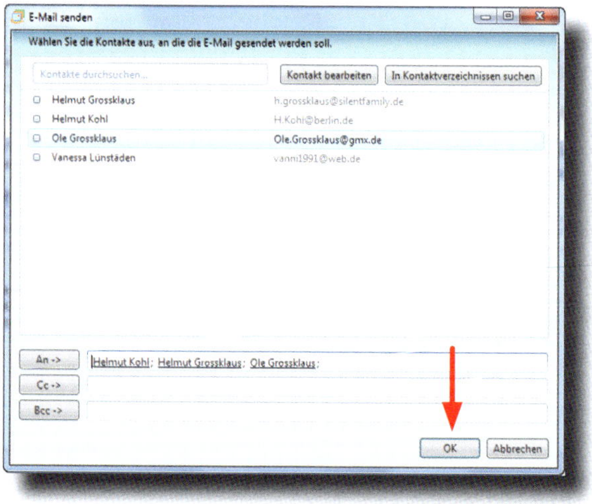

4 E-Mails für mehrere Empfänger sollten immer nur einen ***An:*** Empfänger (Hauptansprechpartner dieser E-Mail) haben und weitere Personen im ***CC***-Feld enthalten. CC steht für carbon copy, eine Kopie einer E-Mail an weitere Personen. Unbemerkt können Sie auch weitere Kopien an andere Personen senden, indem Sie Kontakte in das ***BCC***-Feld eintragen (blind carbon copy).

5 Geben Sie einen kurzen, aber aussagekräftigen Betreff ein. Das ist das Erste, was der Empfänger von Ihnen zu sehen bekommt. Übrigens: E-Mails ohne Betreff werden von einigen Junk-Filtern sofort gelöscht. Achten Sie also darauf, hier immer etwas einzutragen.

6 Eine E-Mail ist nicht mehr nur schnöder Text. Schreiben Sie ein wenig Text (achten Sie auf Anrede, Grußformel und Rechtschreibung. Auch dieses wird von Junk-Filtern überprüft), klicken Sie auf ***Briefpapier*** und hinterlegen Sie die E-Mail mit einem Hintergrund. Ihre Gefühle können Sie mit den ***Smileys*** ausdrücken, indem Sie auf das gelbe Gesicht klicken und einen Smiley auswählen. Diese Gesichter nennt man Emoticons – eine Wortschöpfung aus Emotionen und Icons. Klicken Sie abschließend auf ***Senden***.

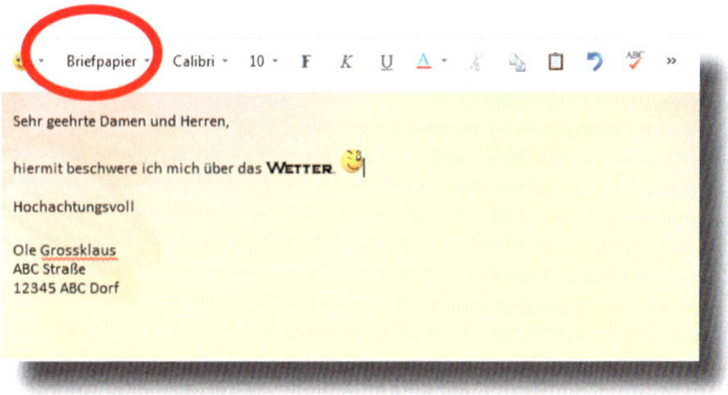

Gut zu wissen

E-Mail-Adressen sind nach einem bestimmten Muster aufgebaut: ***Name@ort.de***. Der Name wurde frei festgelegt, das @-Zeichen (Sprich: ät) folgt unmittelbar dem Namen, der Zusatz ***ort.de*** (man nennt diesen Teil auch ***Domain***) ist fest vom Provider vergeben. Groß- und Kleinschreibung sind dabei egal. Achten Sie darauf, dass E-Mail-Adressen keine Leerzeichen enthalten dürfen. Ungültige Empfänger führen zu einer Fehlermail, die meistens von MAILER-DAEMON an Sie adressiert ist. Diese E-Mail wurde dann nicht ausgeliefert.

Ziel

Meistens erwarten Sie auf eine geschriebene E-Mail auch eine Antwort. Der Empfänger liest Ihre E-Mail und schreibt seinerseits einen Kommentar, den er Ihnen zurückschickt. Diese Antwort erreicht Sie in Ihrem Posteingang. Ihre elektronische Post wird dabei in regelmäßigen Abständen automatisch abgerufen und in Ihren Posteingang heruntergeladen.

1. Der Posteingang eines jeden Kontos wird in den Schnellansichten zusammengefasst. Dort sehen Sie alle eingegangenen E-Mails. Hier sind es vier Mails.

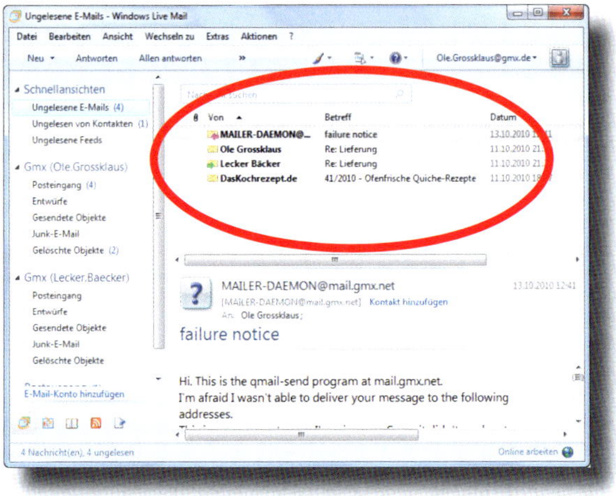

2. Im Posteingang sehen Sie eine Auflistung eingegangener E-Mails. Fett gedruckte E-Mails sind ungelesen. Hier sehen Sie auch den Betreff der E-Mail. Dieser ist mit dem Zusatz ***Re:*** versehen, eine Markierung, dass es sich um eine Antwort auf eine zuvor gesendete E-Mail handelt. Die Symbole vor dem Betreff zeigen, ob auf eine E-Mail bereits geantwortet wurde, ob sie weitergeleitet wurde oder ob Sie sie bereits geöffnet haben.

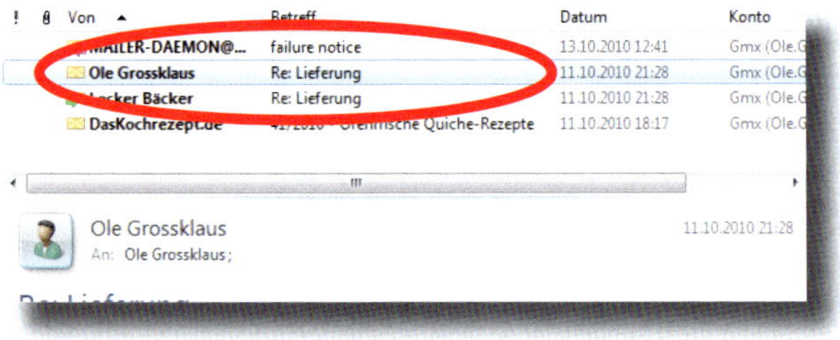

3. Ein Doppelklick auf die E-Mail öffnet diese und Sie können den Text in Ruhe lesen. Hier können Sie sich entscheiden, ob Sie die E-Mail einfach wieder schließen möchten oder vielleicht antworten oder weiterleiten möchten. Klicken Sie ggf. auf ***Antworten*** oder auf ***Weiterleiten***.

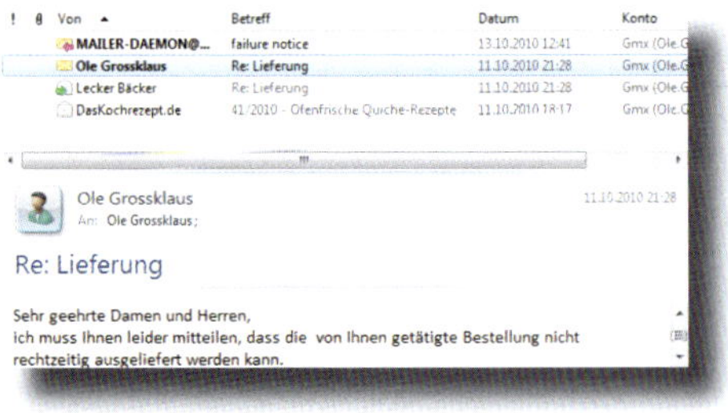

4 Ein Rechtsklick auf den Absender ermöglicht Ihnen direkt, den Kontakt in Ihr Adressbuch aufzunehmen (***Kontakt bearbeiten***), diesem eine neue, leere E-Mail zu senden (nicht über ***Antworten an***) oder die E-Mail-Adresse mit einem Klick auf ***Kopieren*** in die Zwischenablage zu kopieren.

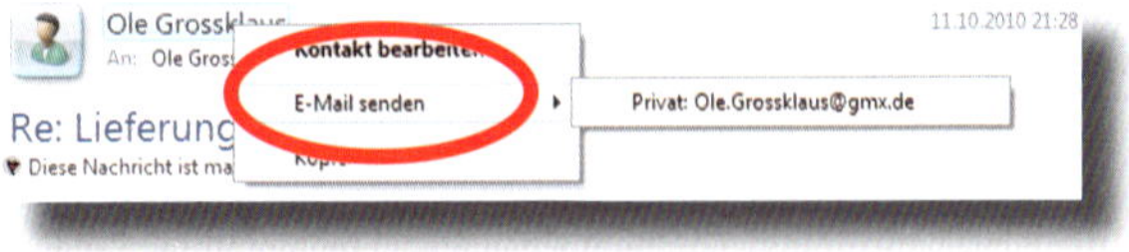

5 Ein Klick auf das Bildchen des Kontaktes öffnet das Adressbuch, in dem Sie den Kontakt bearbeiten und vervollständigen können. Tragen Sie die bekannten Informationen ein und klicken Sie abschließend auf ***Speichern***.

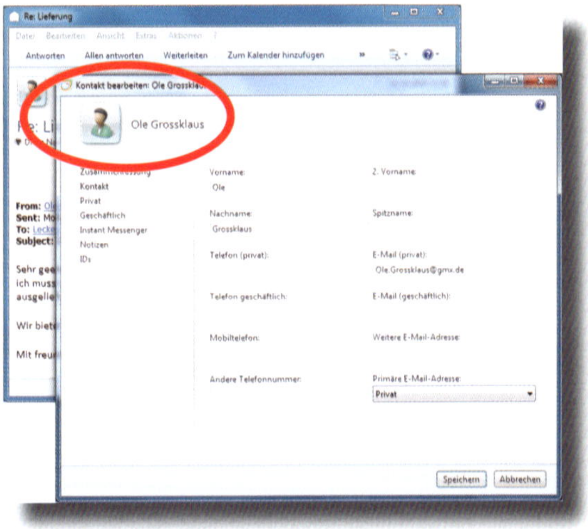

6 Wenn Sie mehrere E-Mails in einem Rutsch als gelesen markieren möchten, klicken Sie mit gedrückter Strg-Taste die betreffenden E-Mails an und wählen im Kontextmenü den Punkt ***Als gelesen markieren***.

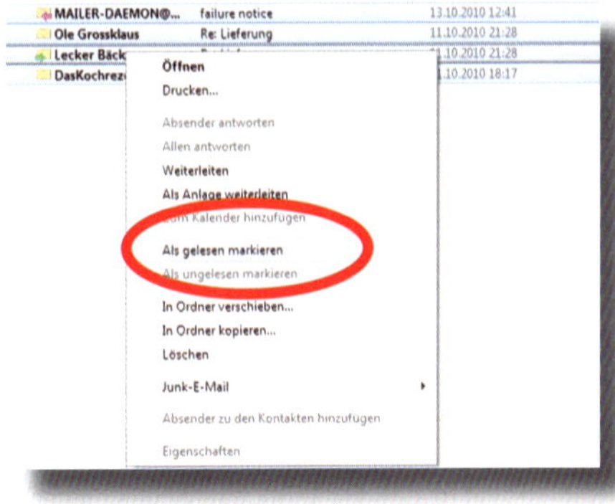

Gut zu wissen

Das Kontextmenü auf einer empfangenen E-Mail bietet eine Fülle interessanter Funktionen. Sie können hier E-Mails organisieren (***In Ordner verschieben***), die E-Mail als Junk einstufen (unerwünschte E-Mails – meist Werbung) oder auch direkt ausdrucken. Es empfiehlt sich, den Posteingang immer aufgeräumt zu haben, also entweder E-Mails in Ordner sortieren oder löschen.

Ziel

Oft kommt es vor, dass Sie eine E-Mail nicht nur als reinen Text verschicken, sondern dem Empfänger etwas mitschicken möchten. Das kann ein schönes Foto aus dem letzten Urlaub sein, ein Textdokument oder ein Tabellenkalkulationsblatt oder jede andere Datei, die sich auf Ihrem Rechner oder in Ihrem Netzwerk befindet. Sie haben bereits gelernt, eine einfache E-Mail zu verfassen, einen Anhang anzufügen ist kaum schwieriger.

1 Öffnen Sie Windows Live Mail und schreiben Sie eine neue E-Mail, indem Sie auf ***Neu > E-Mail*** klicken. Denken Sie an den Betreff und eine ordentliche Formatierung im Text.

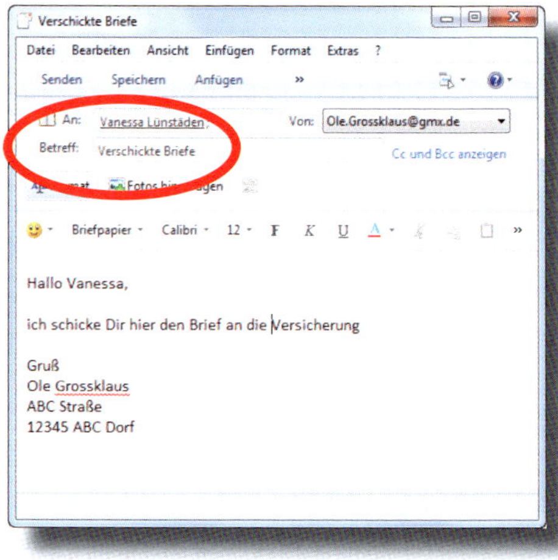

2 Klicken Sie anschließend auf ***Anfügen*** aus der Funktionsleiste. Navigieren Sie zu Ihrem Ordner, in dem sich das Dokument befindet, klicken das Dokument oder auch mehrere Dokumente an und bestätigen mit ***Öffnen***.

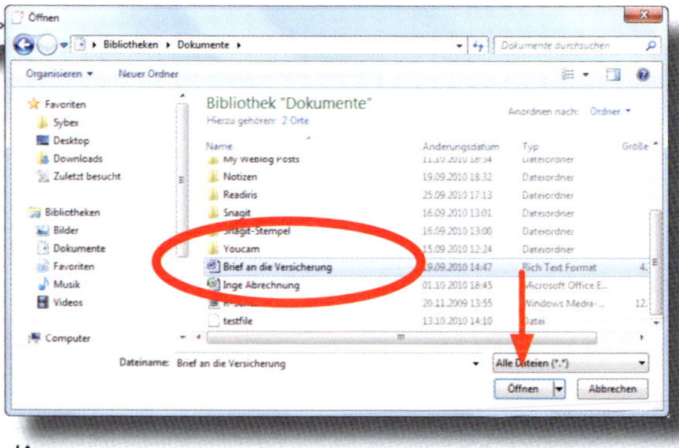

3 Die Dokumente werden an die E-Mail angehängt. Das erkennen Sie an der Heftklammer und der Auflistung der angehängten Dokumente.

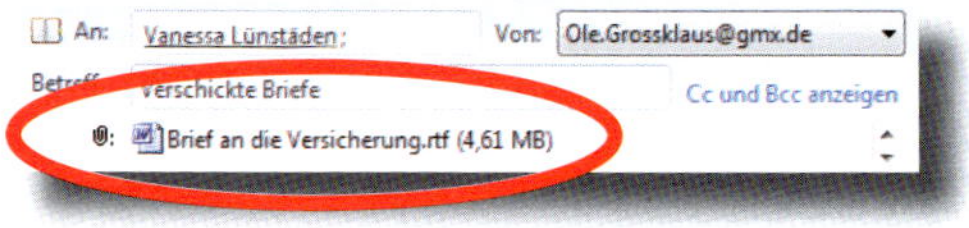

4 Achten Sie bei Anhängen immer auf die Größe aller angehängten Dateien. Das Postfach des Empfängers (wie auch Ihr eigenes Postfach) hat meistens eine Größenbegrenzung pro E-Mail auf 1, 2 oder 5 MB. Größere E-Mails bekommen Sie wieder zurück und diese wurden dann nicht ausgeliefert.

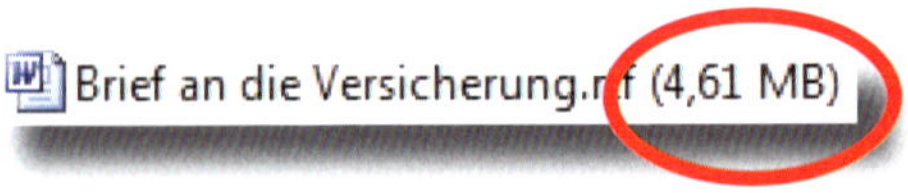

5 Haben Sie ein Dokument versehendlich an eine E-Mail angehängt, öffnen Sie das Kontextmenü auf dem Dokument und wählen den Eintrag ***Entfernen***. Das Dokument wird aus der Liste der Anhänge wieder entfernt.

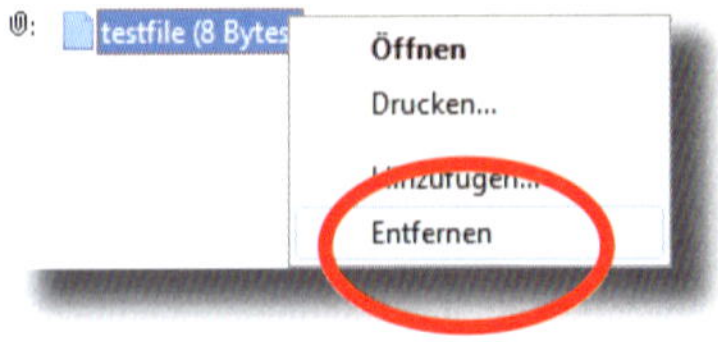

6 Haben Sie mehrere größere Dokumente zu verschicken und wissen, dass diese nicht in einer E-Mail ankommen, so schicken Sie einfach mehrere E-Mails mit je einem Dokument nacheinander. Für die Übersicht empfiehlt es sich dann, die Info (1 von 2), (2 von 2) usw. im Betreff mit aufzuführen.

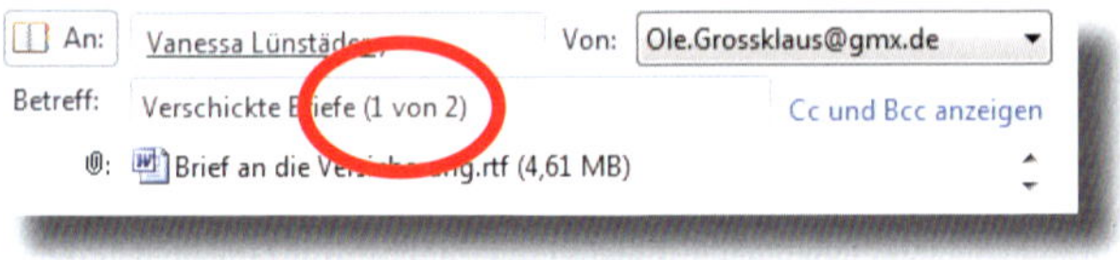

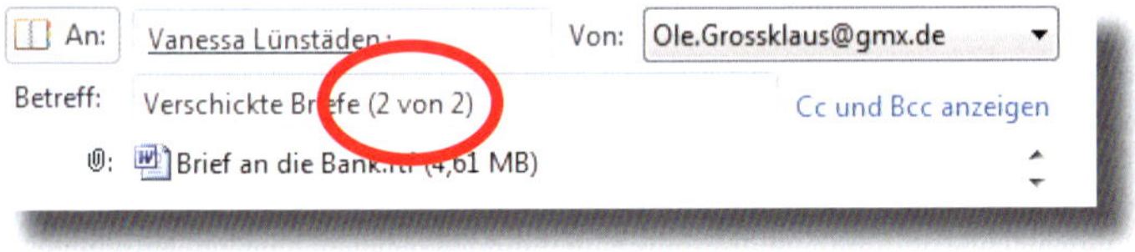

Gut zu wissen

Die Größe eines Anhangs wird in Byte angegeben. Ein Byte ist gleichzusetzen mit einem Zeichen oder Buchstaben. Dabei sind größere Dateien in KB (Kilo-Byte) angegeben. Ein KB sind 1000 Byte. Noch größere Dateien werden in MB (Mega-Byte) angegeben. Ein MB sind 1000 Kilo-Byte oder 1000000 Byte.

Ziel

Nicht nur Sie verschicken E-Mails mit Anhängen. Ihre Kontakte tun das Gleiche. Jemand hat Ihnen ein schönes Bild zugeschickt oder ein Dokument, welches Sie nachbearbeiten müssen. Diese Anhänge müssen dann auf Ihrem Computer abgelegt werden und können dort dann geöffnet, angesehen oder nachbearbeitet werden.

1. Wenn Ihnen jemand eine E-Mail mit Anhang schickt, zeigt Windows Live Mail dieses durch eine Büroklammer in der betreffenden Zeile an. Übrigens: Bilder, die Sie in den Text eingefügt haben sind keine Anhänge und werden meistens verkleinert verschickt.

2. Mit einem Doppelklick auf die E-Mail öffnen Sie diese. Der Anhang wird im Kopfbereich der E-Mail durch die Büroklammer und eine Liste angehängter Dokumente angezeigt.

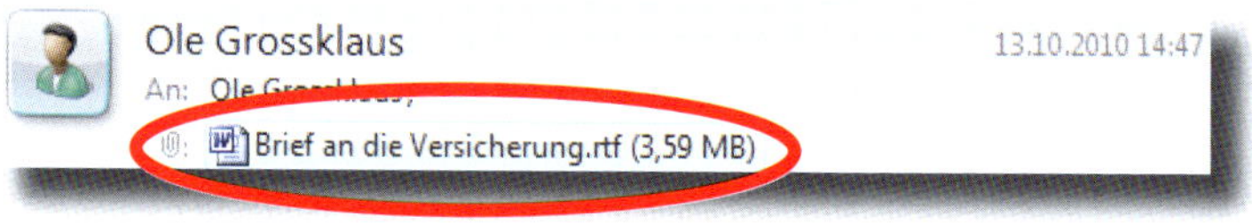

3. Mit einem Doppelklick öffnen Sie die Datei. Bedenken Sie dabei aber, dass nicht jede E-Mail, die Sie bekommen echt ist und nicht jeder Anhang gefahrlos geöffnet werden kann. Manchmal kommen auf diesem Wege Viren in Ihr System. Deswegen warnt Sie Live Mail vor dem Öffnen des Dokumentes nochmal und Sie müssen den Vorgang mit ***Öffnen*** bestätigen.

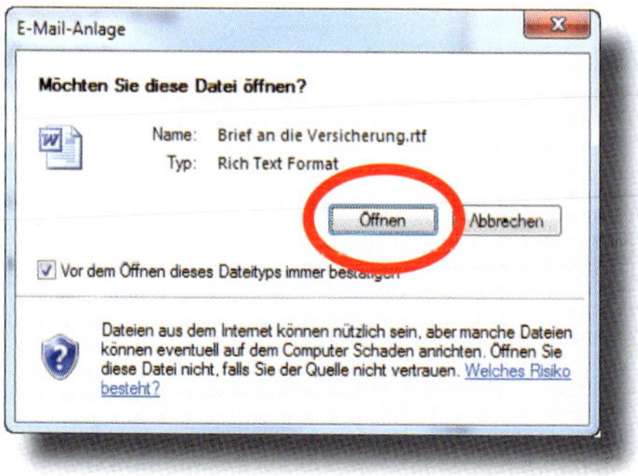

4 Vorsicht: Zur Ansicht eines Dokumentes ist der Doppelklick ausreichend. Zum Bearbeiten nicht. Das Dokument öffnet sich zwar, aber Ihre Änderungen sind später verloren. Wird das Dokument zurückgesendet, indem Sie auf ***Antworten*** klicken, wird das Original und nicht Ihre Überarbeitung gesendet. Speichern Sie das Dokument daher mit einem Rechtsklick und ***Speichern unter***, wenn Sie vorhaben, das Dokument zu bearbeiten.

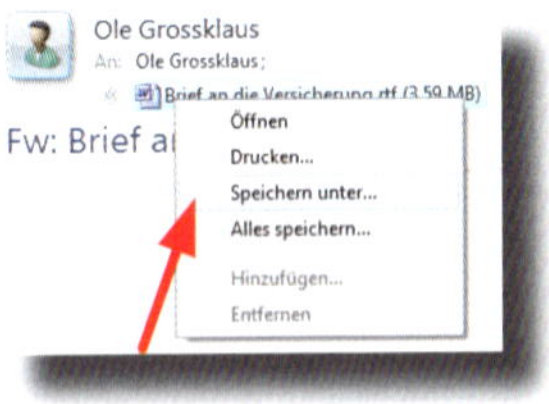

5 Speichern Sie das Dokument im Ordner ***Anlagen zur Bearbeitung*** (oder einem anderen Ordner Ihrer Wahl). Öffnen Sie das so gespeicherte Dokument von diesem Ort aus und führen Ihre Änderungen durch. Speichern Sie die Änderungen abschließend ab. Übrigens: Das Dokument zusätzlich noch umzubenennen (z. B. in Dokument_Version2), ist eine gute Idee, damit später klar ist, welche Dokumente vorliegen.

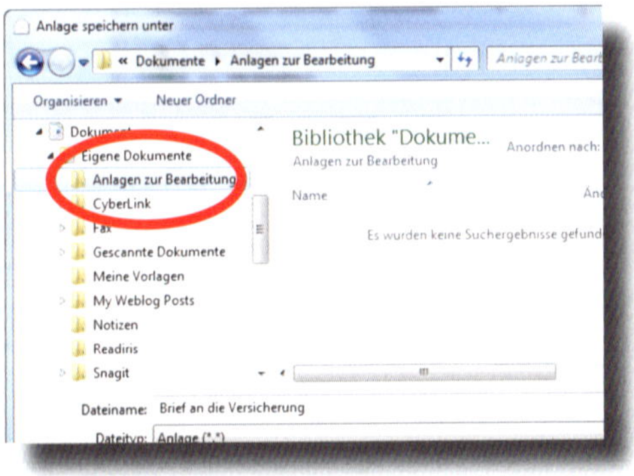

6 Mit einem Rechtsklick auf das neue Dokument und der Auswahl ***Senden an > E-Mail Empfänger*** wird automatisch eine neue E-Mail mit diesem Dokument als Anhang geöffnet. Diese können Sie vervollständigen (Empfänger, Betreff und Text) und versenden.

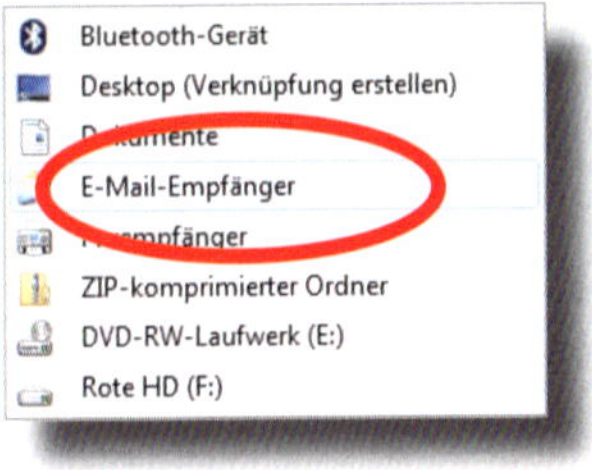

Gut zu wissen

E-Mail-Anhänge sind immer Kopien der originalen Dateien. Werden diese mehrfach hin- und hergeschickt und dabei gespeichert und verändert, kann leicht ein Durcheinander von gültigen und ungültigen Versionen des Dokuments entstehen. Sie haben plötzlich mehrere Dokumente mit gleichem Namen in unterschiedlichen Ordnern oder Dokumente mit unterschiedlichem Namen im gleichen Ordner und es wird zunehmend schwierig, die richtige Version eines Dokumentes zu erkennen. Halten Sie Ordnung, löschen Sie auch mal nicht mehr benötigte Dateien.

Ziel

Jeder, der ein E-Mail-Postfach sein Eigen nennt, kennt den Effekt. Sie bekommen am Anfang ein paar E-Mails mit Werbung. Später bekommen Sie ein paar mehr E-Mails mit Werbung. Noch später sind es viele Werbemails. Irgendwann wird das unerträglich und komplett unübersichtlich. Wer hat schon Lust, täglich sein Postfach aufzuräumen? Der Wunsch „Bitte keine Werbung" wird in Windows Live Mail durch Regeln und einen Junk-Filter realisiert.

1. Mit einem Rechtsklick auf eine E-Mail und Auswahl des Menüpunktes ***Junk-E-Mail*** können Sie Junk-Regeln für einzelne E-Mails oder für alle E-Mails einer bestimmten Domaine festlegen. Klicken Sie auf ***Als Junk-E-Mail einstufen*** wird diese E-Mail als Junk behandelt und automatisch in den Junk-Ordner verschoben. Ihr Postfach ist nun frei von dieser E-Mail.

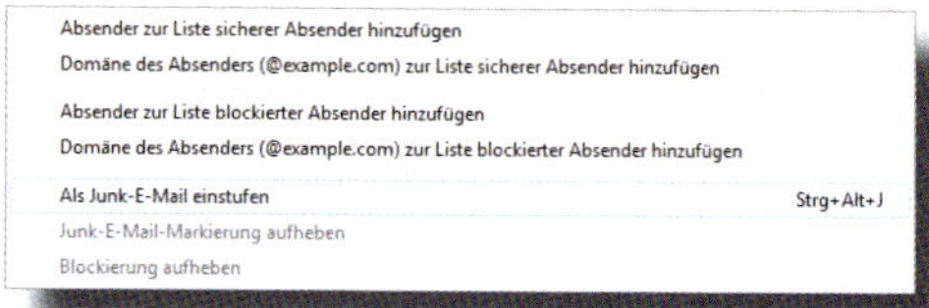

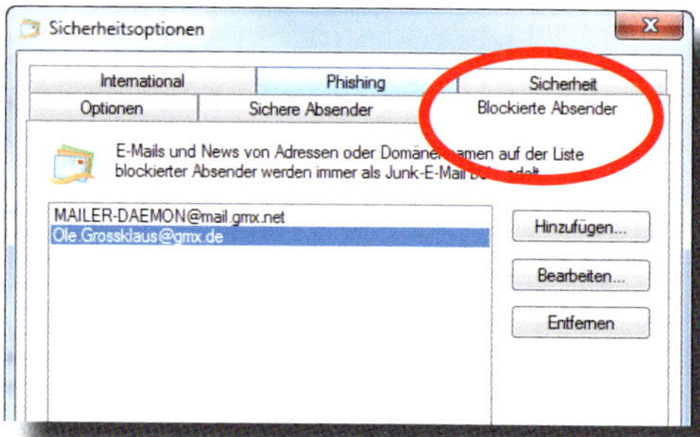

2. Mit der Auswahl ***Absender zu der Liste blockierter Absender hinzufügen*** können Sie den Absender dauerhaft als Junk-Versender markieren und aus Ihrer Postbox verbannen. Auch die ganze Domäne kann blockiert werden. Aber Vorsicht: Auch echte E-Mails dieser Domäne werden dann blockiert.

3. Klicken Sie ***Aktionen > Junk-E-Mail > Sicherheitsoptionen*** aus der Funktionsleiste, so können Sie ganz genau einstellen und verwalten, wie Ihre Junk-Regeln und Ihre Sicherheitsoptionen arbeiten sollen. Im Register ***Blockierte Absender*** hat sich versehendlich ein echter Absender eingeschlichen, der mit einem Klick auf ***Entfernen*** wieder aus der Blockade befreit werden kann.

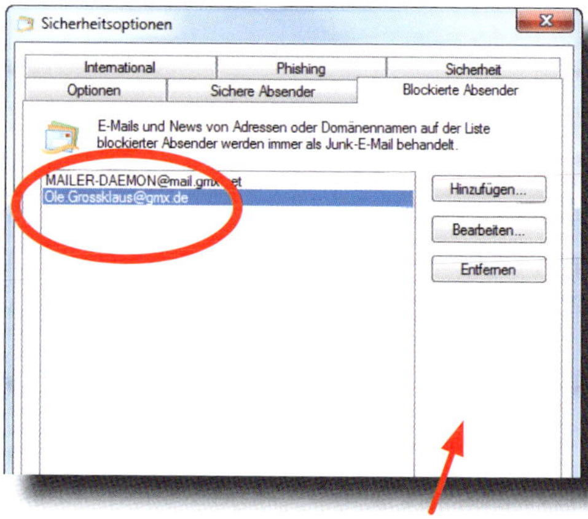

4 Ist Ihnen der Absender oder die Domäne unbekannt, können Sie Junk auch mit einer Regel verschieben. Klicken Sie auf ***Aktionen > Regel aus Nachricht erstellen*** und legen Sie die Regel fest. Eine Regel besteht aus einer ***Bedingung*** und einer ***Aktion,*** die Sie genau festlegen können. Das Beispiel verschiebt alles, was mit Viagra zu tun hat in den Jink-E-Mail-Ordner.

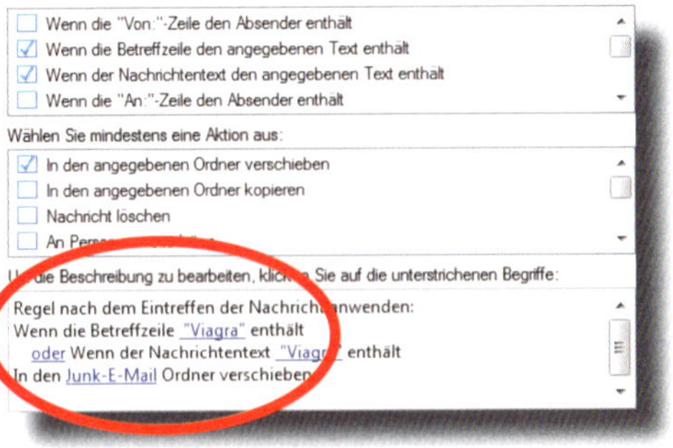

5 Geben Sie der Regel noch einen aussagekräftigen Namen (Sie werden vermutlich bald viele Regeln haben) und klicken Sie auf ***Regel speichern***.

6 Über Extras > Nachrichtenregeln > E-Mail können Sie alle definierten Regeln einsehen und ggf. Regeln auch wieder löschen, falls Sie der Meinung sind, eine Regel ist nicht wasserdicht formuliert.

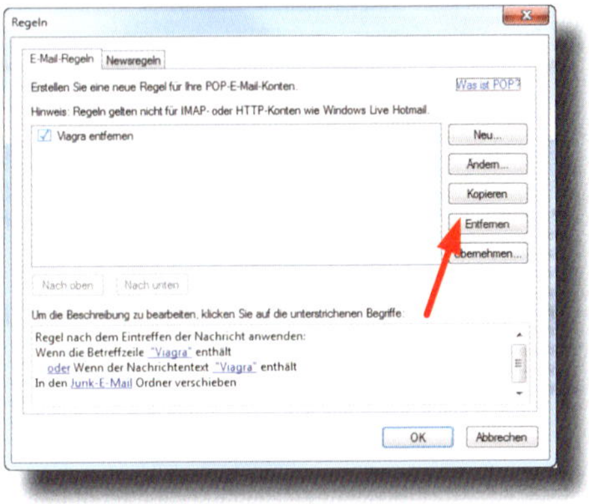

Gut zu wissen

Es gibt keine generelle Empfehlung, ob unerwünschte E-Mails mit dem Junk-Filter oder einer Regel weggefiltert werden sollen. Achten Sie bei der Erstellung von Regeln allerdings streng darauf, dass nicht versehendlich auch echte E-Mails verschoben oder gelöscht werden. Ein Wort als Filterkriterium zu nehmen, birgt die Gefahr, dass das Wort woanders sinnvoll in einer echten E-Mail verwendet wird. Es ist auch sinnvoller, E-Mails in den Junk-Ordner zu verschieben, statt diese löschen zu lassen. Man kann dann immer nochmal nachsehen.

Ziel

Auf das Thema Ordnung wurde in diesem Buch schon an mehreren Stellen hingewiesen. Dasselbe gilt auch für E-Mails. Im Posteingang erreicht Sie alles, was die Aussenwelt Ihnen schickt. Das Postfach wird schnell unübersichtlich, man verliert vielleicht sogar Wichtiges aus dem Auge. Darum sollte man für jede eintreffende E-Mail eine Methode haben, dass der Posteingang immer abgearbeitet ist. Alle E-Mails in Ordner verschieben zu lassen, ist ein sinnvolles Vorgehen. Dazu helfen Ihnen Unterordner des Posteinganges und wiederum der Regel-Assistent.

1 Mit einem Rechtsklick auf ***Posteingang*** können Sie über den Menüpunkt ***Neuer Ordner*** einen oder mehrere Unterordner anlegen. Im Beispiel wurde der ***LeckerBäcker***-Ordner hinzugefügt.

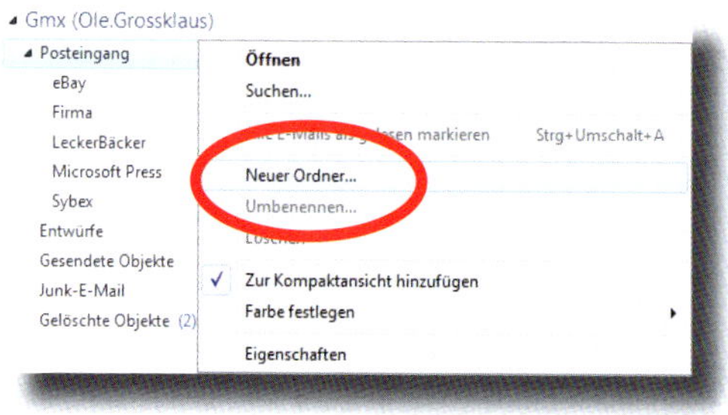

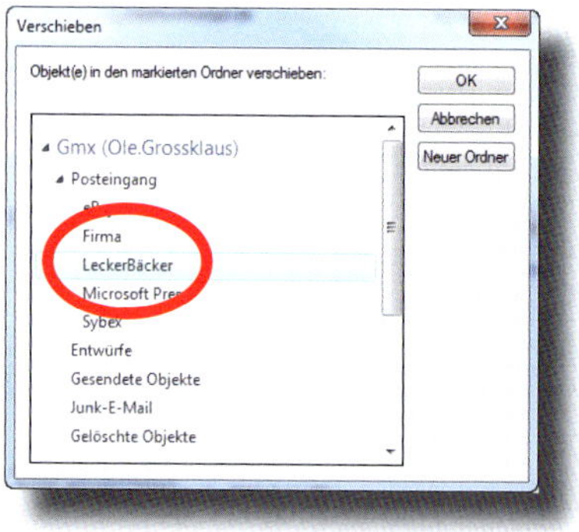

2 Mit einem Rechtsklick auf eine E-Mail und der Auswahl ***In Ordner verschieben*** können Sie eine E-Mail wegsortieren. Einfacher geht das aber, wenn Sie die E-Mail mit der Maus anfassen und einfach in den Zielordner ziehen.

3 Sie können Unterordner auch noch weiter sortieren, indem Sie in dem Unterordner wiederum Ordner anlegen. Im Ordner ***LeckerBäcker*** sollen Lieferungen und Bestellungen getrennt aufbewahrt werden. Daher werden die Ordner ***Lieferungen*** und ***Bestellungen*** angelegt.

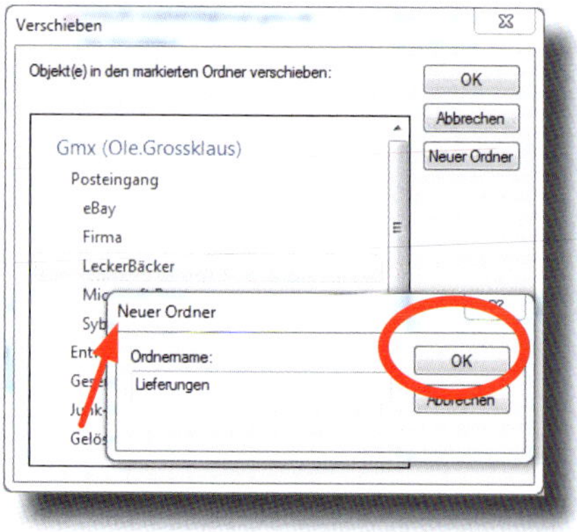

4 Auf Dauer ist es mühsam, E-Mails manuell zu sortieren. Dafür hat Windows Live Mail einen Regel-Assistenten, der bei Junk-Mails bereits eingesetzt wurde. Klicken Sie auf ***Extras > Nachrichtenregeln > E-Mail***. Es öffnet sich der Regel-Assistent. Hier klicken Sie auf ***Neu***.

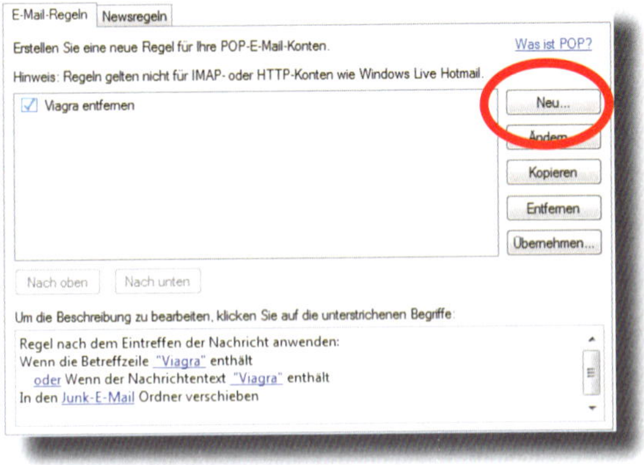

5 Klicken Sie die Regel ***Wenn die Von:-Zeile den Absender enthällt*** an und wählen Sie in der Beschreibung das blaue ***den Absender***-Feld aus. Im Dialog ***Person wählen*** können Sie nun den Absender eintragen. Klicken Sie auf ***Hinzufügen*** und dann auf ***OK***. Auf dieselbe Weise legen Sie die Regel fest, dass im Betreff das Wort ***Lieferung*** erscheinen muss.

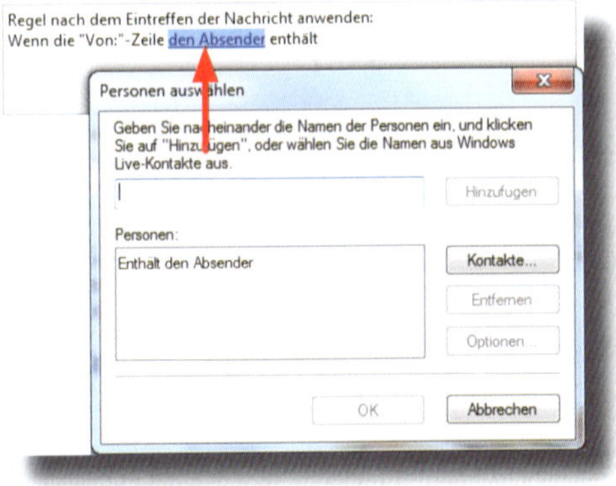

6 Für die ***Aktion*** verfahren Sie genauso und lassen alles in den Ordner ***Lieferungen*** des Ordners ***LeckerBäcker*** verschieben. Die Regel wird im unteren Feld als Klartextregel angezeigt und kann so gespeichert und damit scharf gemacht werden. In Zukunft wird alles, was vom ***Lecker Bäcker*** kommt und im Betreff mit ***Lieferung*** beschrieben ist automatisch beim Eintreffen in den Ordner ***Lieferungen*** verschoben.

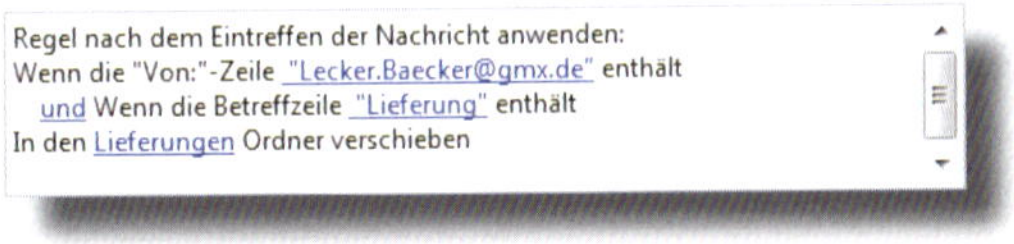

Gut zu wissen

Bei der Erstellung von Regeln zum Vorsortieren von E-Mails ist Vorsicht geboten. Eine genaue Definition der Bedingungen und der Aktionen ist erforderlich, sonst funktioniert das nicht. Wenn Sie als Bedingung z. B. das Wort ***Lieferungen*** angeben, wird eine E-Mail mit dem Betreff ***Lieferung*** nicht verschoben. Geben Sie hingegen ***Lieferung*** als Kriterium an, werden alle E-Mails mit ***Lieferung*** und ***Lieferungen*** verschoben. Ein kleiner, aber feiner Unterschied.

Ziel

E-Mail-Adressen sind oft sehr schwierig zu merken, da sie nicht selten aus Namen und Buchstaben bestehen, die nicht jedem etwas sagen. Außerdem gibt es zu einer Person deutlich mehr Informationen als nur die E-Mail-Adresse. Windows Live Mail bringt zur vollständigen Adresspflege ein eigenes und sehr umfangreiches Adressbuch mit.

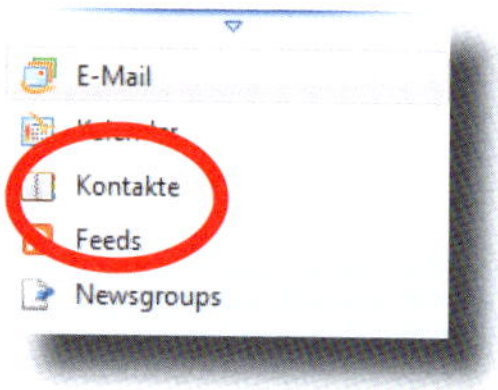

1 Öffnen Sie das Adressbuch zur Kontakte-Pflege, indem Sie auf den Eintrag ***Kontakte*** im unteren linken Bereich klicken.

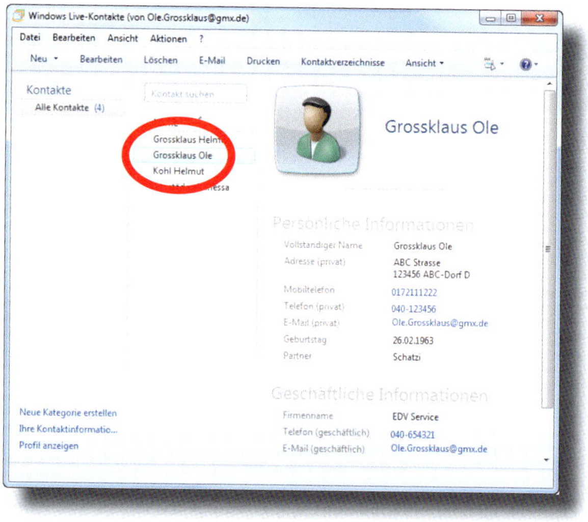

2 Wenn Sie einen Eintrag anwählen, sehen Sie im rechten Bereich alle Einzelheiten des Kontaktes. Ein Doppelklick auf den Kontakt öffnet den Bearbeitungsmodus.

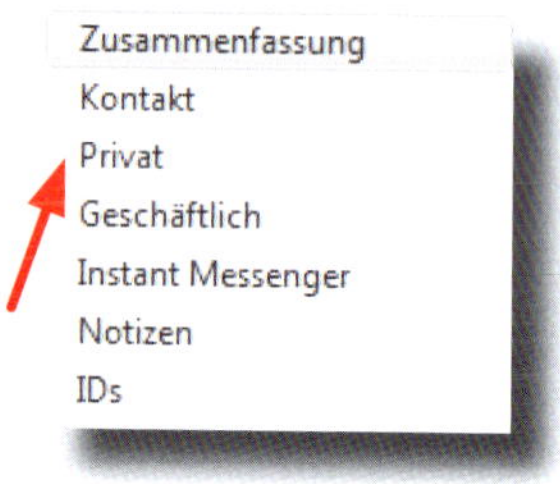

3 Im Dialog zur Bearbeitung eines Kontaktes haben Sie links die Möglichkeit, einzelne Kategorien des Adressdatensatzes anzuwählen. Klicken Sie eine Kategorie (z. B. ***Privat***) an, öffnen sich rechts alle Felder, die etwas mit den privaten Daten der Person zu tun haben.

4 Geben Sie in jedem Feld die Informationen ein, die Sie von dieser Person kennen. Für Datumseinträge gibt es einen eingebauten Kalender. Klicken Sie auf das Kalendersymbol am rechten Ende des Feldes ***Geburtstag,*** um in den Kalender zu gelangen. Klicken Sie abschließend auf ***Speichern***.

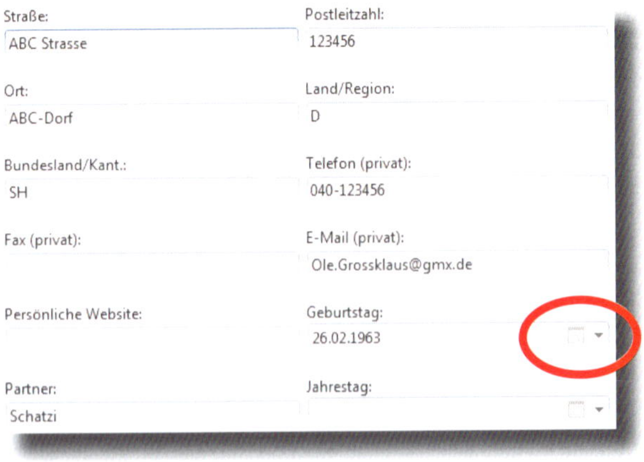

5 Diesen Dialog zur Pflege des Kontaktes erreichen Sie auch, wenn Sie direkt im Kopf einer E-Mail auf den Absendernamen einen Rechtsklick durchführen und aus dem Kontextmenü den Punkt ***Kontakt bearbeiten*** wählen.

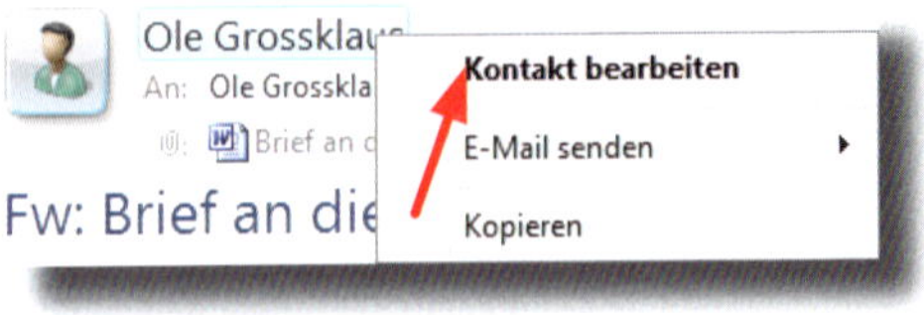

6 Einen neuen Kontakt können Sie ebenfalls schnell anlegen. Klicken Sie dazu auf das Menü ***Datei > Neu > Kontakt***. Es öffnet sich der bereits bekannte Dialog für einen Kontakteintrag.

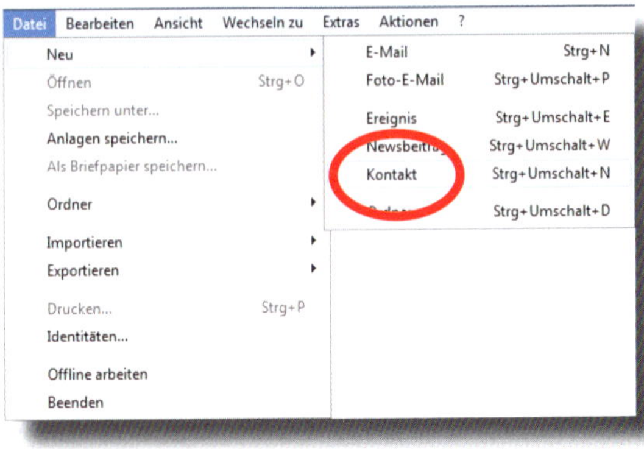

Gut zu wissen

Eine gut gepflegte Kontakteliste erleichtert auch das Arbeiten mit dem Junk-Filter. Dort kann man nämlich festlegen, dass allen Personen aus der persönlichen Kontakteliste vertraut wird. Somit werden keine E-Mails bekannter Personen versehentlich als Junk eingestuft und entfernt.

Wichtige Begriffe

Carbon Copy: Mit Carbon Copy wird eine Kopie einer E-Mail bezeichnet. Man sendet eine E-Mail an einen Hauptempfänger und – optional – an Empfänger im ***CC***-Feld.

Domain: Eine Domain ist z. B. gmx.de oder eBay.de, also das, was den Provider benennt. Dort steht der Mailserver und ist über den Domainnamen adressiert.

Junk: Unerwünschte E-Mails werden als Junk bezeichnet. Das können Werbemails sein, aber auch Massenmails von diversen Anbietern.

Spam: Ein anderer Ausdruck für Junk.

11 Sicherheit

In diesem Kapitel lernen Sie:

- ☑ wie Ihnen das Wartungscenter hilft
- ☑ Windows 7 mit Windows Update zu aktualisieren
- ☑ den Einsatz der Firewall kennen
- ☑ den Windows Defender zu nutzen
- ☑ den Einsatz eines Virenscanners kennen
- ☑ die Internetsicherheitseinstellungen zu nutzen
- ☑ wie Sie die Benutzerkontensteuerung sinnvoll nutzen
- ☑ den Jugenschutz einzurichten

Ziel

Windows 7 ist auch bei technischen Schwierigkeiten oder bei Konfigurationsproblemen für Sie da. Mit dem Wartungscenter überwacht Windows sich selbst. Wenn es Probleme gibt, für die das Wartungscenter evtl. eine Lösung parat hat, können Sie hier eingreifen und diese Probleme oft beheben. Das Wartungscenter läuft ständig mit und bemerkt Änderungen an Ihrem System, welche die Sicherheit beeinträchtigen. Eine deaktivierte Firewall wird dabei genauso erkannt wie ein abgestellter Virenscanner und viele andere sicherheitsrelevante Bereiche.

1. Das Wartungscenter finden Sie über ***Startmenü* > *Systemsteuerung* > *Wartungscenter*** oder einfach, indem Sie auf das kleine Fähnchen unten rechts in der Startleiste klicken.

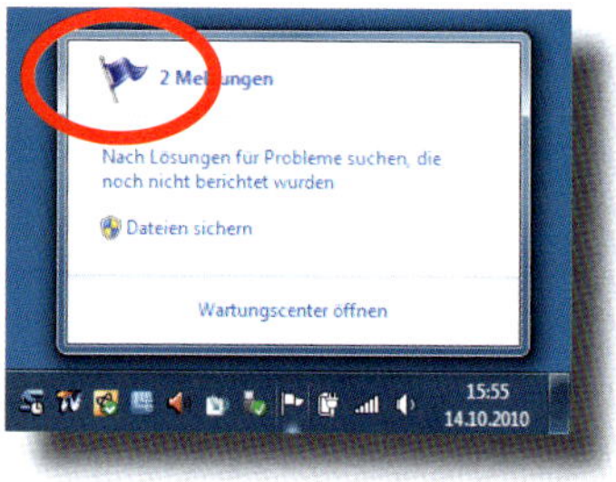

2. Um die Sicherheitseinstellungen zu sehen, klicken Sie auf das kleine Pfeilsymbol rechts neben der Gruppenüberschrift ***Sicherheit***. Sie bekommen eine Auflistung aller Schutzprogramme, die im Moment laufen und in welchem Status diese sich befinden.

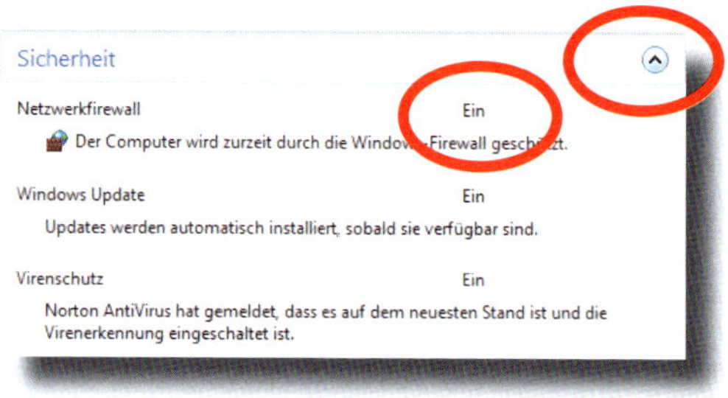

3. Bedrohliche Fehleinstellungen (hier abgestellter Defender) werden in roter Markierung dargestellt. Darum sollten Sie sich unbedingt kümmern. Klicken Sie auf ***Jetzt aktualisieren*** und schalten Sie diese Funktion wieder ein.

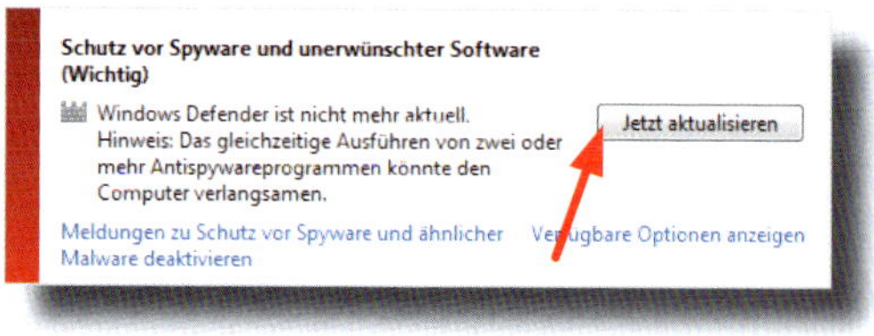

4. Klicken Sie auf ***Verfügbare Optionen anzeigen*** und aktivieren Sie die Option ***Antispywareprogramme auf diesem Computer anzeigen***. Hier können Sie den Fehler beheben.

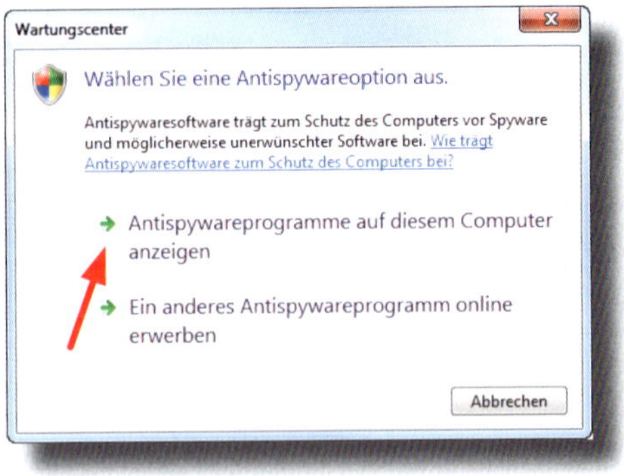

5. Im Bereich ***Wartung*** werden 2 weitere Probleme gemeldet. Diese sind aber nur gelb markiert, also nicht ganz so kritisch. Um diese Probleme sollten Sie sich ebenfalls kümmern. Klicken Sie auf ***Nach Lösungen suchen***, dann sucht das Wartungscenter bei Microsoft nach einer Lösung dieses Problems.

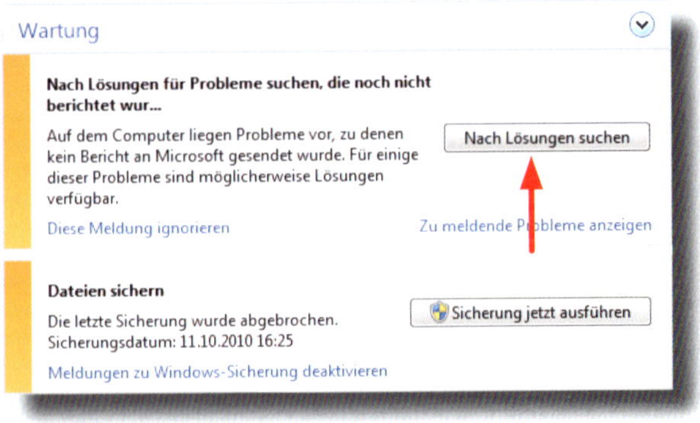

6. Auch eine versäumte Datensicherung wird hier gemeldet. Besonders, wenn es um wichtige Unterlagen geht, sollten Sie das Thema Datensicherung nicht auf die leichte Schulter nehmen. Sichern Sie Ihre Arbeit, indem Sie auf ***Sicherung jetzt ausführen*** klicken. Sicherungen sind nicht nur gegen Ausfall von Hardware wichtig, sondern auch gegen Diebstahl des Computers. Eine Sicherung sollte immer ***aus dem Rechner raus*** (z. B. auf eine externe USB-Platte oder einen Server) passieren.

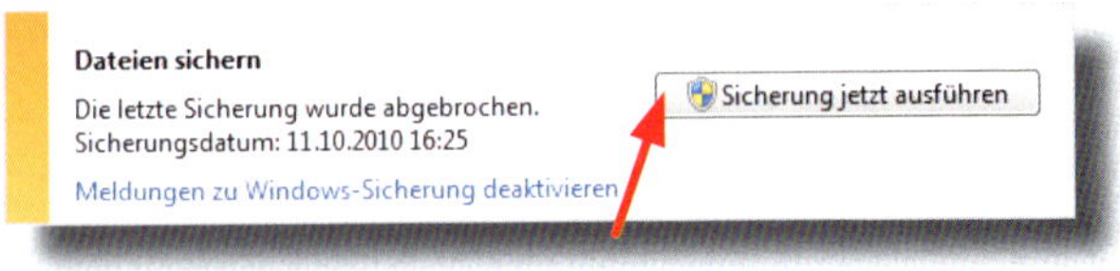

Gut zu wissen

Im Wartungscenter können Sie einzelne Überwachungsbereiche auch deaktivieren, wenn Sie sicher sind, dass Sie dieses Thema alleine oder anders im Griff haben. Wenn Sie z. B. Norton AntiVirus installiert und aktiv haben, können Sie die Überwachung des Virenscanners auch abstellen. Der Virenscanner ist sehr zuverlässig und arbeitet, solange Sie diesen nicht manuell abstellen.

Ziel

Auch ein noch so gutes Betriebssystem wird ständig weiterentwickelt und verbessert. Aktualisierungen stellt Microsoft ins Internet, sodass diese auf Ihren Computer heruntergeladen und installiert werden können. Das funktioniert vollautomatisch – Sie brauchen sich dabei um nichts zu kümmern, außer Windows Update einmal darauf einzustellen.

1. Starten Sie Windows Update über ***Startmenü > Systemsteuerung > Windows Update***. Im Moment sind keine wichtigen Updates verfügbar, aber ein optionales Update ist vorhanden. Klicken Sie auf ***1 optionales Update ist verfügbar***.

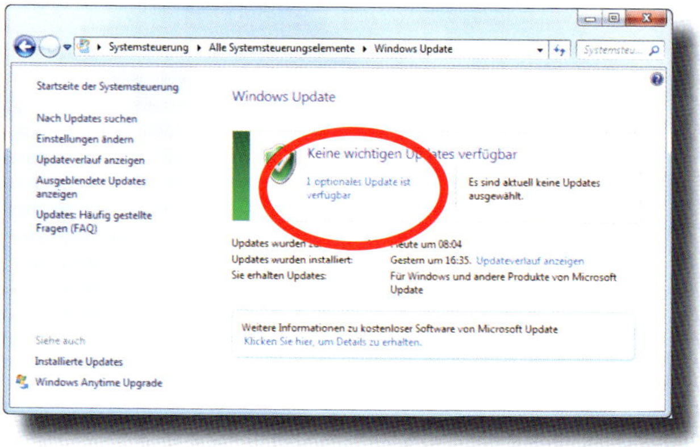

2. Sehen Sie sich die Beschreibung der optionalen Updates genau an, um zu entscheiden, ob Sie dieses Update installieren möchten. Hier ist ein Update für den ***WLAN-Treiber*** nötig. Setzen Sie ggf. ein Häkchen vor das Update und klicken Sie auf ***OK***. Das Update wird heruntergeladen und installiert.

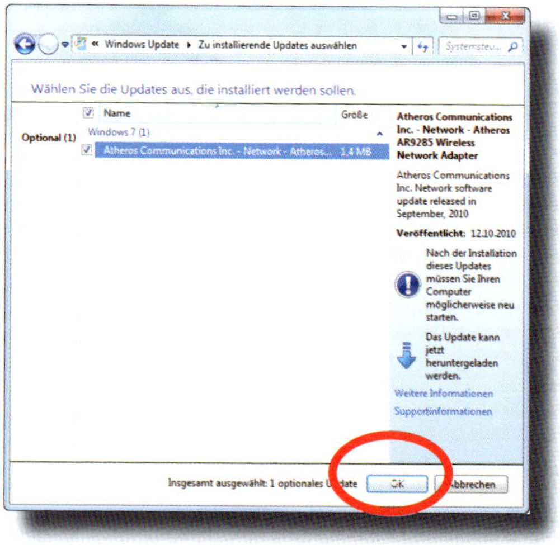

3. Klicken Sie dann auf ***Updates installieren***. Windows 7 beginnt mit dem Download, setzt zur Sicherheit einen Wiederherstellungspunkt (es könnte am Update ja auch mal etwas ‚kaputt' sein) und beginnt mit der Installation. Bei Treiberupdates, aber auch bei einigen anderen Programmen, muss ggf. der Computer neu gestartet werden.

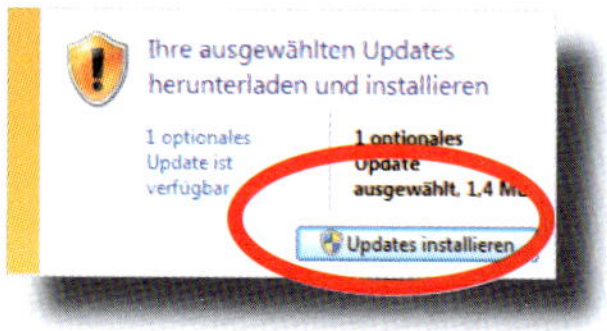

4 Klicken Sie auf ***Einstellungen ändern***, können Sie festlegen, nach welchem System die Windows Updates eingespielt werden. Wählen Sie hier ***Updates automatisch installieren (empfohlen)*** und stellen Sie die Ausführung auf ***Täglich 03:00*** Uhr.

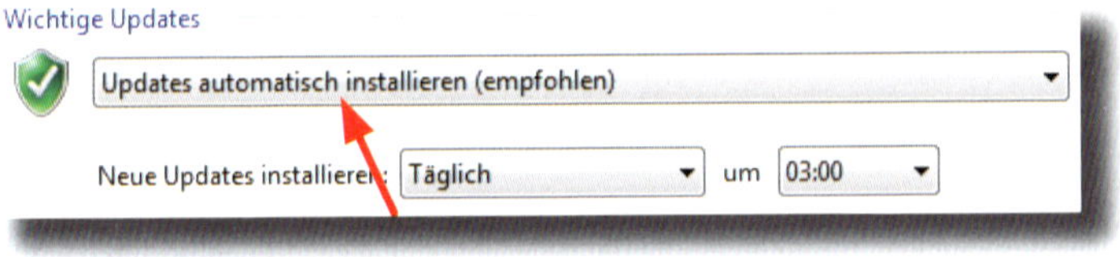

5 Wählen Sie alle Optionen für Windows Update an und klicken Sie abschließend auf ***OK***. Von nun an wird regelmäßig nach Windows Updates gesucht und diese – wenn vorhanden – vollautomatisch installiert.

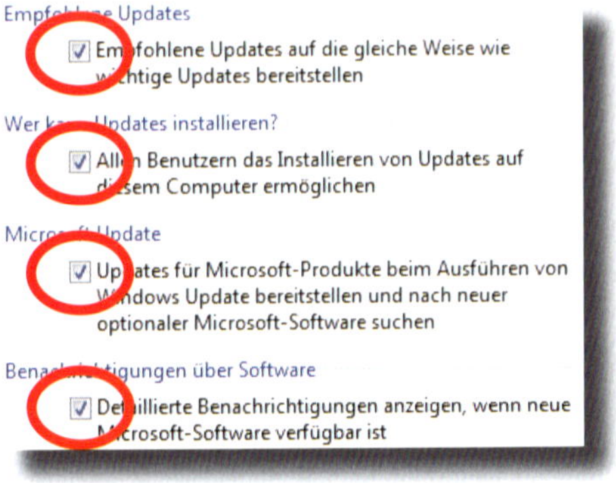

6 Sind alle Updates sauber durchgelaufen, wird das mit einer grünen Statusmeldung angezeigt. Sie können beruhigt arbeiten und verpassen kein Update mehr.

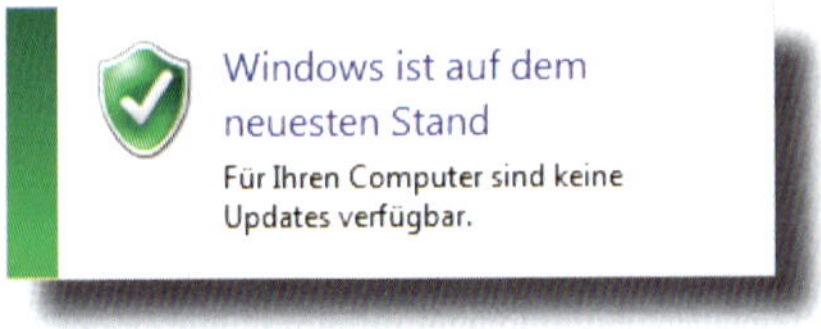

Gut zu wissen

Windows Updates sind meistens sehr sicher und stabil. Trotzdem kann es mal vorkommen, dass ein Update bei Ihnen nicht wie erwartet arbeitet. Man wünscht sich dann den alten Stand wieder zurück. Erstellen Sie von Zeit zu Zeit einen Systemwiederherstellungspunkt, obwohl Windows Update dieses auch automatisch durchführt.

Ziel

Eine Firewall ist in jedem Computer Pflicht. Sie regelt und kontrolliert jeden Datenverkehr zwischen Ihrem Computer und dem Internet. Nur zugelassene Daten und Anwendungen dürfen mit der Aussenwelt und umgekehrt mit Ihrem Computer kommunizieren. Stellen Sie die Firewall niemals ab. Ihr Computer würde das nicht lange überleben.

1. Die Windows-Firewall erreichen Sie über ***Startmenü > Systemsteuerung > Windows-Firewall***. Die Windows-Firewall überwacht sowohl ***Heim- oder Arbeitsplatznetzwerke*** als auch ***Öffentliche Netzwerke***. Das grüne Häkchen signalisiert, dass alles in Ordnung ist.

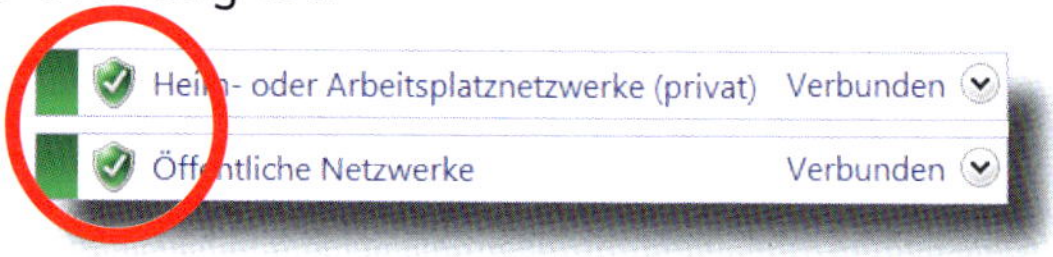

2. Um bestimmten Programmen ‚das Tor zur Welt' zu öffnen, klicken Sie auf ***Ein Programm oder Feature durch die Windows-Firewall zulassen***. Das neue Programm ist entweder bereits gelistet (wie z. B. die ***Datei- und Druckerfreigabe***) oder Sie klicken auf ***Anderes Programm zulassen***, um ein neues Programm in die Firewall-Einstellungen mit aufzunehmen.

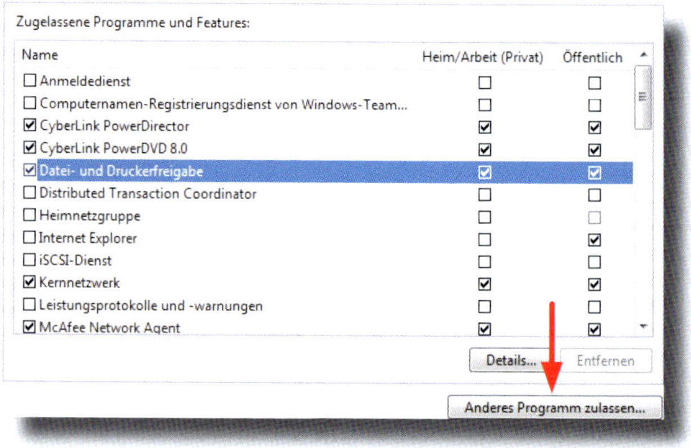

3. Wenn ein Programm bei der Installation feststellt, dass es mit der Außenwelt kommunizieren möchte (in diesem Fall ist es ein Chatprogramm namens ICQ), trägt es sich meist selbst in die Firewall-Einstellungen ein.

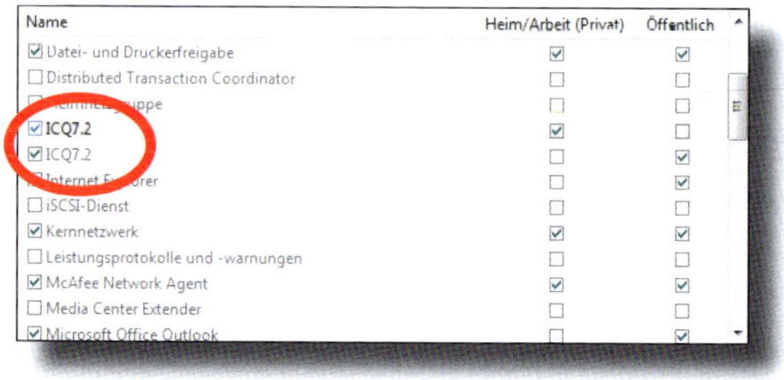

4 Nach einem Klick auf ***Erweiterte Einstellungen*** können Sie z. B. für eingehenden Datenverkehr die nötigen Daten einsehen und ggf. verändern.

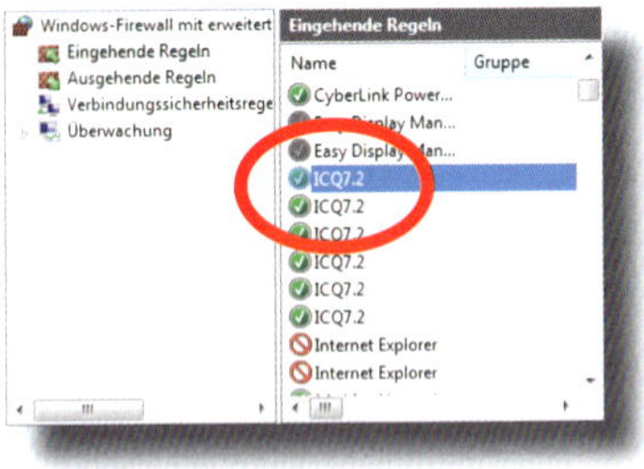

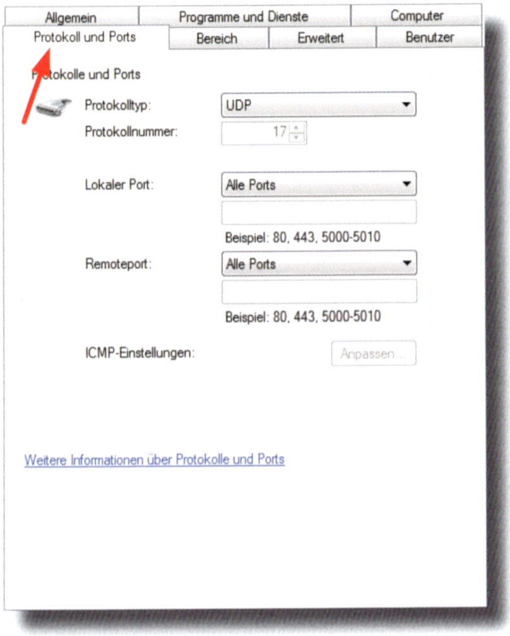

5 Ein Doppelklick auf einen Eintrag öffnet die ***Eigenschaften von*** diesem Eintrag. Im Register ***Protokoll und Ports*** können Sie erkennen, über welche Art und Weise ICQ kommuniziert. Diese Daten finden Sie – falls nötig – für fast alle Programme auch im Internet. Der Suchbegriff ***Protokoll Port Firewall <Programm>*** im Internet Explorer führt schnell zu einem Treffer.

6 Obschon deutlich davor gewarnt, können Sie die Firewall auch vorübergehend abstellen. Mit einem Klick auf ***Windows-Firewall deaktivieren*** setzen Sie die Firewall vorübergehend außer Kraft.

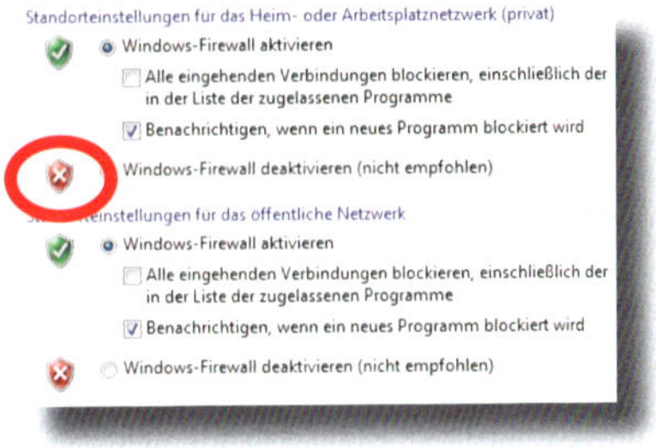

Gut zu wissen

Sie haben sicher bemerkt, dass Sie Einstellungen an der Firewall mit einem nötigen Maß an technischem Hintergrundwissen durchaus machen können. Als Anfänger sollten Sie davon aber lieber Abstand nehmen. Die Firewall und die nötigen Programme sind ordentlich eingestellt und falls doch etwas nicht geht, kontaktieren Sie lieber jemanden, der sich wirklich gut mit diesem Thema auskennt.

Ziel

Den Wunsch nach einem sicheren und störungsfreien Betrieb des Computers hat eigentlich jeder. Dennoch birgt das Internet Gefahren, die Ihrem Computer Schaden zufügen können. Um dem entgegenzuwirken, bietet Windows 7 ein Tool an, mit dem Spyware und schädliche Software erkannt und entfernt werden kann. Für diesen Zweck bietet Windows 7 den Windows Defender an, der in diesem Abschnitt vorgestellt wird.

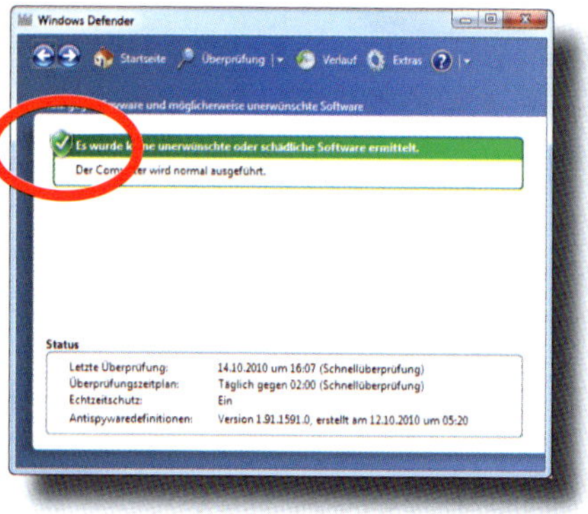

1 Den Windows Defender starten Sie über ***Startmenü > Systemsteuerung > Windows Defender***. In diesem Beispiel ist der PC frei von schädlicher Software.

2 Um den Defender sinnvoll einzusetzen, müssen die Optionen richtig eingestellt werden. Klicken Sie auf ***Extras > Optionen***, um die Einstellungen zu erreichen.

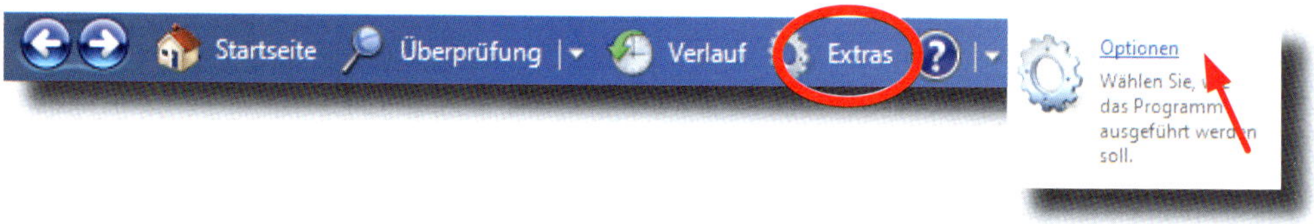

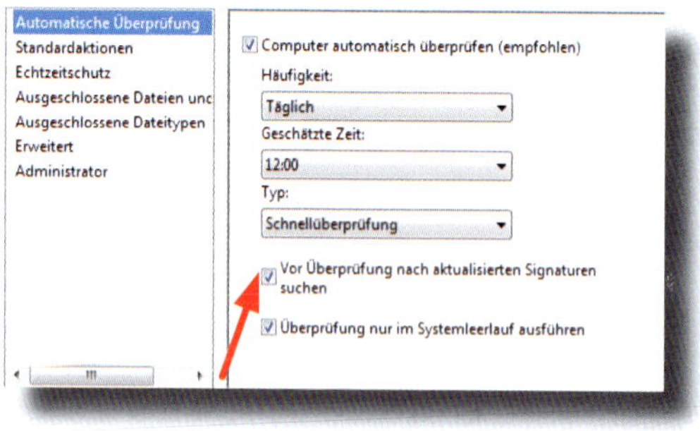

3 Legen Sie den automatischen Suchlauf fest, um einen dauerhaften Schutz zu erreichen. Die Uhrzeit sollte so gewählt werden, dass der PC auch eingeschaltet ist. Setzen Sie ein Häkchen für die Option ***Vor Überprüfung nach aktuellen Signaturen suchen***. Damit ist höchste Sicherheit gewährleistet. Stellen Sie die Optionen der anderen Bereiche nach Ihren Wünschen ein.

4 Zurück im Hauptbildschirm können Sie eine Überprüfung starten. Eine sofortige und gründliche Überprüfung erreichen Sie mit der Auswahl ***Überprüfung > Vollständige Überprüfung***.

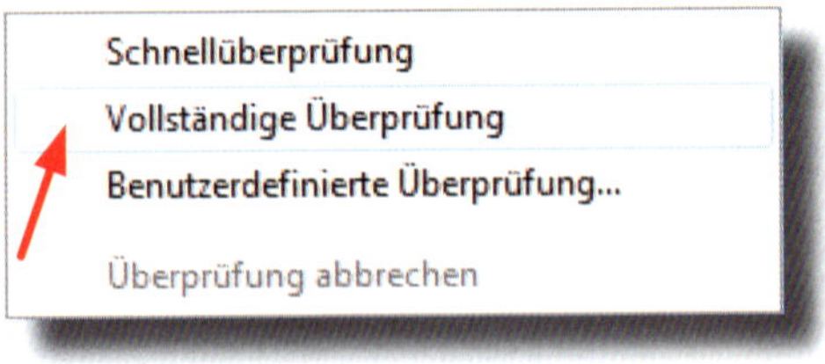

5 Eine vollständige Überprüfung eines Computers benötigt etwas Zeit. Haben Sie eine Überprüfung gestartet, müssen aber andere Arbeiten erledigen, so können Sie die Überprüfung durch Klick auf ***Abbrechen*** auch stoppen.

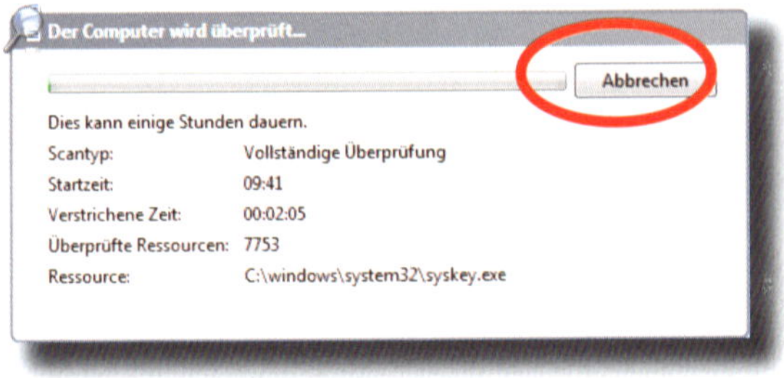

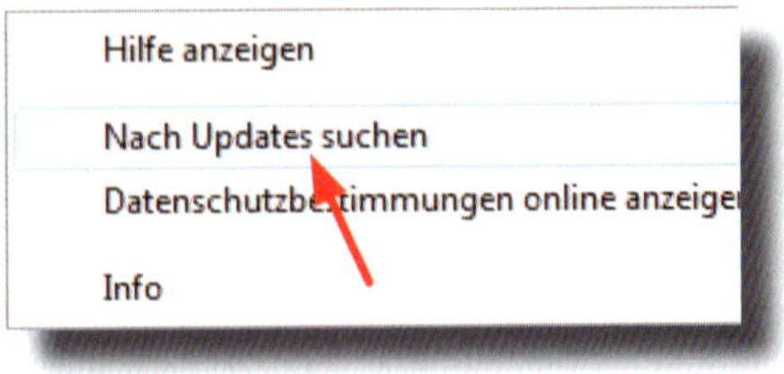

6 Klicken Sie auf das kleine Dreieck rechts in der Funktionsleiste und wählen Sie den Punkt ***Nach Updates suchen*** aus, um manuell Ihre Signaturen (Antispywaredefinitionen) zu aktualisieren. Auch diese Suche können Sie bei Bedarf abbrechen.

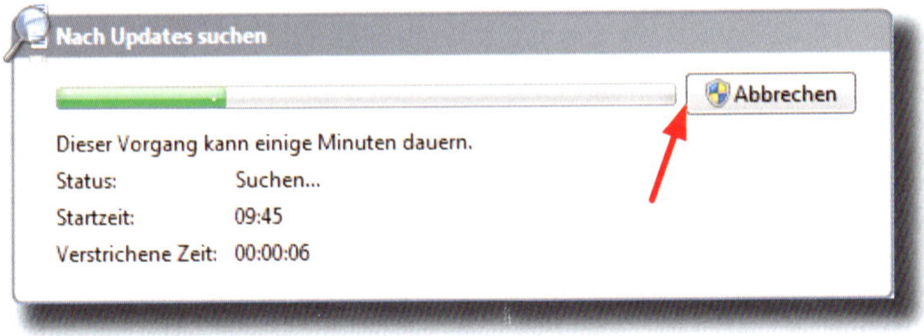

Gut zu wissen

Über die Auswahl ***Überprüfung > Benutzerdefinierte Überprüfung > Ausgewählte Laufwerke und Ordner überprüfen > Auswählen*** können Sie ganz gezielt einzelne Laufwerke und/oder Ordner überprüfen lassen. Wenn z. B. ein Freund mit einem USB-Stick kommt und da ist „tolles Zeugs" drauf, ist es unbedingt anzuraten, den USB-Stick erst einmal zu überprüfen, bevor davon irgendetwas kopiert oder gar installiert wird.

Ziel

Es gibt eine Reihe guter Virenscanner – kostenlos oder kostenpflichtig. Es ist ein absolutes Muss, einen Virenscanner zu installieren, am besten noch am Tag des Kaufs des PCs. Nur so ist Schutz und Sicherheit gewährleistet. Nachfolgend werden am Beispiel von Norton AntiVirus die Installation und der Virenschutz gezeigt.

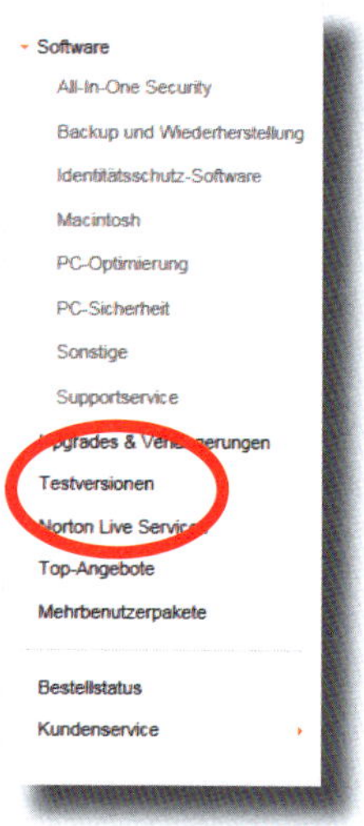

1 Geben Sie im Internet Explorer die Adresse ***buy.norton.com*** ein. Klicken Sie im Menü links auf ***Testversionen***. Klicken Sie im Bereich ***Norton AntiVirus 2011*** auf ***Jetzt Testen***. Nach Eingabe Ihrer E-Mail-Adresse erhalten Sie eine vollständige 30-Tage-Version von Norton AntiVirus.

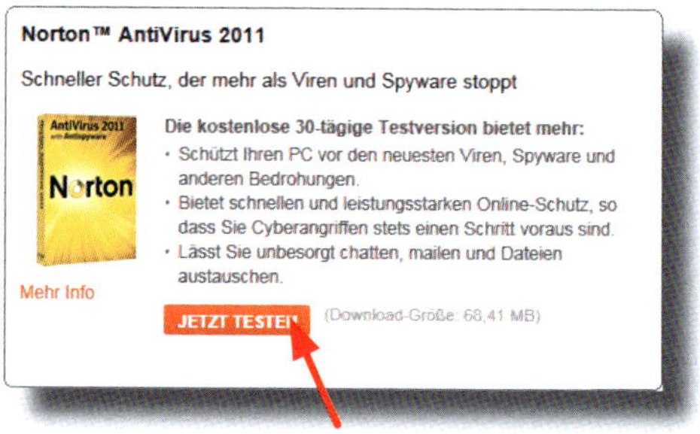

2 Nach erfolgreichem Download und der Auswahl ***Ausführen*** im Download-Manager bittet Sie das Installationsprogramm um die Zustimmung zur Installation.

3 Die Installation war erfolgreich und Sie können Norton AntiVirus nun starten.

4 Für einen optimalen Schutz müssen Sie zuerst ***LiveUpdate*** ausführen, welches zuletzt vor 63 Tagen erledigt wurde, sodass Norton AntiVirus auf dem aktuellsten Stand der Virendefinitionen ist. Nach dem LiveUpdate muss ggf. der PC neu gestartet werden. Klicken Sie auf ***Jetzt scannen***.

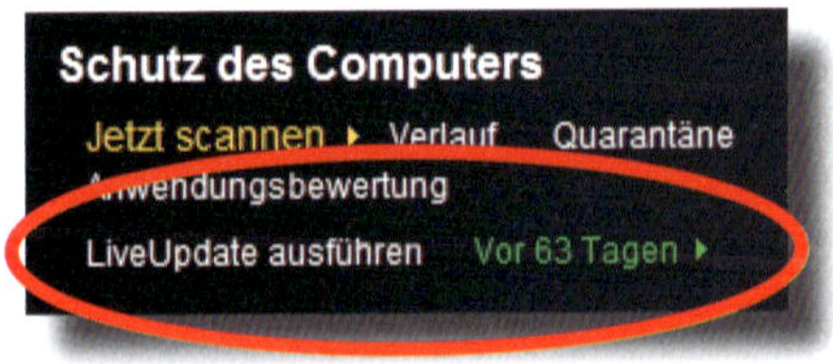

5 Beim ersten Scannen sollten Sie sich einen vollständigen Scan gönnen, auch wenn dieser etwas länger dauert. Norton AntiVirus zeigt den Verlauf sehr detailliert an. Wenn Sicherheitsrisiken vorliegen, klicken Sie auf das Register ***Eingreifen erforderlich***.

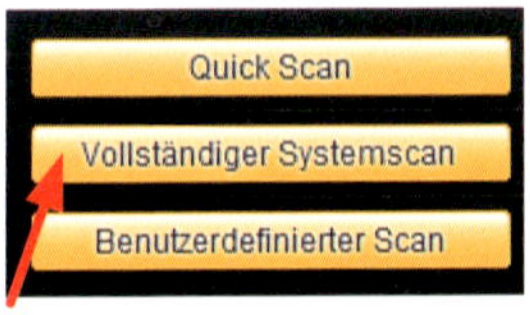

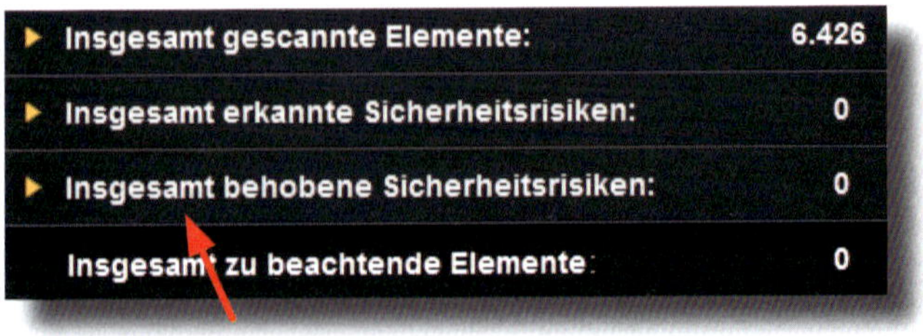

6 Nach erfolgreichem Abschluss des vollständigen Scans, der übrigens alle angeschlossenen Laufwerke (auch USB-Sticks und USB-Festplatten) mit einbezieht, sollten Sie hoffentlich diese Meldung erhalten.

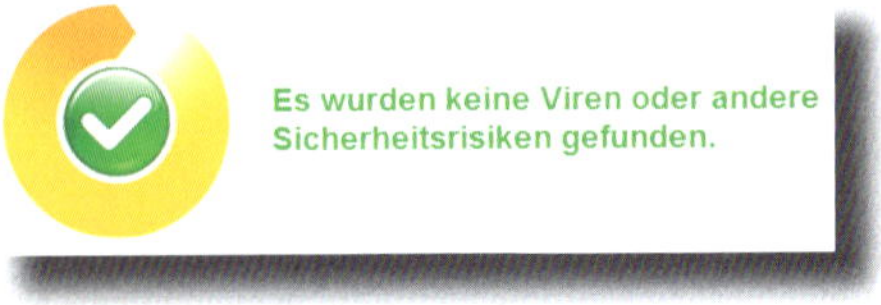

Gut zu wissen

Natürlich gibt es neben Norton AntiVirus noch eine Fülle weiterer Virenscanner. ***McAffee*** ist da genauso zu nennen wie ***Sofos***, ***Avira***, ***Panda***, ***Kaspersky***, ***ESET***, ***BitDefender***, ***GDATA Internet Security***, ***ZoneAlarm*** und viele mehr. Die Auswahl des richtigen Scanners fällt da nicht leicht, aber eine Google Suche nach ***Antivirus Test*** gibt hilfreiche Unterstützung.

Ziel

Dass das Internet an sich bereits ein Sicherheitsrisiko darstellt, ist nichts Neues. Der Besuch irgendeiner Internetseite kann bereits dazu führen, dass sich schädlicher Code in Ihren Rechner einnistet. Der Internet Explorer selbst bietet aber bereits einen gewissen Schutzmechanismus, den man aktivieren und konfigurieren kann. Wie das geht, erfahren Sie in diesem Abschnitt.

1. Öffnen Sie die Internetoptionen, indem Sie den Internet Explorer starten und auf das ***Zahnrad*** rechts oben klicken. Wählen Sie aus dem Kontextmenü ***Internetoptionen***. Wechseln Sie dann in das Register ***Sicherheit***.

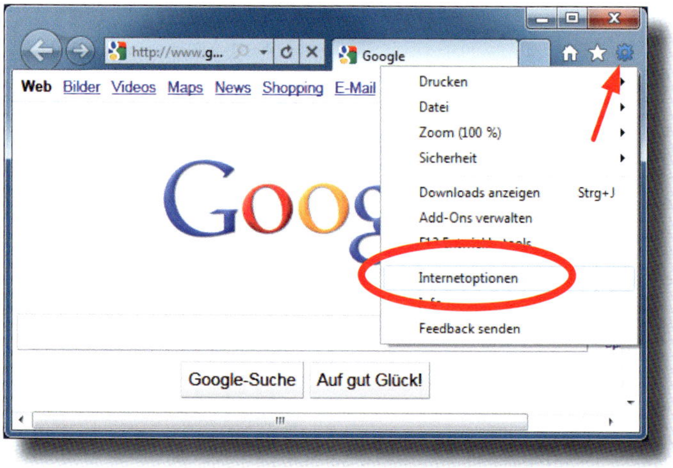

2. Im oberen Bereich können Sie auswählen, für welchen Bereich Sie die Sicherheit anpassen möchten. Wählen Sie hier ***Internet*** aus.

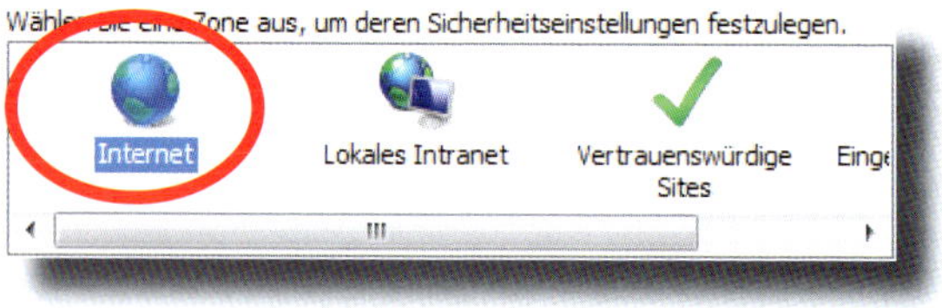

3. Die Sicherheitsstufe für die Zone ***Internet*** ist durch den Schieberegler auf ***Mittelhoch*** eingestellt. Mehr Sicherheit erreichen Sie, indem Sie den Regler nach oben auf ***Hoch*** schieben.

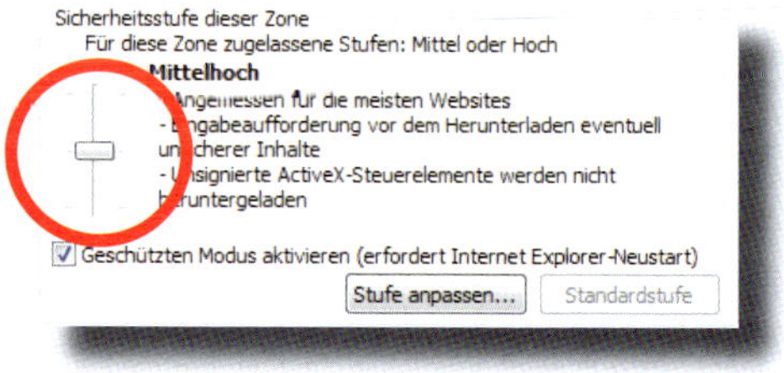

4 Sie sollten auf jeden Fall die Option ***Geschützten Modus aktivieren*** eingeschaltet haben. Wenn Sie auf ***Stufe anpassen*** klicken, können Sie noch eine Vielzahl von Einstellungen vornehmen.

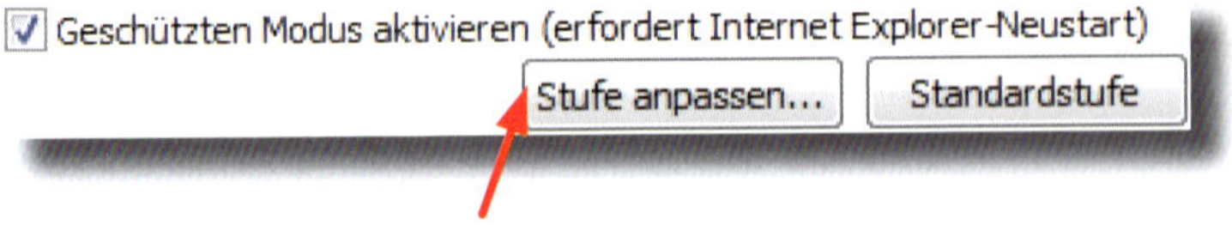

5 Für die Zone ***Vertrauenswürdige Sites*** können Sie einzelne Seiten aufnehmen, die aber über eine Serverüberprüfung mittels ***https://*** verfügen müssen. Tragen Sie die Web-Adresse ein, klicken auf ***Hinzufügen*** und abschließend auf ***Schließen***.

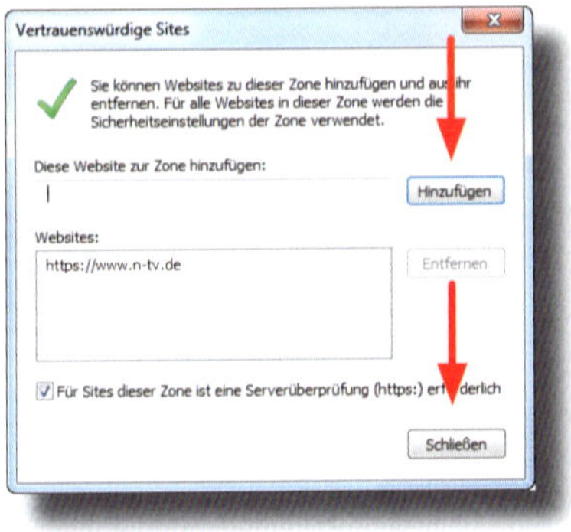

6 Über ***Eingeschränkte Sites*** können Sie bestimmte Seiten explizit ausklammern.

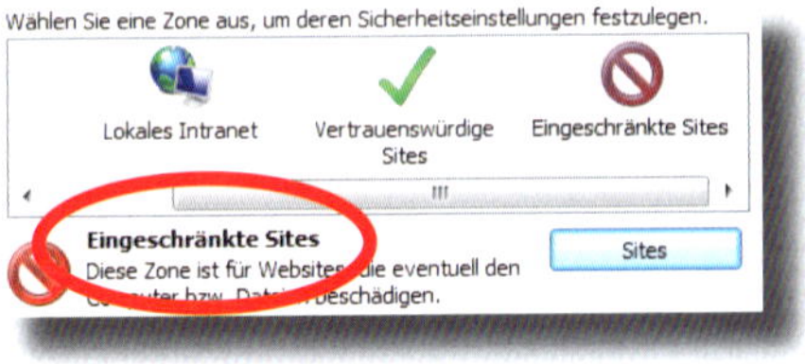

Gut zu wissen

Weitere Sicherheitseinstellungen können Sie im Register ***Datenschutz*** vornehmen. Hier können Sie z. B. den ***Popupblocker*** konfigurieren, der lästige Werbepopups unterbindet. Aber auch echte Sites wie Online Banking usw. arbeiten gelegentlich mit Popups zur Anmeldung. Diese Sites müssen Sie dann explizit aus dem Popupblocker ausschließen, was Sie bequem über einen Klick auf ***Einstellungen*** erledigen können.

Ziel

Dass im Internet nicht alles gutartig ist, ist inzwischen wohl jedem bekannt. Da drohen nicht nur Viren, Trojaner und andere Gefahren, sondern auch schädliche Programme, die sich unbemerkt auf Ihrem PC einnisten. Dagegen hat Windows 7 ebenfalls einen Mechanismus, der sich Benutzerkontensteuerung nennt. Jede Änderung am PC, ob Konfiguration oder Installation von Software, können Sie nun so absichern, dass Sie diese Aktion bestätigen müssen. Unbemerkt geht gar nichts mehr.

1 Die Benutzerkontensteuerung erreichen Sie über ***Startmenü > Systemsteuerung > Benutzerkonten***. Klicken Sie auf ***Einstellungen der Benutzerkontensteuerung ändern.***

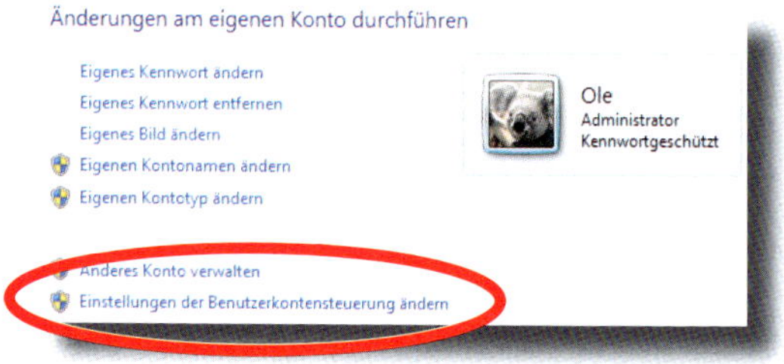

2 Alle Funktionen und Aktionen, die der Benutzerkontensteuerung unterliegen, sind mit einem kleinen Schutzschild versehen. Dieses Schild werden Sie an den verschiedensten Stellen in Ihrem System immer wieder sehen. All das sind geschützte Bereiche, die nur mit Admin-Rechten und nach Bestätigung ausgeführt werden.

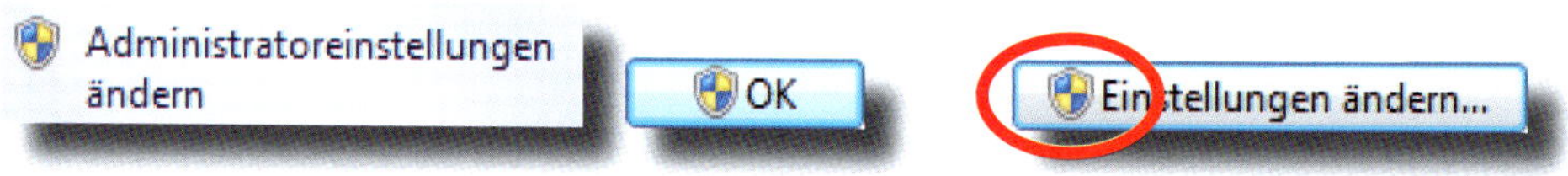

3 In der Benutzerkontensteuerung können Sie mit einem Schieberegler festlegen, wie streng Änderungen an Ihrem System überwacht werden sollen. Je mehr Sie sich im Internet aufhalten oder selbst Ihr System verändern, umso strenger sollten Sie diesen Schieber einstellen.

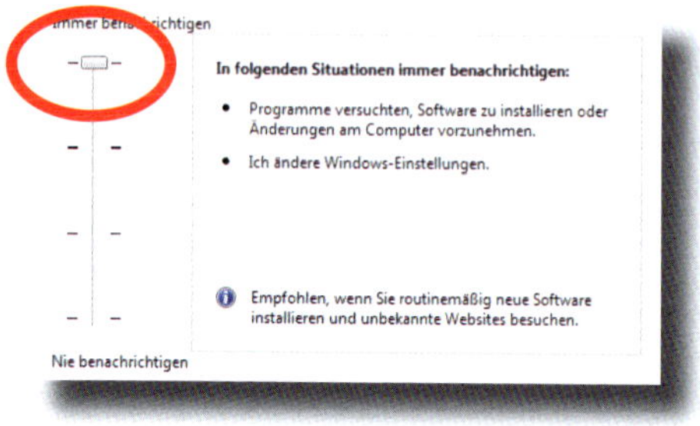

4 Eine sehr detaillierte Erklärung über die Auswirkungen der Benutzerkontensteuerung erhalten Sie, wenn Sie auf ***Weitere Informationen zu den Einstellungen für die Benutzerkontensteuerung*** klicken.

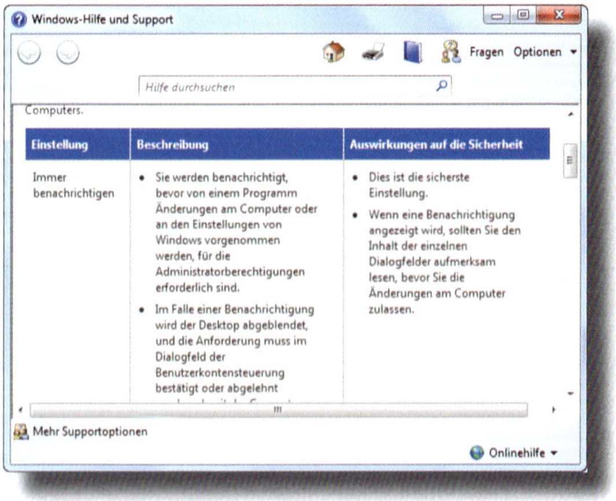

5 Wann immer Sie (oder jemand Fremdes) eine Änderung durchführen, werden Sie mit diesem Dialog darauf hingewiesen, dass sich wichtige Einstellungen oder Programme verändern. Klicken Sie auf ***Details anzeigen***, um weitere Informationen über das Programm zu erhalten, welches diese Änderungen ausführen möchte.

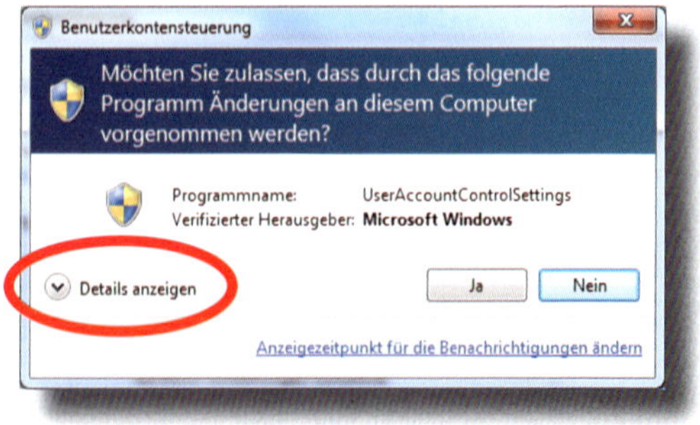

6 In den Details des ausführenden Programms können Sie den Herausgeber des Programms einsehen und über ***Informationen zum Zertifikat dieses Herausgebers anzeigen*** das Zertifikat einsehen, welches mit diesem Programm verknüpft ist. Dem Herausgeber ***Microsoft Windows*** können Sie vertrauen.

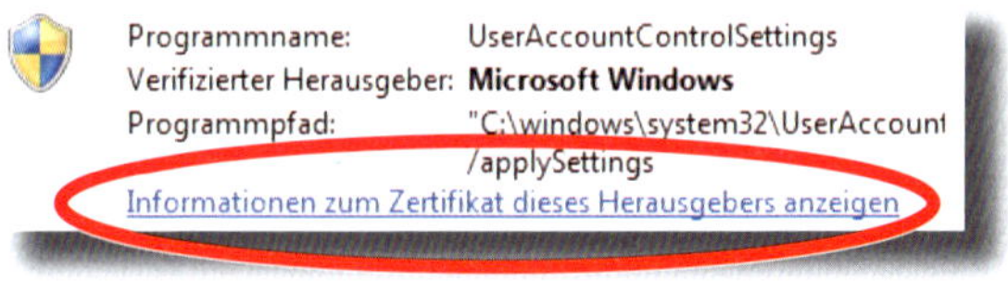

Gut zu wissen

Da Sie bei sicher eingestellter Benutzerkontensteuerung des Öfteren mit dem Bestätigungsdialog konfrontiert werden, kommt es vor, dass dieser mit ***JA*** bestätigt wird, ohne genau hinzusehen. Es ist wichtig – und immer noch in Ihrer Verantwortung – eine Änderung zuzulassen oder zu verweigern. Lesen Sie den Dialog also jedes Mal aufmerksam durch, bevor Sie mit ***JA*** bestätigen.

Ziel

Der Computer wird oft nicht nur von Ihnen persönlich benutzt, sondern auch von Familienmitgliedern und Kindern. Lassen Sie Ihre Kinder niemals über Ihr eigenes Konto arbeiten. Richten Sie für die Kinder eigene Konten ein und verwähren Sie Administratorrechte. Nur so können Sie die Funktion Jugendschutz auch sinnvoll einrichten und nutzen.

1. Den Jugendschutz für Benutzerkonten erreichen Sie über ***Startmenü > Systemsteuerung > Benutzerkonten > Jugendschutz***. An jedem Benutzerkonto erkennen Sie den eingerichteten Jugendschutz und das aktivierte Anmeldekennwort.

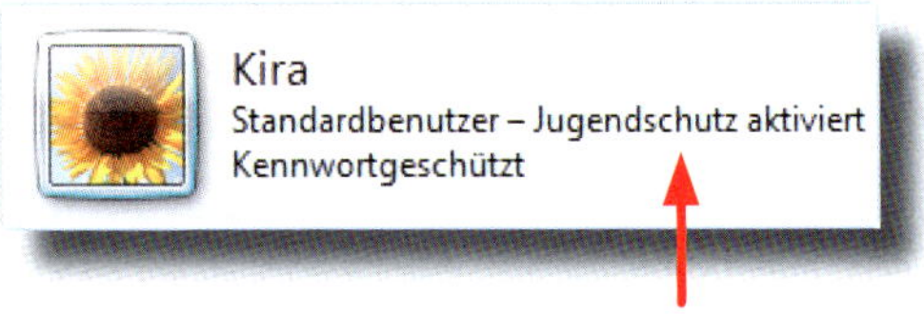

2. Klicken Sie auf das zu schützende Konto. Sie erreichen die einzelnen Einstellungen des Jugendschutzes für das Konto ***Kira***. Schalten Sie als Erstes den Jugendschutz ein, indem Sie auf ***Ein – Einstellungen erzwingen*** klicken.

3. Klicken Sie auf ***Zeitlimits***, um festzulegen, wann Kira den PC benutzen darf. Klicken Sie in der Zeittabelle einzelne Felder an und markieren Sie diese damit. Jedes blaue Feld sperrt den Computer, jedes weiße Feld gibt den Computer frei. Nur in weißen Zeiten kann Kira den PC benutzen. Bestätigen Sie Ihre Auswahl mit ***OK***.

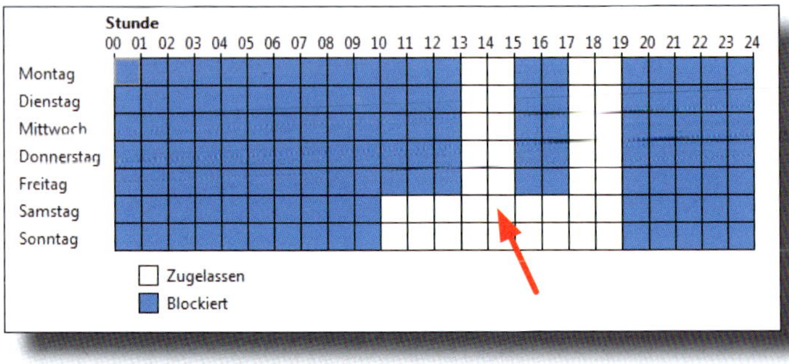

4 Klicken Sie auf ***Spiele***, um bestimmte Spiele oder Altersfreigaben für Kira zu aktivieren oder zu sperren. Geben Sie an, dass Kira Spiele spielen darf, aber nutzen Sie das System ***Spielefreigaben nutzen***. Spiele ohne Freigabe sollten blockiert werden, die Altersfreigabe sollte auf 6 Jahre eingestellt werden (Kira ist 10 Jahre alt).

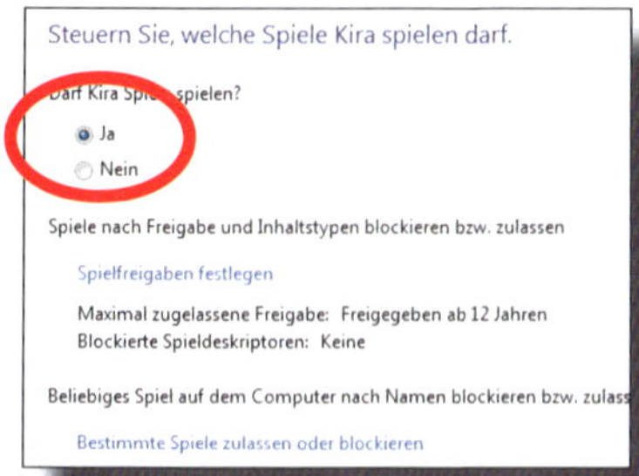

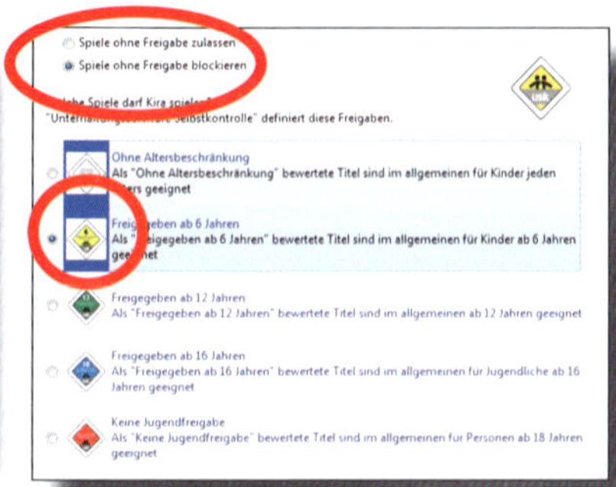

5 Sie können darüber hinaus für einzelne Spiele gezielt festlegen, ob Sie dieses Spiel für Ihr Kind zulassen oder blockieren möchten. Klicken Sie auf ***Bestimmte Spiele zulassen oder blockieren*** und wählen Sie die entsprechenden Optionen aus.

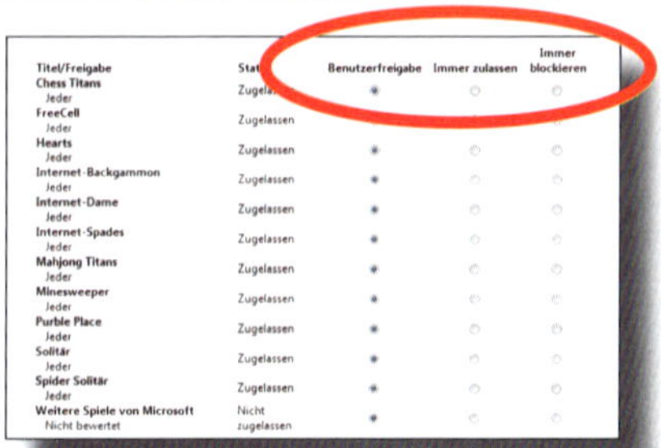

6 Über ***Programmeinschränkungen*** können Sie für jedes einzelne Programm festlegen, ob es für Kira zugelassen ist oder ob es gesperrt ist. ***Kira darf nur die zugelassenen Programme verwenden*** sollte angewählt sein und jedes zugelassene Programm mit einem Häkchen versehen sein.

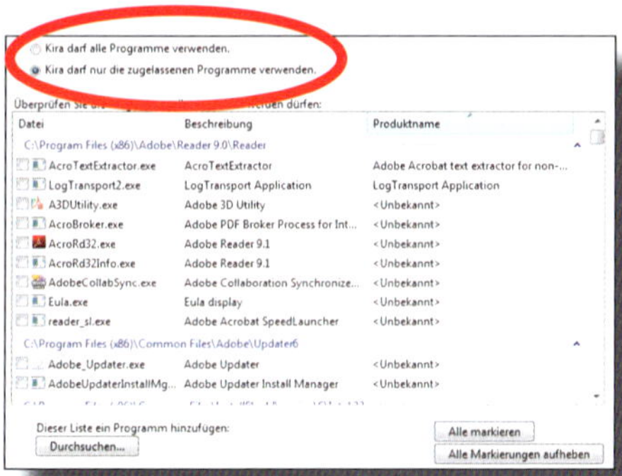

Gut zu wissen

Hier zeigt sich auch, warum es sinnvoll ist, jedem Kind ein eigenes Konto zuzuteilen. Nur so können Sie für jedes Kind eigene Einstellungen festlegen. Die Konten der Kinder sollten auf keinen Fall Admin-Rechte haben, denn dann könnten die Kinder selbst diese Einstellungen verändern und so den Jugendschutz wieder außer Kraft setzen. Die Mühe lohnt sich zum Schutz Ihrer Kinder also auf jeden Fall.

Wichtige Begriffe

Firewall: Die Firewall ist ein Schutzprogramm, welches sämtlichen Datenverkehr Ihres PCs in die Außenwelt und umgekehrt überwacht und regelt. Nur zugelassene Programme können dann miteinander kommunizieren.

LiveUpdate: Damit das Aufspüren neuer Viren funktioniert, müssen die Virensignaturen in regelmäßigen Abständen aktualisiert werden. Die genutzte Technik dazu nennt man LiveUpdate. Sie wird vor jedem Virenscann oder in regelmäßigen Abständen automatisch ausgeführt.

Signaturen: Jeder Virus und jedes schädliche Programm ist in irgendeiner Weise identifizierbar. Es hat sozusagen einen eigenen Fingerabdruck. Dieser ‚Fingerabdruck' wird Signatur genannt. Virenprogramme kennen diese Signaturen und können so Viren aufspüren und unschädlich machen.

Spyware: Als Spyware bezeichnet man alle Art von Programmen, die zu dem Zweck geschrieben wurden, Sie auszuspionieren, Ihnen Kennworte oder Anmeldeinformationen zu entlocken oder in irgendeiner anderen Art und Weise an persönliche oder vertraute Informationen von Ihnen heranzukommen.

Update: Programme werden zu einem bestimmten Zeitpunkt installiert, entwickeln sich aber weiter. Ein Update aktualisiert dann dieses Programm. Updates kommen entweder auf Datenträger oder über das Internet.

Stichwortverzeichnis